B E S O C I A L !

BEソーシャル！

社員と顧客に愛される5つのシフト

斉藤 徹

日本経済新聞出版社

「DOソーシャル」から、「BEソーシャル」へ

グーテンベルクの印刷革命は言論人を生み出した。インターネットは一般人に発言の場を与えた。ソーシャルメディアは人々をつなぎ、想いを可視化し、世界を透明にする。企業はソーシャルメディアを味方にしようと腐心するが、透明な世界で人々の感情を操作することは誰にもできない。今、企業がすべきことは、ソーシャルメディアを利用して生活者の言動をコントロールすることではなく、人々に共感されるように企業自身を変えていくことだ。ソーシャルメディアを活用する「DOソーシャル」から、企業自身がソーシャルメディアに溶け込む「BEソーシャル」のステージへ。やがて、世界はソーシャルシフトしていく。

はじめに

日本には、世界最古の経営組織がある。

紀元578年、はるか飛鳥時代に創業された大阪の「金剛組」だ。聖徳太子の命を受けて彼らが建立した四天王寺は、気が遠くなるような年月の中で7度もの焼失に見舞われる。信長の石山本願寺攻め、家康の大坂冬の陣、さらには室戸台風、大阪大空襲など。そのつど金剛組が指揮をとり、神のごとき匠の技で蘇生させた。現在は創業一族の手を離れたが、脈々と技術を受け継いできた110名の宮大工が、1400年の時を超え、今もなお金剛組を支えている。

華道の「池坊華道会」（587年創業）、旅館の「慶雲館」（705年創業）、「古まん」（717

年創業）、「法師」（718年創業）。さらに日本には創業100年を超える企業が少なくとも2万社以上あり、他の国々の追随を許さない。韓国銀行の調査では、創業200年以上の企業のうち、56%が日本に集中している。日本人は長寿な人種として知られているが、企業の長寿性においても世界で群を抜いているのだ。フランスの社会人類学者クロード・レヴィ＝ストロースは、日本の建造物や芸術、書物などに途切れない古《いにしえ》との連続性を発見し、「断絶のない稀《け》有《う》の歴史を持つ国」として感嘆した。四方を海に囲まれ、単一民族に近い均質性を持ち、大自然を八百万《やおよろず》の神として敬う。日本人の心情には、長い年月をかけて独特の持続志向が刻み込まれてきた。

日本の商道徳は、江戸時代に石門心学を開いた石田梅岩に遡る。「実の商人は、先も立ち、我も立つことを思うなり」。梅岩は本業を通じた持続可能な社会貢献を説き、商人道に倫理観と哲学を注入した。代表的な老舗企業、大丸の創始者である下村彦右衛門は「先義後利」を家訓とし、地域の信頼あってこその利益という信念を貫いた。近江商人の理念とされる「三方よし」は「売り手よし、買い手よし、世間よし」と企業の社会的責任に言及する。そして日本資本主義の父、渋沢栄一は「道徳経済合一説」を打ち出して約500社の創業に関与し、日本経済発展の基礎を築いた。彼は、「私利を追わず公益を図る」との考えを生涯にわたって貫き通し、財閥をつくらず後継者にも固く戒めた。これらの理念が、日本企業の持続可能性に大きく貢献したことは間違いないだろう。

時は経ち、ソーシャルメディアの時代。人々は緊密につながり、情報共有と協調行動のパワーを手に入れた。そして金融危機以降、生活者の価値観は大きく変化し、利潤追求に明け暮れてきた企業に対して、社会性や持続性を強く要求しはじめる。彼ら彼女らは企業の言動をリアルタイムに評価し、対話や消費を通じて企業を選別し、生産活動にまで関与する。生活者に反感を持たれた企業の商品は売れない、人は集まらない、お金も集まらない。持続的に共感を得られない企業や経営者に未来はない、そんなパラダイムシフトが訪れようとしている。

ウソの通用しない透明な世界。あなたの会社はこれから50年、100年と持続可能だろうか。社員や顧客はあなたの会社をポジティブに受けとめ続けるだろうか。本書の使命は、透明性の時代にふさわしい「あるべき企業像」を提示し、どう変革すべきか具体的な方法論に言及することだ。前著『ソーシャルシフト』においては、ソーシャルメディアが誘起する不連続で劇的な変化、ビジネスのパラダイムシフトを論じたが、本書はそれをさらに深掘りし、実用性の高い内容にまで昇華させることを目指している。

第1部では、生活者の感情がリアルタイムに共有され、伝播されていく世界を、最新のソーシャルメディア事情を交えながら考察する。透明な時代に「あるべき企業像」を明確にし、社員や顧客の幸せを創造することの大切さを記している。そして人々が緊密につながった経済環境において、企業経営に大きなパラダイムシフトが起きていることを明らかにしていく。

第2部では、国内外の多彩な事例をもとに、社員との絆、顧客との絆、そしてパートナーや地域生活者との絆を深め、生活者からの共感を創造する企業のあり方を探求していく。数百社にわたる企業調査と多面的な考察に基づき、さまざまな共感創造の源泉を解き明かしていく。

第3部では、新しい時代に向けて、どのようなステップで「あるべき企業像」に変革していくべきかを論じる。経営哲学、社員が協働するメカニズム、ビジネスモデル、顧客経験価値、そして可視化のための指標まで、現実的な改革プロセスを考究する。また、未来型組織の成功事例から「透明の力」とその原則を論じる。最終章では、持続可能な経営にフォーカスし、生き残る企業に共通する価値観をまとめてみた。

2012年4月のこと。新規事業のマネジメント手法として世界的に脚光を浴びている「リーン・スタートアップ」の提唱者、エリック・リースが初来日し、日本の起業家や新規事業担当者から大きな喝采で迎えられた。その手法のベースとなったのは、1945年から1973年の間に大野耐一氏らによって開発された「トヨタ生産方式」、トヨタの経営理念が生み出した徹底的にムダを排除する生産ノウハウだ。不易流行、本質的価値を大切に守りながら、時代に即して継続的に革新していく意思。老舗企業がほぼ例外なく持っている、いわばサステナブルな組織の遺伝子だ。優れた家訓や経営哲学の価値は不変だが、その解釈は時代変化にそって進化し続ける。トヨタの編み出した生産方式が、40年の時を経て、世界で最も進んだ人々から注目を集めているように。

ソーシャルシフトの時代、日本の持続的な経営スタイルが再び注目を集めるだろう。約1世紀前のこと、科学的管理法を編み出したフレデリック・テイラーは「今までは人が第一だった。これからはシステムが第一となる」と語り、大量生産による工業化社会の幕開けを牽引した。そして今、世界はソーシャルメディアで緊密につながり、人々は協調の力を手に入れた。我々企業は、「人中心のシステム」を創造すべく、新たな岐路に立たされている。規律から自律へ、統制から透明へ、競争から共創へ、機能から情緒へ、利益から持続へ、世界は確かに動きはじめた。

透明な時代に、持続可能な経営を求めて。読者の皆様を、忘れかけていた経営の原点へ、そしてソーシャルメディアで結ばれた新しい舞台へいざなおう。そこにあるのは、社員の幸せであり、顧客の感動であり、社会からの温かい共感の声だ。新しい価値観を通じて、人々が幸せとやすらぎを感じる世界が拓けていく。そんな理想社会を実現する一助となれば、著者としてこれほどうれしいことはない。

それでは、古くて新しい、現実の世界へようこそ。

BEソーシャル！

BE SOCIAL!

CONTENTS

目次

第3章 つながりによる優位性を求めて

第5章　顧客エンゲージメントの革新

第10章 イン・ザ・ロング・ラン

第 1 部

世界が透明になり、ビジネスがシフトする

第1章

そして世界は透明になった

「仕事上の友だちや同僚と、それ以外の知り合いとで異なるイメージを見せる時代は、もうすぐ終わる」（中略）「現代社会の透明性は、ひとりがふたつのアイデンティティーを持つことを許さない」

――マーク・ザッカーバーグ
（デビッド・カークパトリック『フェイスブック、若き天才の野望』小林弘人解説、滑川海彦・高橋信夫訳 日経BP社）

アイデンティティはひとつだけ

２０１２年9月14日、フェイスブックのアクティブユーザー数は10億人を超えた。世界のインターネットユーザー数は23億人、うちフェイスブックを規制している中国が5億人だ。つまり中国を除く18億人のうち、実に60％近いユーザーがフェイスブックでつながっていることになる。フェイスブックはソーシャルメディアのデファクト・スタンダード（事実上の標準）としての地位を確立した。２０１２年5月に発表されたＩＴＵ（国際電気通信連合）統計においても、ソーシャルメディア人口に対するフェイスブック利用者の比率は90％となっており、競合サービスを寄せつけない圧倒的なシェアとなっている。日本においても同様、アクティブユーザー数１６００万人超と国内最大のＳＮＳとなり、米国に次いで世界第2位の広告売り上げとなるまでに普及した。

世界はすでにフェイスブックに覆われている。米国ハーバード大学、社会認知神経学研究所の発表によると、自分の感情や考えなどを他者に伝える「自己開示」行動は、脳内では快楽物質ドーパミンに関連する領域の反応を促すことがわかった。人間の日常会話における「自己開示」は30〜40％だが、ソーシャルメディアの投稿ではこれが80％近くになるという。人間が喜んで自己開示したがる理由、つまり人々がソーシャルメディアでオープンになるメカニズムは、食事や睡眠などと同様に、人間の根源的な欲望に起因するのだ。この理論を裏付けるように、フェイスブック利用者1人あたりの投稿量は毎年2倍のペースで増加し、世界の人々は驚くべきペースでシェアの文化を身につけた。そして、生活者のオープンな投稿が社会を透明にする源となり、世界は霧が晴れるように開かれていく。

複数の顔を持つのではなく、誰に対しても一貫性を持って行動することは、健全な社会づくりに必ず貢献する。オープンで透明な世界では、人々は率先して社会的な規範を尊重し、より責任ある行動をとるようになるはずだ。フェイスブックの頑ななまでの実名制、そしてアイデンティティ（人格の同一性）にこだわる姿勢は、ザッカーバーグが持つ信念の象徴だ。実際にフェイスブック上の対話は、実世界のそれを上回るほどポジティブで礼儀正しい。フェイスブックの普及によって誘起されたプライバシーへの懸念は、ザッカーバーグを悩ませつづけてきた難問だ。それでも彼は、世界が透明になっていくという確信のもと、オープンな人間関係のプラットフォームとすべく試行錯誤を続けている。

プライベートとパブリック

プライバシーという権利を人類が意識したのは1890年のこと。米国の法律学者ルイス・ブランダイスとサミュエル・ウォーレンが、論文"The Right to Privacy"において、The right to be let alone（そっとしておいてもらう権利）と表現したのがはじめての定義とされている。その後、情報革命の進展によってプライバシーの社会的重要性は増していく。他者が管理している個人情報について訂正・削除を求められる「積極的プライバシー権」、さらにそれを保証するものとして「個人情報保護法」が施行され、今や人々の生活に欠かせない概念となっている。

我々にはさまざまな秘密の段階がある。「自分だけの秘密」「親密な人だけに打ち明ける内緒話」「友人と共有する情報」「パブリックな会話」など。ソーシャルメディア時代においては誰もが影響力ある発信者となりうるため、これらを明確に意識する必要がある。「プライベート」と「パブリック」。「本当の自分」と「他者から見える自分」。裸で外を歩く現代人がいないように、心をすべてオープンにすることは誰にもできない。何を考えるかは究極の自由だからだ。一方で、「考えていること」「言うこと」「行うこと」を一致させることは古くから道徳的な規範とされてきた。表裏のない人柄、誠実さ、一貫性、言行の一致。実名で自らの考えを発信し、行動することで、人々の間に責任感や誠実さが生まれ、相互信頼が育まれる。ザッカーバーグの発言の原点はここにある。

さらに彼は、2010年のWeb2・0サミットでこう話した。「今後5年のうちに、ほとんどの産業と多くの企業は、ソーシャルエンタープライズとなるべく、再構築されるだろう」。企業にも内面と外面の一致を求められる時代が来るということだ。企業が機密情報や独占的情報を持つことは当然であり、それがコア・コンピタンス（他者に模倣できない中核的な能力）を形成するケースも多い。個人情報など、開示すべきでない情報もある。今、企業に求められているのは「生活者が開示すべきと考えている情報」をオープンにすること。そして公言したことを誠実に実行することだ。

飾らない人間が好かれるように、オープンな企業は共感されやすい。生活者からの信頼、ファンからのポジティブな応援、製品やサービスへの実践的なフィードバックやアドバイス。ソーシャルメディアというつながりを深めるプラットフォームが生まれたことで、透明性が企業にもたらすメリットは確実に増えてきた。秘密にすることとオープンにつながること。どちらがより大きな価値を創造するのか。企業にとって大いに戦略性を問われる判断になった。一方で、経営者の意図に反して、企業の内面がソーシャルメディアに滲み出していくケースも目立ってきた。

もう生活者を欺けない

ソーシャルメディアはリアルタイムに生活者の意見を投票する装置となりつつある。人々は小さな出来事も見逃さず、政府や企業の言動を評価する。その言葉は友人に公開され、共感をまとった情報は瞬く間に広がっていく。いわば、リアルタイム・デモクラシーとでも言うべき行動環境が整ったのだ。そこで評価されるのは政治だけではない。企業もブランドも、製品もサービスも。経営者や社員、店舗の店員、さらには発言した生活者自身まで。ありとあらゆるものがオープンな場で評価され、それが即時に可視化される。そして共感や反感をまとった言葉は、燎原の火のごとく世界に向けて拡散されていく。

2007年11月30日のこと。吉野家の店内で、制服を着たアルバイト店員が、豚肉を大量に盛りつけた「テラ豚丼」をつくり、その様子をニコニコ動画に投稿した。動画はたちまち不快感を煽りネット上に広がった。投稿者は急いで動画を削除したが、後の祭りだった。複数のユーザーによって複製動画がニコニコ動画やユーチューブに転載され、まとめサイトやパロディまで登場する。吉野家が通報を受けて異変に気がついたのは12月1日。それから社内で調査を開始し、12月3日になって公式に謝罪する。動画再生は50万回を超え、マスメディアのニュースにも大きく取り上げられた。吉野家には「不衛生だ」「食べ物を粗末に扱うな」といった苦情が相次ぎ、同社はアルバイト2人を特定して処分した。社員が店舗で問題行為を起こし、それがソーシャルメディアで一気に拡散する。日本において最も多い炎上パターンだ。来店した有名人に関するツイートが反感を買ったウェスティンホテルやアディダスなど類似事例は枚挙にいとまがない。ブランドの毀損のみならず、投稿した本人のプライバシーがネットで暴かれ、晒し者になるケースも多い。

あなたの会社の社員は、退職した社員は、関係会社の社員はどうだろうか？　あなたの会社に対して悪意のある行為はしないと言い切れるだろうか？　就業規則で管理を強めたり、社員教育を実施したりすることで、このような危機を完全に防止することはできるだろうか？

2012年1月4日、カカクコムが運営する「食べログ」において、悪意を持った業者により、一般利用者を装ったクチコミ投稿やランキング操作が行われていることが発覚した。食べログは月間利用者数3200万人以上と影響力が非常に大きい。やらせによる印象操作で公正な判断ができなくなれば、サイトそのものの価値が低下する。この事件を受けて消費者庁が調査に入ったこともあり、カカクコムにとどまらず、サイバーエージェント、グリー、ディー・エヌ・エー、ミクシィなど、SNS関連銘柄の株価も急落した。この事件がきっかけとなり、「ステルス・マーケティング」が略称「ステマ」として流行語になり、他のクチコミサービスの問題にも飛び火していった。カカクコムはやらせ業者として39社を特定、業務停止など断固とした措置をとるとともに、点数算出アルゴリズムの大幅な変更などを実施する。クチコミは内容も含めてあくまで自発的なものであり、投稿者との間に金銭、物品、サービスの提供がある場合にはそれを明示するべきだ。しかしながら飲食店、映画や出版、化粧品、健康食品などクチコミの影響力が強い業種においては、いまだにグレーなクチコミ・マーケティングが常態化しているのが現実だ。

あなたの会社はステマをしていないだろうか？　透明性の時代において、ステマはブランド毀損という大きなリスクをはらんでいる。何より生活者の信頼に対する裏切りだ。一時的に売り上げや利益が落ちることを覚悟して、業界で習慣となっているステマをやめる決断ができるだろうか？

２００８年6月、居酒屋チェーン和民の女性社員が入社してわずか2カ月、過労の末に自殺した。「体が痛いです。体が辛いです。気持ちが沈みます。早く動けません。どうか助けて下さい。誰か助けて下さい」。亡くなる前の日記には、心身の限界に達した彼女の悲痛な叫びが記されていた。遺族の求めにより審査していた神奈川労働局は、「残業が１カ月あたり１００時間を超え、朝5時までの勤務が１週間続くなどしていた。休日や休憩時間も十分に取れる状況ではなかったうえ、不慣れな調理業務の担当となり、強い心理的負担を受けたことが主な原因となった」と認め、２０１２年2月14日に労災認定がおりる。これを受けワタミの渡邉美樹会長は、「労災認定の件、大変残念です。四年前のこと 昨日のことのように覚えています。彼女の精神的、肉体的負担を仲間皆で減らそうとしていました。労務管理できていなかったとの認識は、ありません。ただ、彼女の死に対しては、限りなく残念に思っています。会社の存在目的の第一は、社員の幸せだからです」とツイート。ワタミ広報からの「決定は遺憾」とのコメントがあわせ技となり、瞬く間にツイッターやブログなどで反感が拡散、ワタミの労務管理に対して非難の大合唱となった。日本には、滅私奉公やサービス残業を当然とみなす悪習慣がある。そんな労働体験や反感も、社員や退職者からソーシャルメディアに滲み出ていく。それらは往々にして生活者の強い反感を買う。そして瞬く間に拡散し、ブラック企業とのレッテルを貼られることになる。

あなたの会社の社員は幸せだろうか？　あなたの会社に愛情を感じているだろうか？　業績優先、効率優先、顧客優先が行き過ぎて、社員を精神的に追い詰めていないだろうか？　心の病を持つ社員が日々増えていないだろうか？　サービス残業が恒常化していないだろうか？

科学的管理法、プロパガンダ、株主資本主義

現代の企業経営における闇は深い。利益追求と規模拡大をひたすら求め続ける経営トップ。硬直化した組織で無力感を感じながら現場統制を試みる管理職。閉塞感と精神的負担に苛《さいな》まれる現場社員。マニュアル化した接客に不満を募らせる顧客。間断なく目の前にあらわれる広告にうんざりする生活者。いったい我々はいつからボタンをかけ違えたのだろう。

20世紀初頭、フレデリック・テイラーは生産現場に課題を抱える米国企業の経営に対して、客観的な管理手法と基準を導入することで効率化を図ることが肝要と考えた。彼の理論は、人間は本来怠けものであり、社員が全力で仕事に取り組むことは稀であるとの前提にたつ。その上ですべての仕事を科学的方法で分析し、1日にどれだけの仕事がこなせるか、またはこなすべきかについて疑問の余地がないようにしようと試みたのだ。そして計画を担当する監督者と、実行を担当する作業者を明確に区分し、双方の業務を規定した。当時から効率性を追求するあ

まり、労働者の人間性を軽視していることなどの批判も多かった。しかしながら科学的管理法は劇的な生産革命をもたらし、1890年から1958年の間に、米国製造業の時間あたり生産性は5倍となった。それによって生活者の利便性は飛躍的に向上したが、労使の対立を深めるなどの弊害も深刻化しはじめる。やがて、科学的管理法は近代経営学の起源として位置づけられるようになった。

1920年代、大量生産・大量消費により好景気が続く中、エドワード・バーネイズは「広報（Public Relations）」という言葉を生み出し、広報・宣伝の父と呼ばれた。彼は叔父である心理学者フロイトの理論を群集心理に応用し、科学的な宣伝手法を考案した。何を崇拝し、何を忌み嫌い、何を愛し、何を恐れ、何を憎むか。これらの本能的な行動動機と集団心理のメカニズムを理解していれば、一般大衆を意のままに統制管理することも不可能ではない。そう考えたバーネイズは、大企業の利益第一主義に応えるために大衆を操る「姿の見えない統治機構」になると宣言、「ベーコンは健康に良い」「ピアノはステータスの象徴」「タバコは女性解放の象徴」などと印象づけ、必要な物ではなく欲しい物を買わせ続けた。さらに戦争プロパガンダ（第一次世界大戦におけるドイツ兵への野蛮イメージづけ）や反共プロパガンダ（グアテマラのクーデターへの加担）など、政治面における世論操作をも担い、社会の動向に大きな影響を与えた。それから80年を超えた現在でも、広告代理店やマスメディアの手法の多くは、このバーネイズの理論が基礎となっている。

1981年、ゼネラル・エレクトリック（GE）の最高経営者にジャック・ウェルチが就任した。CEO就任当時も経営状態は順調だったが、日本製造業の台頭や世界経済の停滞により同社の株価は低迷を続けていた。そんな中、ウェルチは、「利益の出ない分野はすべて切り捨てる。すべての事業は、その業界でナンバーワンあるいはナンバーツーの立場を確保しなければならない」と宣言する。そして事業の選択と集中を大胆に行い、20万人近い社員を整理し、60億ドル以上の経費を節約した。会社を守り社員を守らない姿勢は「建物を壊さずに人間のみを殺す中性子爆弾」にたとえられ、メディアからは「ニュートロン・ジャック」と揶揄された。人事施策も大胆で、業績上位20％は昇進、続く70％は育成、そして10％は解雇するという成果主義を徹底する。CEO就任後18年でGEの利益は6倍、株価は30倍を超え、「20世紀最高の経営者」と賞賛された。一方で、株主のための経営に徹し、世界にリストラ・ブームを引き起こしたことでも知られている。

1994年、投資の神様と呼ばれたジョン・メリウェザーが創設者となりLTCMが生まれた。最盛期でも200名足らずの小規模企業だが、強力無比な武器があった。2人のノーベル賞学者が金融工学を駆使して開発した取引プログラムだ。同社はたちどころにずば抜けた運用成績をあげ、数兆円の資金を動かす勢力となるが、ロシアの債務不履行を機に13兆円の巨額負債を抱えて破綻。しかし同類のヘッジファンドは逞しく生き残り、世界中で猛威をふるいはじめる。企業の持ち主として君臨する彼らは、株を売り抜けて金を儲けることが唯一の目的で、投資先企業への忠誠心など皆無と言ってよい。プロ経営者も自らの報酬を株価と連動させることで投資家の意のままに動き、短期利益のためのリストラや事業売却、事業買収を矢継ぎ早に行うようになった。株主の意向を重視した短期的利益志向、拡大至上主義の経営スタイルは、上場企業を中心に今でも色濃く残っている。

工業化社会を前提とした効率性の追求、世論操作の手法を取り込んだ広告宣伝、社員を資源として扱う成果主義やリストラ施策、短期的な利益追求や業績拡大を最優先する経営。大企業はこれらの多層的な歪みを、広報と情報統制によって覆い隠してきた。しかしながら、拡大至上主義に走る大企業の寿命は意外なほど短い。1983年のロイヤル・ダッチ・シェルの調査によると、最大規模の企業における平均寿命は40年足らず、1970年に「フォーチュン500」に名を連ねた企業の3分の1が、わずか13年後には消滅していたという。栄枯盛衰、盛者必衰はこの世の常なのだ。そして、ソーシャルメディアが登場した。顧客も社員も株主も自由に対話できるプラットフォームが登場し、ゲームのルールは大きく変わりつつある。情報統制の利かない時代に、企業が抱える歪みはソーシャルメディアに自然と滲み出していく。生活者から見放された企業はさらに短命化の一途をたどるだろう。透明な世界で、我々企業はもう一度原点にもどり、あるべき姿を見つめ直すべき時がきたのだ。

日本的経営、その光と影

天下泰平270年、花の江戸時代に遡ろう。江戸時代中期の天文地理学者、西川如見は「町人嚢《ぶくろ》」において、他人に尽くすとともに、天理＝人道をおそれて慎む「謙」という概念が町人道徳の基幹であるとした。さらに公共の整備などで協力する「結《ゆい》」、共同体の行事の費用などを折半する「講《こう》」、長屋に象徴される相互扶助の「連《れん》」といった庶民における助け合いの道徳観が、社会貢献や社会的責任を重んじる日本的経営の原点となった。また商家における「友過」という哲学は、主従関係や同僚関係に強い絆を発芽させる素地となったと考えられている。

その江戸時代にもバブル期はあった。生類憐れみの令で知られる五代将軍綱吉の時代、俗に言う元禄バブルだ。町人の勢力が台頭して社会は活況を呈し、上方を中心とした独特の文化が生まれた。この時期、幕府や藩の役人と結びついた政商型の豪商が登場し、役人接待や賄賂を多用して短期的利益の追求に奔走する。紀州みかんを江戸で売りさばいて大儲けしたという紀伊国屋文左衛門もこの時代に生きた伝説の商人だ。しかし、元禄バブルの崩壊で幕府は財政破綻を起こし、有力商人も軒並み財産没収の憂き目にあった。そして商人の営利活動を憎む風潮が世の中を覆いはじめる。

この時、石門心学を広めたのが石田梅岩だ。彼は元禄時代の反省に基づき、商人哲学に儒教や仏教、神道などの思想を取り入れ、その後の日本的経営に大きな影響を与えた。有名な言葉に、「真の商人は先も立ち、我も立つことを思うなり」がある。営利活動を否定せず、本業を通じた社会貢献、社会的責任を説く彼の思想は、近江商人の伝統的精神となる「三方よし＝売り手よし、買い手よし、世間よし」につながっていく。「売り手」とは企業自身、「買い手」とは顧客、「世間」とは地域社会をあらわしている。企業自身が利潤をあげて社員に還元しなければ事業を持続できない。顧客に愛されなければ継続的な商取引は期待できない。そして地域社会に貢献するような事業でなければ継続的に存続できない。これら三者を同時に満たすことが肝要で、自らの利益のみを追求する姿勢は王道とは言えない。もとより近江商人は自国を離れて商売をする自由商人であり、常に追放されるリスクを背負っていた。その地で愛され、貢献する存在にならなければ明日の商売はない。「三方よし」は、そんな厳しい環境のもとに生まれた至言と言えるだろう。

現代の日本を支える財閥にも、この商道徳は引き継がれてきた。三井グループの創始者、三井高利はのちの三越となる呉服商越後屋を開業し、「現金安売り掛け値なし」という商習慣を覆す商法で成功をおさめた。さらに両替商に進出し、「売り手悦び、買い手悦ぶ」の精神で大いに繁盛させ、三井家の基礎を築く。住友グループの発祥は銅精錬だ。「一時の機に投じ、目前の理にはしり、危険の行為あるべからず」ではじまる家訓が代々引き継がれ、実業の大切さを説いている。回漕業を母体とした三菱グループは岩崎弥太郎が創立した。「小事にあくせくするものは大事ならず、宜しく大事業を経営する方針をとるべし、決して投機的の事業を企てるなかれ」ではじまる家憲は、投機を諫めて勤勉を尊ぶ思想が貫かれている。

これらの商業道徳は明治経済の立役者となる渋沢栄一らに受け継がれ、日本隆盛の礎を築くことになった。米国企業が科学的管理法をベースに仕事をシステム化したのに対して、日本企業は人を中心とした独特の家族的組織を育みはじめる。1929年には世界大恐慌が日本経済を直撃し、町には失業者が溢れたが、松下幸之助は生産を半減しながら、社員をひとりも解雇しなかった。「半日の工賃など、長い目で見ればたいしたことはない。それよりも社員を解雇して松下電器の信頼にヒビが入るほうが問題である」。彼のこの時の姿勢が、日本的経営の象徴となる終身雇用の起源になったとも言われている。そして、日本経済は世界でも類を見ない高度成長期を迎えた。

一方で、日本的経営が抱える深い悩みもあった。「過労死」という言葉が象徴する、過度な集団主義が生み出す抑圧的な職場環境だ。あうんの呼吸を読み、諍いや論争を好まず、他人の評判を過剰に意識する国民性にも一因があるのだろう。上司からの暗黙の強制による長時間残業や休日勤務、それらによる精神的・肉体的負担が原因で亡くなる日本人は少なくない。KAROSHIは他国語の辞書にも掲載されている。なぜなら日本に特異の現象であり、先進国ではほとんど事例がないからだ。発展途上国では散見されるが、日本で起きるホワイトカラーの過労死は世界でも極めて稀と言われている。海外では、金銭的報酬に見合わない労働を行う習慣は基本的に存在しない。また転職が日常的に行われていること、労働契約違反に対する損害賠償が高額なことなど、個人の自由を尊重する文化が過労死を防止する要因になっているのだ。日本においても労働基準法は整備されており、健康を損ねるような残業は禁止されているのだが、大企業はおろか官公庁においても法律が遵守されないことが多く、サービス残業が常態化している企業も少なくない。

滅私奉公。個人的な感情を抑え公に奉ずることは武士道にも通じる考え方で、日本では古くから美学とされていた。この精神的な志向が、過労、サービス残業、休日出勤、有給休暇の未消化といった労働問題の原因になっているという見方もある。顧客第一主義を、社員の滅私奉公で実現する。多くの日本企業が暗黙に持っているこのような歪んだ考え方を修正し、社員一人ひとりの幸せを尊ぶ経営に進化させていくこと。これは日本の経営者にとって重大な責務と言えるだろう。

幸せの創造こそ、ビジネスの使命

長野県伊那市に、寒天という地味な商材で国内シェア約80％を誇る企業がある。伊那食品工業だ。寒天製造という成熟産業にありながら、利益の10％を研究開発にあてて新技術を常に開発するとともに、原料調達の安定化を図り、新しい市場を開拓し続けた。縮小する寒天市場の中で、48年にわたり増収増益を続けた奇跡に近いエクセレントカンパニーだ。

「会社は何のために存在するのでしょうか。私の考えはシンプルです。人間のすべての営みは、幸せになるためのものです。企業をはじめとする組織は、つきつめれば人が幸せになるためにできたもの。幸せの創造こそ、ビジネスの使命だと考えています」。伊那食品工業の塚越寛会長はこう語る。この会社の社是は、「いい会社をつくりましょう。たくましく、そして、やさしく」。人々に「いい会社」と言ってもらえる企業。社員、取引先、顧客、地域社会など、関与するすべての生活者に愛される企業。企業はたくましくなければ存続できない。しかし同時にすべての人にやさしく、相手を思いやる心が大切だ。経営理念は、「社員の幸せを通して社会に貢献すること」。社員の幸せと会社の永続性、そのためにあえて持続的な低成長を志向する。

そして、社員を信じる性善説の経営により管理コストを下げる。管理より社員教育。表面的な知識より、物事のあるべき姿を問う教育だ。会社はどうあるべきか。社員はどうあるべきか。市民はどうあるべきか。

「世界一売る小売りが米国にありますが、社員の8％は生活保護を受けているといいます。『エブリデイ・ロープライス』、顧客にだけいい顔をして、社員を苦しめている。いったい何のための事業なのか、私には理解できません」。塚越会長の言葉は明快だ。伊那食品工業ではリストラは断じて行わない。それは人件費をコストと考えておらず、目的である「社員の幸せ」を実現するための大切な成果とみなしているからだ。伊那食品工業の社員数は約480人。一般職に加えて、レストランのシェフ、蕎麦屋の店員、直売所の店員などもそこに含まれる。そのほとんどは正社員で、しかも終身雇用、年功賃金だ。社員個人の能力はもちろん大切だが、組織が大きな力を発揮するのは社員が結束した時だ。成果主義はこの組織の力を削ぐから導入しない。また社員の人生を考えれば、教育費や住宅ローンなどで最もお金が必要になるのは40〜50代。その時に給料が増えることは社員の幸せに大きく寄与するはずだ。それだけではない。格安の社員寮、オフィス環境の改善、食堂の充実、さらには結婚や出産の手当、生命保険、がん保険、スタッドレスタイヤの購入費まで。社員の生活を支える数多くの手厚い福利厚生制度を用意した。経常利益は必ず何らかのかたちで社員に還元する。社員の幸せのために、塚越会長は文字通り心血を注いでいる。

「当社では2年に一度、社員が4泊の海外旅行に行きます。行きたいところを募り、世界各地へ部門を超えた仲間と旅する制度です。帰ってくると幸せそうな顔をして、こんなことがあった、こんな人と知り合いになった、明日からまたがんばりますと話してくれる。経営者は社員を守る義務を持っています。例えば災害や病気で苦しむ社員がいれば、制度を超えて全面的に支援する。社員は家族だと思って経営しています」。社員だけではない。取引先に対しても値切らないし、多少問題があっても関係を切ることはしない。「お取引様とのご縁を大切にしています。なぜなら彼らにも生活があり、家族があるから。無理な拡大もしない。当社が業態を拡大するということは、その裏でどこかの企業が仕事を失っているということだからです。その方々にも生活がある。周りへの思いやりの心を社員全員で共有することを大切にしています」。

同社は約3万坪の敷地を持ち、レストランやホール、健康パビリオンなどがある「かんてんぱぱガーデン」も運営する。社員の手づくりガーデンだ。憩いの場として開放し、多くの訪問客で賑わいを見せる。これも地域社会への貢献であり、また雇用を増やすための施策でもある。そんな同社にはなんと年間1万通ものファンレターが届き、新卒の就職希望者は毎年2000名を超えるまでになった。すべての人々を慮《おもんばか》り、感謝される企業を目指す伊那食品工業には、企業見学から観光客にいたるまで、絶え間なく人々が訪れている。

創業10年で売上高1000億円を超えた米国のオンライン通販会社、ザッポスの企業使命は、Delivering Happiness。顧客にも社員にも取引先にも「幸せ」を届けることにひたすら情熱を傾けている稀有な会社だ。２０１１年の米国小売業協会（National Retail Federation）調査では、顧客サービス分野でアマゾンやノードストロームを抑えてトップになり、フォーチュン誌の働きたい企業ベスト１００で15位に選ばれている。

同社は、全社員に「ザッポス・カルチャーのあなたにとっての意味は？」という質問を投げかけ、その回答をそのまま『カルチャー・ブック』という書籍にまとめている。現在では、社員だけでなく取引先や顧客にも対象を広げており、米国内では余部があれば希望者全員に無料で届けているという。そこには社員、取引先、顧客からの愛に溢れたザッポスへのメッセージが書き連ねられている。「ザッポスの文化はものすごいと思う。この会社がただ商品を売るだけではなく、サービスも売っていることは、実はそれほど知られていない。もっと知られていないのは、顧客だけでなく、社員にもワオ！な体験を提供することだ。昼食は無料、医療費もタダというのは、なかなかできることじゃない。この会社に入ってからというもの、私自身がマネジャーやリードの対応に何度ワオ！と感動したことか。そんなこと、これまでの会社ではなかった。私はザッポスの文化が大好きだ」（ジョゼフ・ミケーリ『ザッポス体験』日経ＢＰ社）。コンタクトセンターに所属するダーリーン・Ｊ氏の寄せ書きだ。

世界でも稀な「企業文化第一主義」。それを実践するトニー・シェイＣＥＯは語る。「結局のところ、会社は人が集まってできています。そして、人は誰でも、幸せになりたいと望んでいるものです」「ザッポスの長期的なビジョンは、『至上の顧客サービスとエクスペリエンス（体験）を提供する』ということです。ザッポスでは、『どんな会社（企業文化やコア・バリュー）

をつくるのか」を重視することで、このビジョンを達成することができると信じています。また、それが、顧客、社員、取引先、そして最終的には投資家に幸せを届けることにつながると信じています」（石塚しのぶ『ザッポスの奇跡［改訂版］』廣済堂出版）。

顧客は自分を幸せにしてくれる商品やサービスに対価を支払う。そして社員は自分を幸せにしてくれる会社に所属したいと熱望する。ビジネスの究極の目標は、その企業を取り巻く人々を永続的に幸せにすることだ。マザー・テレサの名言がある。「大切なことは、遠くにある人や大きなことではなく、目の前にある人に対し、愛を持って接することなのです」。企業にはさまざまなステークホルダー、企業を取り巻く利害関係者が存在しているが、圧倒的に関係性が深いのは人生に深く関与することになる社員だ。社員とその家族、彼ら彼女らを幸せにすることは企業にとって最大の責務と言ってよいだろう。そして価値創造をともにするビジネスパートナー。創造した価値を提供するお客様。会社が存在する地域の住民。長期的に株式を保有する株主。今、あなたの会社は、関係する人々に幸せを届ける存在になっているだろうか。

世界はソーシャルメディアによって透明になっていく。マーク・ザッカーバーグの信念である「アイデンティティはひとつだけ」。企業こそ、この言葉の大切さに耳を傾けるべきだろう。ブランドイメージをお金で買える時代はまもなく終焉する。新しい時代に生き残るのは、社員にも顧客にも、あらゆる生活者に共感と信頼を持たれる企業、ソーシャルメディアに愛される企業のみだろう。今一度、我々は商いの原点に戻って、誰のための会社か、そして何のために会社は存在しているのかを見つめ直す大切なタイミングに来ているのではないだろうか。企業の使命は、関係する人々の幸せを永続的に創造にすること。それを口先だけでなく、行動で示すこと。持続可能な社会を創り上げる一員となり、力を合わせて世界をより良くしていくこと。綺麗事ではない。人々はそんな企業でいたい、そんな企業のために働きたい、そんな企業を応援したいと、きっと心の底から想っているはずだ。

COLUMN 1

ソーシャルメディアに染み出すブランド体験
——ペプシコ、P&G

生活者のブランド体験は、ソーシャルメディアでどのように拡散し、企業にどれほどのインパクトを与えるのであろうか。各章間のコラムでは、企業にとって主要な顧客接点である、①広告宣伝、②企業広報、③コンタクトセンター、④ウェブやソーシャルメディア、⑤店舗や顧客サービスを順に取り上げ、ネガティブな事例とポジティブな事例を対比することで、その本質を考察してみたい。

広告宣伝でのブランド体験——ペプシコ、P&G

ネガティブ事例——ドイツ・ペプシコ

２００８年12月、ドイツのペプシコからペプシ・マックスの広告を依頼された広告代理店ＢＢＤＯ社は、ライフスタイル雑誌のＷｅｂサイトで「自殺をテーマにしたパロディ・クリエイティブ」が読者に受けると考え、豆のような姿をした青いイラスト・キャラクターに「ペプシ・マックスのたいへん孤独な1カロリー」を演じさせることにした。広告内で、このキャラクターは首にロープを巻いたり、瓶から毒を飲んだり、ピストルで頭を打ち抜いたりする。この刺激的な広告にまず業界誌『アドエイジ』が反応する。彼らがＷｅｂ記事として取り上げたところ、ごく短時間で数十回も転送（リツイート）された。その中で実の姉を自殺で亡くしたクリスティン・ルーが、「拝啓、ペプシと広告代理店ＢＢＤＯ様、私の姉は自殺しました。ソーダ飲料を売るために自殺を使うのは不快です」とツイート。人々は彼女の言葉に共感し、ツイッター上で一気に批判が集まる。不幸中の幸いは、ペプシコのソーシャルメディア担当部長Ｂ・ボニン・ボウが著名ブロガーで、こうした問題の性質や対処に熟知していたことだ。彼は即座に会話に参加し、自ら親友を自殺で失った経験をつぶやき、心ない広告について謝罪した。さらにその数分後に、別のペプシコ・インターナショナルの広報幹部がツイッターを通じて彼女に公式に謝罪、問題の広告を取り下げると約束したことで騒ぎはおさまった。掲載からわずか２日で広告は取り下げられ、ＢＢＤＯ社はペプシコから広告契約を解除された。

ポジティブ事例——Ｐ＆Ｇ

２０１０年２月、男性用デオドラント・ブランドでトップシェアを持つＰ＆Ｇ「オールドスパイス」は、元ＮＦＬ選手イザイヤ・ムスタファを起用したセクシーなテレビＣＭを大ヒットさせる。これはネット上でもブームとなり、ユーチューブで数千万回も再生される成果となった。その勢いを梃子《てこ》に、同社はさらにソーシャルメディアを連動させる。生活者からのＣＭに対する面白い反応や質問に対して、ムスタファ自らが語るレスポンス動画をなんとユーザー投稿から１時間以内に作成し、ユーチューブにアップしはじめたのだ。レスポンス動画の数は計１８６件、しかも有名人やスターバックスのようなブランドをも巻き込むことにも成功した。例えばディグ創業者のケビン・ローズが風邪で寝込んでいるのをツイッターで知った彼らは、ユーモラスな激励動画を送る。それを見たローズが、「これまでで最高の動画だよ！」と転送（リツイート）すると、さらに過激な動画メッセージを送り、再びローズが転送（リツイート）する。このようなインフルエンサーの見事な巻き込みもあり、結果として動画再生回数は1.5億回を記録。あわせてツイッターのフォロワーは27倍、フェイスブックのファン数は9倍になった。売り上げは初回の大ヒットＣＭ時点で57％増、ソーシャルメディア連動により１０７％増となる。カテゴリ・シェアは５ポイントアップの18％を達成し、予想をはるかに超えた効果を得ることに成功した。

広告宣伝に関して、ペプシコとＰ＆Ｇの事例から学べることは何か。それは、広告や宣伝がソーシャルメディアと機能的に連動しているか否かにかかわらず、生活者はリアルタイムに評価したりレスポンスしたりするということ。それを意識する必要があるという点だろう。もはや一方的な広告宣伝は存在しない。生活者の反感を買えば炎上するし、共感されると拡散していく。Ｐ＆Ｇの事例のように、生活者が驚き、熱狂するような対話を生み出せれば、その広告効果は絶大なものとなる。またペプシコの広告の炎上をおさめたボウやＰ＆Ｇの広告を成功に導いた主役のムスタファなど、個人のキャラクターが今まで以上に重要になる。ただし、ソーシャルメディアではリアルタイムの対話が大切になるため、キャラクターのつくり込みが困難である点に注意したい。実際にオールドスパイスのプロモーションの舞台裏では、ムスタファ自らが面白いユーザー投稿を選び、回答のアイデアも出していた。演じるだけでなく、キャラクター本人の積極的な対話参加が生活者の共感を生む効果をもたらしたのだ。

第2章

社員の幸せと生産性は比例する

幸福とは最高の善であり、幸福こそ人間の求める究極的な目的だ。

――アリストテレス

幸福のパラドックス

世界各国の経済水準を超長期的に推計しているオランダのアンガス・マディソンの発表データによると、日本の年間所得水準は紀元前後には400ドル、それが江戸時代には500ドル台となり、20世紀に入って1000ドルを超えたという。それ以降、第二次世界大戦後の成長は凄まじく、2000ドルから約50年で2万ドルまで達することになる。戦後、日本国民は裕福になり、物質的な豊かさでは世界的に見てもトップクラスとなった。では、日本人は幸せになったのだろうか。精神的な豊かさは、物質的な豊かさに比例するのだろうか。

『国民生活白書』の統計によると、実質GDPは継続成長しているにもかかわらず、生活満足度は1984年をピークとして逓減していることがわかる。ブルーノ・S・フライとアロイス・スタッツァーによる『幸福の政治経済学』（ダイヤモンド社）の統計においても類似する結果となった。1958年と2000年を比べると、日本の実質GDPは6倍以上になったにもかかわらず、生活満足度は全く変化していないのだ。これは、物質的な豊かさと幸せに正の相関がない「幸福のパラドックス」と言われる現象で、他の先進国でも同様の傾向がある。

生活満足度および1人あたり実質GDPの推移

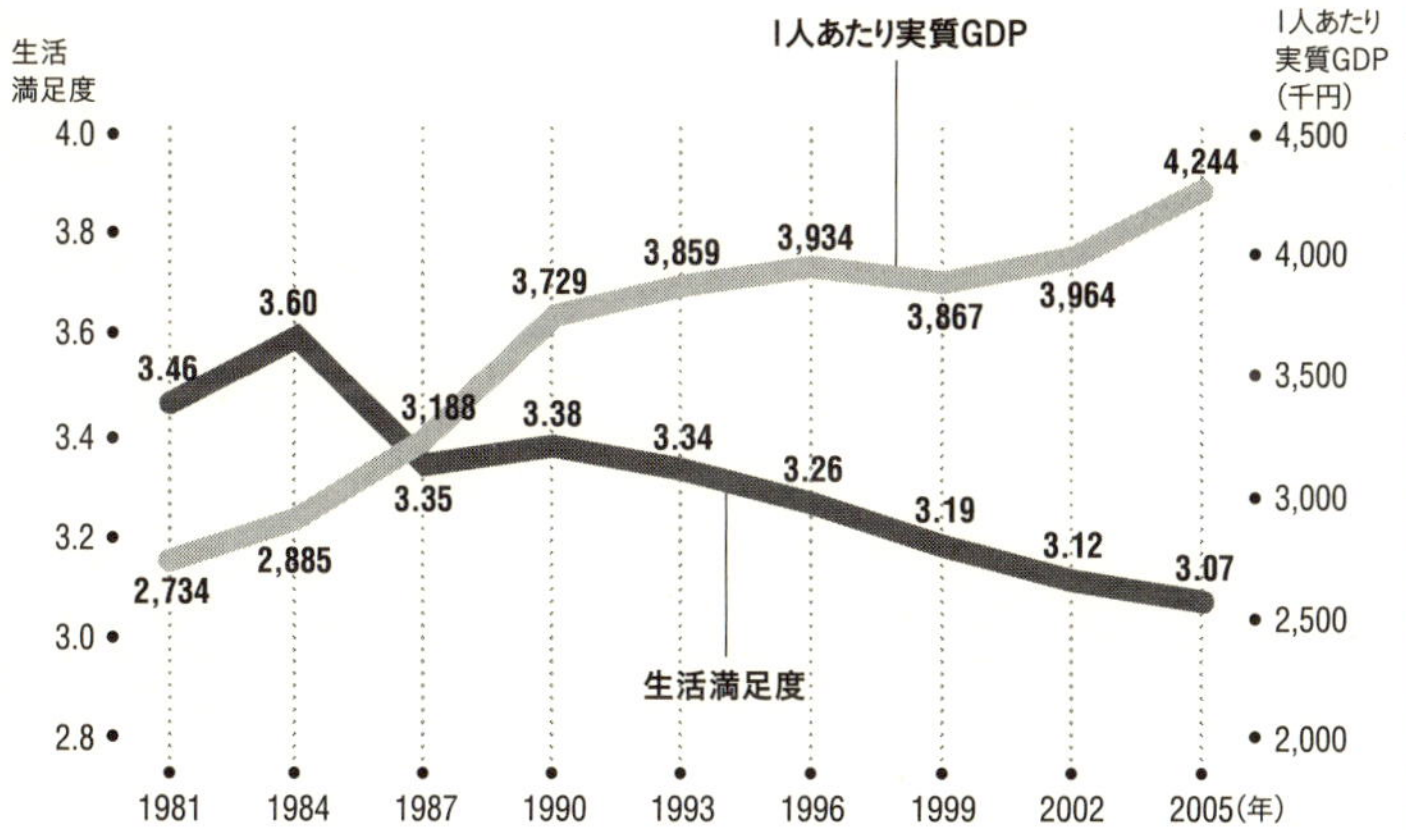

出典:『平成20年版 国民生活白書』(内閣府国民生活局編著)をもとに著者作成

注:1. 内閣府「国民生活選好度調査」「国民経済計算確報」(1993年以前は平成14年確報、1996年以後は平成18年確報)、総務省「人口推計」により作成。

2.「生活満足度」は、「あなたは生活全般に満足していますか。それとも不満ですか。(○は1つ)」と尋ね、「満足している」から「不満である」までの5段階の回答に、「満足している」=5から「不満である」=1までの得点を与え、各項目ごとに回答者数で加重した平均得点を求め、満足度を指標化したもの。

3. 回答者は、全国の15歳上75歳未満の男女(「わからない」「無回答」を除く)。

53ページの図は、世界79カ国を対象として、購買力平価で見た国民1人あたりGDPと幸福度を変数とした散布図だ。所得水準が低いグループでは右肩上がりの正の相関の可能性はあるが、所得水準が高い先進国では所得上昇にかかわらず幸福度はほぼ水平となり、幸福感は高まらない。ポーランドの社会学者ジグムント・バウマンは、物質的な豊かさと幸福の関係について、一定水準を超えると相関関係が見られなくなると述べ、その目安を年間の1人あたり実質所得で100万円前後と想定した。

米国の心理学者アブラハム・マズローは、人間の持つ欲求を5段階に分類し、低次の欲求が満たされると、より高次の欲求が出現すると理論化した。この5段階欲求に当てはめれば、実質所得100万円のラインは、人間が生きる上で必要な衣食住などの根源的な「生理的欲求」「安全の欲求」を満たすための平均的な収入と言えるかもしれない。逆に言えば、それより上位にあたる「所属と愛の欲求」「承認と尊重の欲求」「自己実現の欲求」はお金で解決することが難しい欲求とも言えるだろう。

サイエンス・オブ・ハピネス——ポジティブ心理学

近年、幸福を科学的に調査研究する学問が注目されている。提唱したのは米国心理学会元会長のマーティン・セリグマン博士で、「ポジティブ心理学」という名称で呼ばれている。今までの心理学が精神的障害や人間の弱さに焦点を置いているのに対して、ポジティブ心理学は人間がより良い生活をするために研究されている学問だ。彼は「幸せ」を計測可能な要素「喜び」

1人あたりGDP（constant2,000ドル）と幸福度の関係

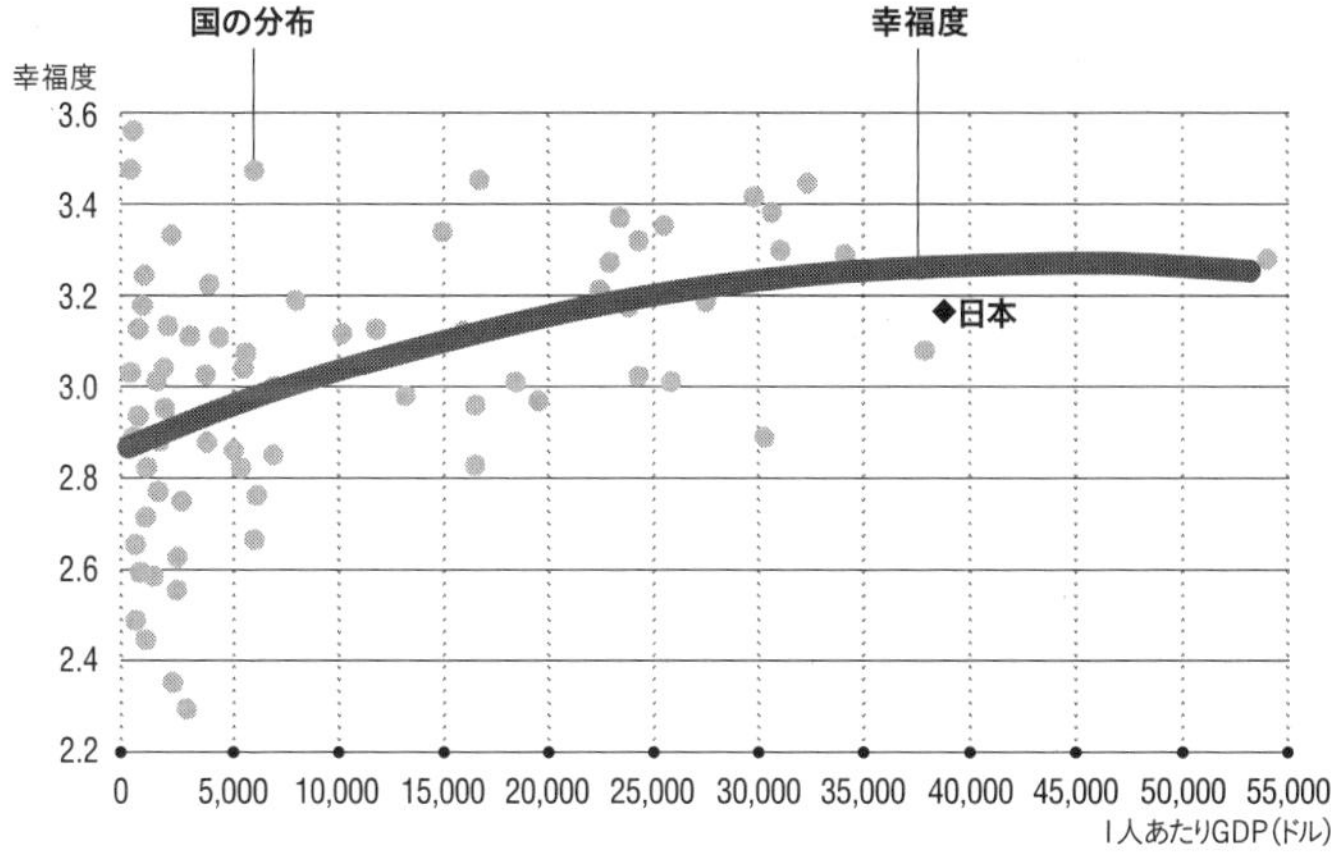

出典：『平成20年版 国民生活白書』（内閣府国民生活局編著）をもとに著者作成

注：1. 1人あたりGDPについては「WDI」、幸福度については以下のデータを使用。
Veenhoven, R., World Database of Happiness, Distributional Findings in Nations,
Erasmus University Rotterdam. Available at : http://worlddatabaseofhappiness.eur.nl (2008/11/18)
2. 分析結果
（幸福度）＝2.9031＋（1.79E－05）×（1人あたりGDP）＋（－2.13E－10）×（1人あたりGDP）^{2}
(71.809) (2.836)　　　　　　　　　　(－1.324)

R^2＝0.2400、※（　）内はt値

マズローの5段階欲求

(1) There are at least five sets of goals, which we may call basic needs. These are briefly physiological, safety, love, 'esteem, and self-actualization. In addition, we are motivated by the desire to achieve or maintain the various conditions upon which these basic
satisfactions rest and by certain more intellectual desires.

(2) These basic goals are related to each other, being arranged in a hierarchy of prepotency. This means that the most prepotent goal will monopolize consciousness and will tend of itself to organize the recruitment of the various capacities of the organism. The less prepotent needs are minimized, even forgotten or denied. But when a need is fairly well satisfied, the next prepotent ('higher') need emerges, in turn to dominate the conscious life and to serve as the center of organization of behavior, since gratified needs are not active motivators.

出典：A Theory of Human Motivation A. H. Maslow (1943) Originally Published in Psychological Review, 50, 370-396. Summary より前半部抜粋

「夢中になること」「意味を見いだすこと」に分類し、３つすべてを求める人が本当に満たされた生活を送ることができるとした。１９９８年当時の比較では、ネガティブな心理学研究の割合はポジティブな心理学の17倍だったというが、幸せの研究による成果が顕著になってきたため、その傾向は大きく変化している。

ただしポジティブ心理学は、過剰な楽観主義を招きかねない自己啓発論とは明確に異なる。フランスの経済学者ジャック・アタリは、著書『金融危機後の世界』（作品社）において、金融危機を招いた原因の一つとして行き過ぎた楽観主義をあげた。先導したのは、「ポジティブ・シンキング」「ポジティブ・アティテュード」を標榜する自己啓発のカリスマたちだ。彼らが公表した成功者リストには、リーマン・ブラザーズをはじめ金融機関の幹部たちがずらりと並んでいた。「信念を持って努力すれば、どんな目的でも必ず達成できる」という自己暗示こそ、彼らを過度な利益追求に向かわせた元凶だとアタリは指摘する。それに対して、ポジティブ心理学は根拠のない自己啓発とは一線を画した科学的な学問だ。「何が人を不幸にするのか」「どうしたら正常に戻せるか」というネガティブ視点に偏った心理学を是正する目的で、「何が人を幸せにするのか」というポジティブ視点から科学的厳密さを追求した心理学である点に留意したい。

ポジティブ心理学の実験によると、従来の常識で「幸せ」と強い相関関係があると考えられていた「物質的な富」「外見の美しさ」「結婚」などは、現実の幸福感とはほとんど関連性がないことが明らかになってきた。これは、人間が知覚の変化や生理学的な変化にすばやく慣れてしまうためで、心理学では「快楽順応」と呼ばれている。この作用は実に強力で、ポジティブな出来事があっても一時的な幸福感を感じるだけでそれが継続することはない。逆に、ネガティブな出来事があっても不幸な感覚は続きにくい。身体機能を失うなどの病気や障害をも乗り越えて、再び幸福になるための驚異的な能力とも言えるのだ。

カリフォルニア大学教授ソニア・リュボミアスキーらが行った一卵性双生児や二卵性双生児、一般人を対象とした大規模な実験では、幸福か否かを決定するのは「遺伝的要因が50%、生活環境が10%、意図的な行動が40%」という予想外の結論が導かれた。幸福と感じるか否かは遺伝による影響が多く、逆に職業や財産、社会的な地位、健康などの生活環境要因はわずか10%しか影響しないというのだ。ここで「遺伝による影響」とは、幸せの感じやすさともいうべき「幸福の設定値」が遺伝することをあらわしている。楽観的ないし悲観的な性格は遺伝子の影響が大きいとも言えるだろう。ただし、自らの意図的な行動により40%もの幸福になる余地があるということを示しており、リュボミアスキーは、「幸せになるための12の原則」にそって行動することをすすめている。これらの行動原則の中には、職場に応用できることも多い。リッツ・カールトン「ファーストクラス・カード」、ANA「グッドジョブ・カード」など、褒める文化を通じて社員間の信頼関係を深めるアプローチや、本田宗一郎の「得手に帆あげて」、堀場雅夫の「おもしろおかしく」など、社員が熱中できる環境を追求するアプローチは、ポジティブ心理学の研究結果に通じるものと言えるだろう。

また、ミシガン大学のバーバラ・フレデリクソンは、ポジティブ性の10形態として「喜び」「感謝」「平静」「興味」「希望」「誇り」「楽しみ」「鼓舞」「畏敬の念」、そして「愛」をあげている。例えば前日にネガティブな情緒をもたらすことがあっても、この10形態のいずれかによるポジティブな情緒が3倍感じられていれば、その翌日は快調であるという。同様に、心理学者マルシャル・ロサダは、10年に及ぶ組織業績研究に基づき、ビジネスチームが成功するにはメンバー間のポジティブな相互作用が、ネガティブな相互作用に対して最低でも2.9倍必要であることを突き止めた。つまり、ひとつのネガティブな意見や経験、表現の悪影響を打ち消すのに、3つのポジティブな相互作用が必要だということだ。この境界数値は「ロサダ・ライン」と呼ばれ、職場の繁栄と衰退の分岐点して重要視されはじめている。単純に言うと人がストレスなく働くには、お褒めが叱りの3倍ある環境にすればいいということだ。ロサダの調査によると、ポジティブ対ネガティブの理想的比率は6：1だった。

さらに、ハーバード大学で最も人気のあるポジティブ心理学講座の講師、ショーン・エイカーは、「努力すれば、成功して、幸せになる」という従来の図式ではなく、「幸せだからこそ、努力して、成功できる」という「幸福優位性（ハピネス・アドバンテージ）」の視点が重要だとした。この幸福優位性とは、幸福感こそ、あらゆる物事がうまく回り出すトリガーになるという考え方で、20年間の学術調査のメタ分析から導かれ発見されたものだ。ポジティブな感情

幸福を決定するのは何か？

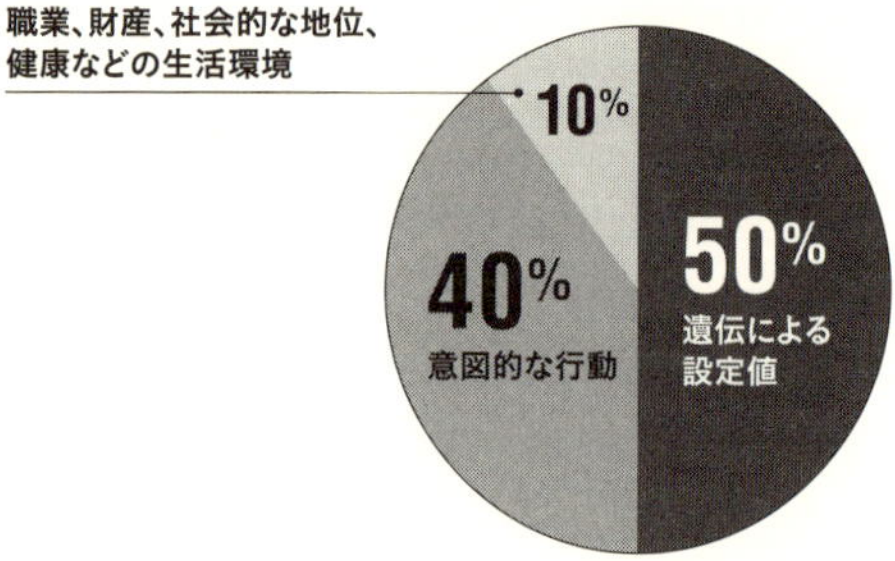

「遺伝による設定値」とは、人がそれぞれ持って生まれた幸福の設定値で、
幸福の基準になるもの、もしくは幸福になれる可能性を指す。
ポジティブな経験やネガティブな経験をしても、
結局、両親から引き継いだ設定値にもどっていくことをあらわしている。

幸福度を高める12の行動習慣

1. 感謝の気持ちを表わす
2. 楽観的になる
3. 考えすぎない、他人と比較しない
4. 親切にする
5. 人間関係を育てる
6. ストレスや悩みへの対抗策を練る
7. 人を許す
8. 熱中できる活動を増やす
9. 人生の喜びを深く味わう
10. 目標達成に全力を尽くす
11. 内面的なものを大切にする
12. 身体を大切にする

出典：『幸せがずっと続く12の行動習慣』
（ソニア・リュボミアスキー著、渡辺誠監修、金井真弓訳 日本実業出版社）
をもとに著者作成。

は、脳からドーパミンやセロトニンの分泌を促し、学習能力や記憶能力、さらには創造性を高めることが神経科学の研究からも裏付けられている。その上でエイカーは、仕事上の幸福感というのは単なる気分ではなく仕事観であるとし、職場の中で積極的に幸福感を創造していくことの大切さを説いている。

社員の生産性を高める職場のエンゲージメント

幸福を決定する要因を研究したソニア・リュボミアスキーらが行った調査において、225件の学術研究についての詳細なメタ分析を試みたところ、幸福感の高い社員の生産性は平均で31%、売り上げへの貢献は37%、創造性は3倍高いという結果になった。人々の幸福と仕事は決して無関係ではないのだ。ポジティブ心理学のひとつのゴールは「ウェル・ビーイング」、心と身体が健康で美しく、満ち足りた暮らしをすることだが、この方法論を組織や人事に積極的に適用するという着想のもと、ミシガン大学「ポジティブ組織論の学術的研究」やネブラスカ大学「ポジティブ組織行動論」も生まれた。ポジティブ心理学者ドナルド・クリフトンが創業した米国ギャラップ社は、33カ国、190社、28・5万部署、316万人の社員を対象として、「社員がどう感じていると組織の業績が上がるのか」を明らかにするための大規模な調査を行った。その調査結果によると、61ページの図にある12の質問と組織の業績に強い相関性があることがわかったのだ。

これらの質問に高い評価をする社員は生産性が高い組織に多く、低い評価をする社員は生産性の低い組織に多い。人事施策として多くの企業が実施している給与や福利厚生の充実などに、業績との関連性は見られなかった。この質問項目からわかることは、社員が自ら所属する組織や仕事との間に強い関係性、職場とのエンゲージメントを持つことが組織の生産性に大きく影響するということだ。

給与や福利厚生も大切だが、「職場の仲間との信頼関係を築き、目標を共有し、信頼して仕事をまかせ、成果を共有しているか」といったことの方がより高い生産性を生み出す要因となる。特に「期待の実感」（自分は何を期待されているか）、「貢献の実感」（自分が貢献しているという実感）、「帰属の実感」（自分が組織に帰属しているという実感）、「成長の実感」（自分が成長しているという実感）。これら4要素を踏まえて職場とのエンゲージメントを高めることが組織の生産性を高めるための大切なテーマとなる。ケンタッキー大学准教授スーザン・セガストロームも、人から援助されていると感じることは幸せと健康に大きく寄与するとし、仲間からの感謝や助け合いの実感の重要性を説いている。

自己実現につながるフロー体験

マズローの欲求5段階説における「自己実現」は、下位の4段階の欲求が満たされ、人格的に成熟した少数の人間のみが達しうる最上の領域だが、その一方で彼は普通の人々が体験できる「ピーク体験」についても研究していた。近年注目されているのは、それに近い概念である「フロー体験」を研究するクレアモント大学教授チクセントミハイだ。「フロー体験」とは、楽

組織の生産性と強い関連のある質問事項

1. 私は、仕事の上で何を期待されているかがわかっている
2. 私は、仕事を正確に進行するために必要な、設備・資源を持っている
3. 私は、仕事をする上で、自分のもっとも
   得意とすることを行う機会が毎日ある
4. 最近、1週間でいい仕事をしたことを、
   ほめられたり認められたりしている
5. 上司または職場の人間の誰かは、
   自分をひとりの人間として気遣ってくれている
6. 仕事上で、自分の成長を励ましてくれる人がいる
7. 仕事上で、自分の意見が考慮されているように思われる
8. 自分の会社の信念や目標は、
   自分の仕事を重要なものと感じさせてくれている
9. 自分の同僚は、質の高い仕事をすることに精通している
10. 仕事上で、最高の友人と呼べる人がいる
11. この半年の間に、職場の誰かが自分の進歩について話してくれた
12. 私はこの1年の間で、仕事上で学び、成長する機会を持っている

注:『さあ、才能に目覚めよう』(マーカス・バッキンガム、ドナルド・O・クリフトン著、谷口俊樹訳 日本経済新聞出版社)をもとに金井壽宏氏作成

出典:『人勢塾』(金井壽宏著　小学館)

しさを感じている人に共通する心理状態として発見されたもので、以下のような状態の時に、自分自身の心理的エネルギーがよどみなく100%発揮される「フロー状態」になるとした。

1. 活動の目標が明確であること
2. 成果に対する迅速なフィードバックがあること
3. 機会と能力のバランスが良いこと。適切な難易度であること
4. 十分に集中できる環境にあること。今の問題に集中できること
5. 対象への自己統制感があること。自分がコントロールできている感覚があること

逆に、仕事を通じて喜びを感じにくい要因として、①今日一日の活動目標が明確ではないこと、②成果に対するフィードバックがないこと、③業務とスキルのバランスが悪いこと、④業務に集中できる環境がないこと、⑤外部の指示が多く自分が仕事をコントロールできている感覚がないことをあげ、これらがストレスの原因になると分析している。

64ページの上図は、機会と能力のバランスを掘り下げて精神状態の変化を示したマップだ。自分のチャレンジとスキルの平均レベルを超えたと気づいた時、人はフローを体験する。その反対でチャレンジもスキルも低いレベルは無気力の状態だ。その他、チャレンジとスキルの関係性で、「心配」「不安」「覚醒」「フロー」を超えて、「コントロール」「くつろぎ」「退屈」となる。

長期にわたって同一の業務を担当すると、本人のスキルも上がっていくため、フロー状態は続かない。64ページの下図は、行動が時間経過とともにどう複雑さを増していくかをあらわしたもので、センターのグレーの部分がフロー体験をできるゾーン「フローチャンネル」だ。まずA地点からスタートするが、それが続くとスキルが向上して飽きていく。この時点でフローにもどるにはチャレンジを高めてCにする必要がある。さらにスキルが上がるとより高度なレベルEにすることでフロー体験を得ることのできる適切な難易度になる。現時点の自らのスキルレベルをはるかに超えると不安になり、やはりフロー体験を得られなくなる。

さらに、人は家庭よりも職場において多くのフロー体験を味わっており、仕事は辛いことではなく実は楽しさを感じるものであることもわかってきた。これは、肉体労働や手続き型の業務が機械やコンピュータに置き換わり、創造的な仕事が増加してきたことにも起因している。「好きこそものの上手なれ」、好きなことに熱中していると寝食をも忘れてしまう経験は誰にもあるはずだ。職場とはフロー体験を経験するために最適な場であり、ポジティブ心理学を応用することで、社員の幸せと生産性向上という両輪を得ることが十分に可能であることが示唆されている。

スティーブ・ジョブズ、スティーブ・ウォズニアックとともにアップルを創業したマイク・マークラは、当時の仕事観をこう語った。「興味あることをずっとやっているのですが、それがどういうわけか多額のお金を生み出しています。でもそれは、創業の場所で仕事をしている

日常の精神状態マップ

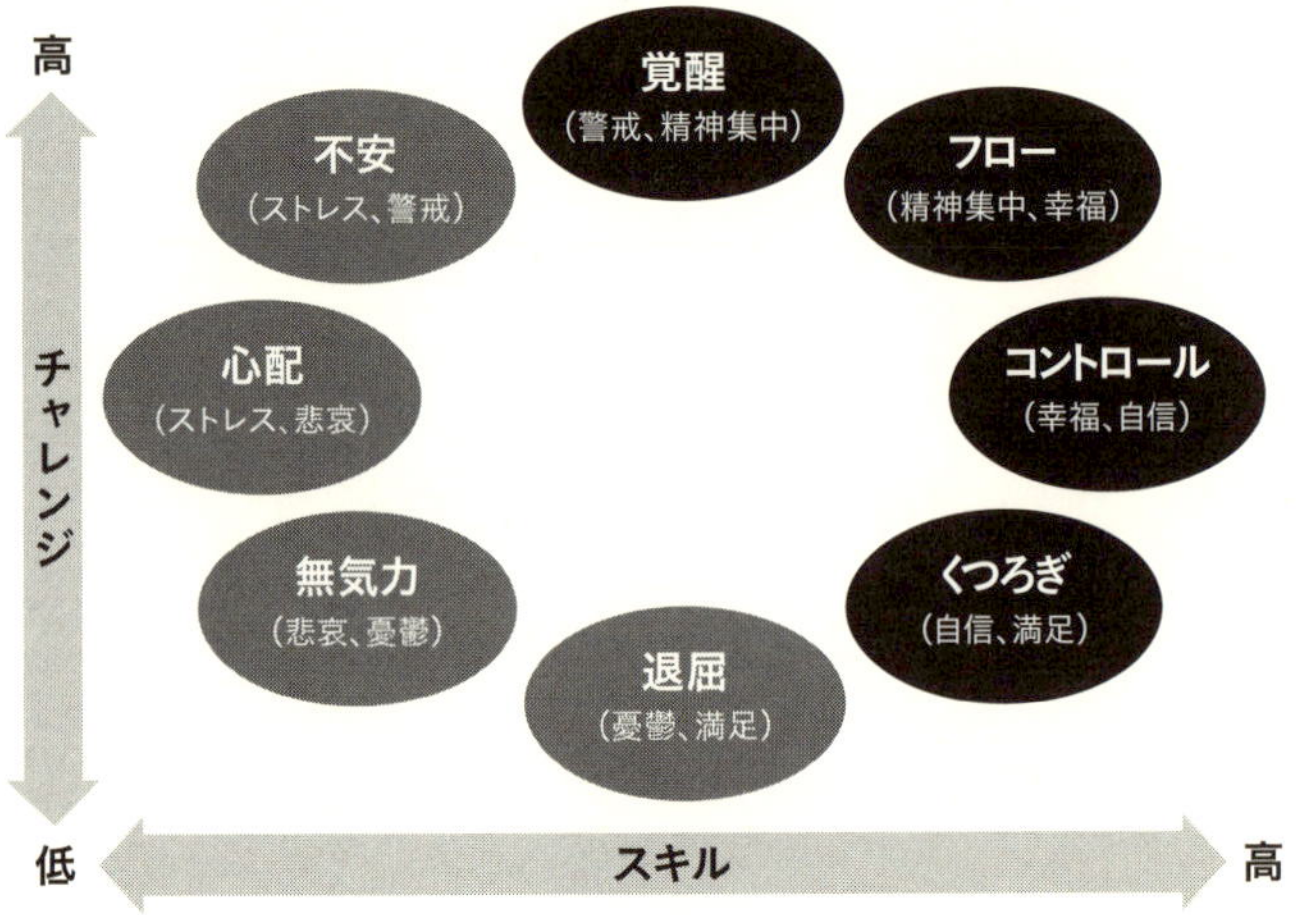

フロー理論における「フローチャンネル」

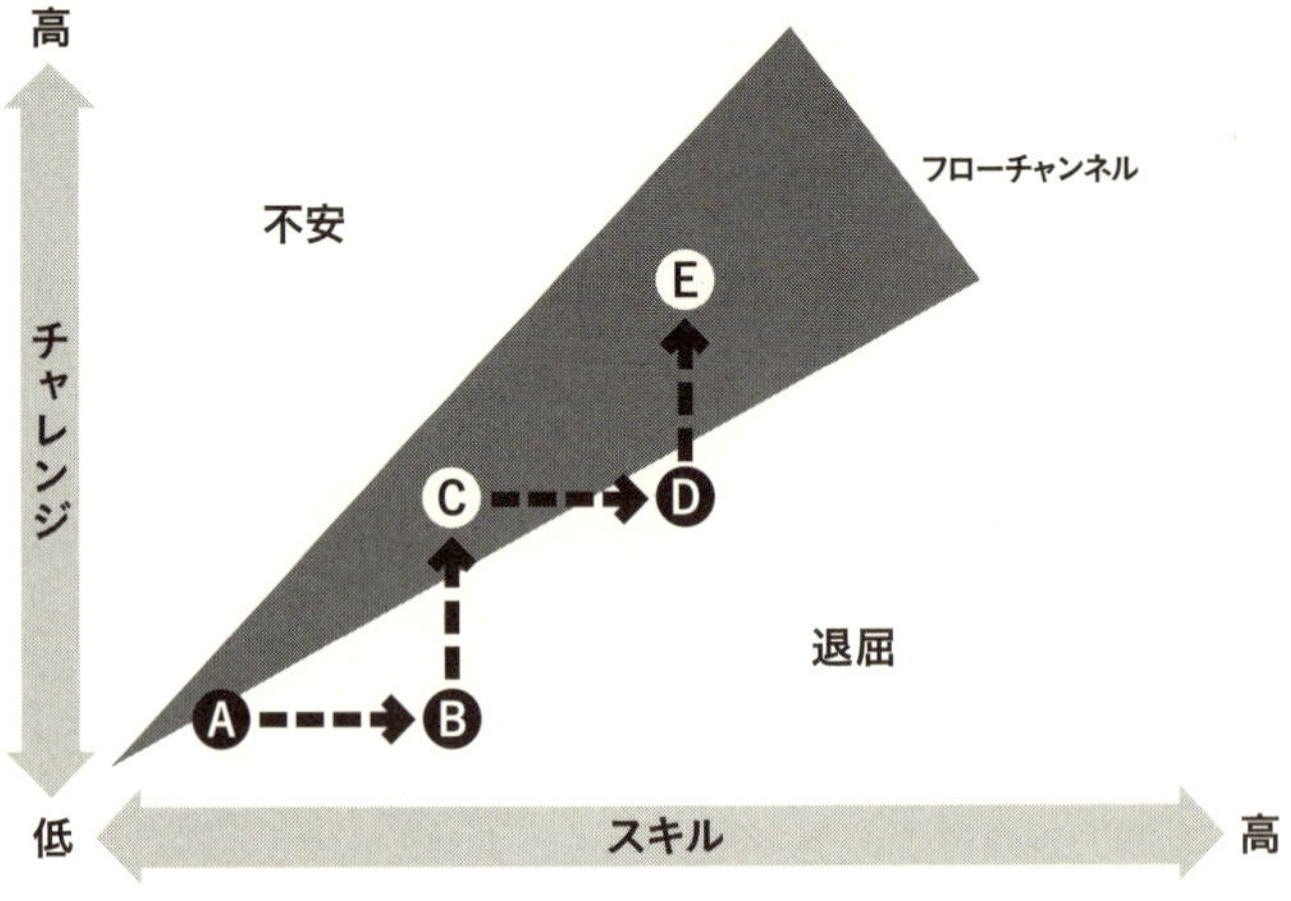

出典：『フロー体験 喜びの現象学』（M・チクセントミハイ著、今村浩明訳 世界思想社）をもとに著者作成

理由ではありません。会社を設立した理由でもないし、またインテルで働いていた理由でもないんです。やっていることを心の底から楽しんだからそうなったんです。そしてそこから、お金よりもっと大切なもの、大いなる個人的満足感を得ています」（M・チクセントミハイ『フロー体験とグッドビジネス』世界思想社）。

チクセントミハイが注目したフロー体験と近い概念に、マズローが提唱した「ピーク体験」がある。神戸大学大学院経営学研究科教授である金井壽宏氏によると、日本人のピーク体験には特徴があるという。「エドワード・ホフマンと村本詔司氏によるピーク体験の日米比較によると、興味深い違いが見いだされています。日本人は、ピーク体験について話す時に、一緒にいる『誰か』を意識している傾向が強いということです。例えば『子どものころ、キャンプファイヤーに行った時、天空に輝く北斗七星に感銘した。その時、誰々さんと一緒だった』というように。日本人が古くから人の絆を大切にしてきたことにもつながる現象かもしれません」。金井氏の言葉は、日本人にとって職場でのチームワーク自体がピーク体験につながる可能性が高いことを示唆している。

自らが共感できる哲学を持つ会社に属し、職場の同僚と深いエンゲージメントを感じながら、スキルに見合ったチャレンジングな課題に挑戦していく。それにより社員が働くことに幸せを感じ、そのフロー体験が素晴らしい成果を生み出す。そして商品やサービスが広く世の中に認められ、利用したお客様を幸せにしていく。その生産プロセスは環境に配慮され、広く社会からも認められている。結果として、持続的に株主にも果実がもたらされる。ビジネスをベースとした、そんな幸せの循環をつくり出すことこそ、企業の大切な使命と言えるだろう。時代は、まさにそのような会社像を心から待ち望んでいる。

ソーシャルメディアで人々は深くつながった。生活者は、そしてその仕事は、とても人間的なものになりつつある。そこでは工業化社会と180度異なるヒューマンな企業像が求められているのだ。そして、すでに経営トップはそのことに気づきはじめている。この章では、社員視点から、新しい時代における「企業のあるべき姿」について、ポジティブ心理学を参考にしながら考察をすすめてきた。次章では少し視点を変えて、経営トップから見た、これからの時代に求められている企業像を明らかにしていきたい。

COLUMN 2

企業広報でのブランド体験
——ネットフリックス、サウスウエスト航空

ネガティブ事例——ネットフリックス

2011年7月のこと、オンラインDVDレンタル大手のネットフリックスは、予告なく、理由も告げずにDVDレンタル料金を値上げすると発表し、ユーザーから強い反感を買った。さらに9月にはレンタルとストリーミングの事業分割を発表、既存利用者に対しても新たに別プランとして加入することを要求する。これに対してフェイスブックやツイッター上にはネガティブコメントが殺到し、ユーザー主導による解約キャンペーンも横行。他に類を見ないような大炎上となった。その影響で、同社の時価総額は、わずか3カ月で160億ドルから60億ドルへ約60%も急落する。同社CEOは公式ブログで「顧客にしっかり伝える必要があった。私は過ちを犯した」と認めたが、価格変更やサービス分割への言及がなかったためにブログがさらに炎上、3万件近いコメントが寄せられる。窮地に陥ったネットフリックスは、10月11日、ついにサービス分離計画を撤回すると発表した。

ポジティブ事例——サウスウエスト航空

2009年7月、ナッシュビルを離陸したサウスウエスト航空ボーイング737機の飛行中、機体中央部の上方にバスケットボール大の穴が開いているのが発見された。乗客の通報を受け、直ちにチャールストン近郊に緊急着陸することになった。着陸に成功すると同時に乗客たちは一斉にツイートし、さらには穴の様子を写真や動画で投

稿しはじめる。航空会社にとって信頼性を揺るがす危機的な事態だ。発生したのは夜間だったが、同社のソーシャルメディア責任者であるクリスティ・デイは、乗客のツイートから非常事態であることを発見。広報と連携の上で、極めて迅速に事故に関するプレスリリースを発表した。リリースには、事実の伝達と謝罪に加えて、すべての飛行機を今晩中に検査すること、乗客に運賃を返還することが宣言されていた。そしてツイッターでもこのリリースを告知する。デイの機転により、人々は朝のニュースを見る前に当事者から発表された事実を確認することができた。それによりマスメディアの報道も過熱せず、ブランドの毀損を最小限に抑えることに成功した。

ネットフリックスの事例からわかる通り、生活者にとって不利になる情報を一方的に告知することは極めて危険だ。事前にリサーチを行うとともに、誠実な表現で生活者の共感を得られるよう細心の注意を払うことが肝要だ。同時に、迅速さやリアルタイムな対話姿勢も非常に重要だ。サウスウエスト航空の事例から学べる通り、ソーシャルメディアのリスニングから炎上気配を感知し、誠実かつ速やかに対応し、最大限の情報開示に努めること。また問題に対する一時的な対応策、さらに問題が発生しないようにするための本質的な対応策をともに明示することだ。今までの完全性やリスク回避を最優先してきた広報のあり方を見直さないと、広報コミュニケーション自体が炎上原因となる可能性が高いことも付記しておきたい。

第3章

つながりによる優位性を求めて

経済活動は地域を越えて連結し、
製品・サービス、資本、情報、そして人材は、
国境を越えて世界を飛び回っている。
また、ソーシャルメディアの広がりで、人々はより広い範囲で
密接にコミュニケーションをとるようになった。
人々は、重要なステークホルダーであり、自社の顧客であり、
社員である場合もある。こうした環境を
われわれは「コネクテッド・エコノミー」と名付けた。

――IBM Global CEO Study 2012

コネクテッド・エコノミーの衝撃

人々の密接なつながりは、企業経営に大きなインパクトを与える。ＩＢＭが世界規模で実施した調査レポートにおいて、ＣＥＯはソーシャルメディアによる外部環境の変化を敏感に察知し、企業変革に着手していることがわかった。このIBM Global CEO Study 2012は、ＩＢＭが世界の主要企業や公共機関のリーダー１７０９名（世界64カ国、うち日本からは１７５名）を対象に隔年で行っている調査で、コンサルタントが直接ＣＥＯにインタビューした内容をま

とめたものだ。

参考まで、前回の2010年調査では、CEOは金融危機を経て経済環境がますます複雑化するとしており、高業績企業は「経済環境の複雑化への認識」と「複雑性への準備状況」のギャップが少なく、複雑性への対応力こそが好業績を生み出すと結論づけていた。今回の調査では、その複雑性の先にあった変化の正体が明らかになり、CEOが目指す方向もより明確になってきた印象がある。

2012年調査のハイライトは、新しい経済環境「コネクテッド・エコノミー」の到来と、それにともなうCEOの意識変革だ。ソーシャルメディアの浸透により人々が広く深くつながっていく中で、ステークホルダーとのつながりを重視する必要性が高まってゆく。CEOは企業価値の主たる源泉として「人的資本」「顧客とのリレーション」「製品・サービスのイノベーション」をあげており、高業績企業ほど、これら3点に対してそれぞれ「社員」「顧客」「パートナー」との関係性強化を試み、それによる競争優位性を構築しようとしていることがわかった。

価値観の共有を通じて、社員に権限を委譲する

CEOが最も重視している価値創造の源泉は「人的資本」、個々の社員のパワーをいかに引き出せるかだ。特に印象的なのは、多くのCEOが、統制志向から開放志向に舵を切りはじめている点だ。彼らは法規制の遵守、標準化の推進、無駄の排除などの組織統制がすでに十分な

企業価値の主たる源泉

半数を超えるCEOが、人的資本、顧客とのリレーション、
およびイノベーションを、企業価値を持続的に
向上させるための主たる源泉とみなしている。

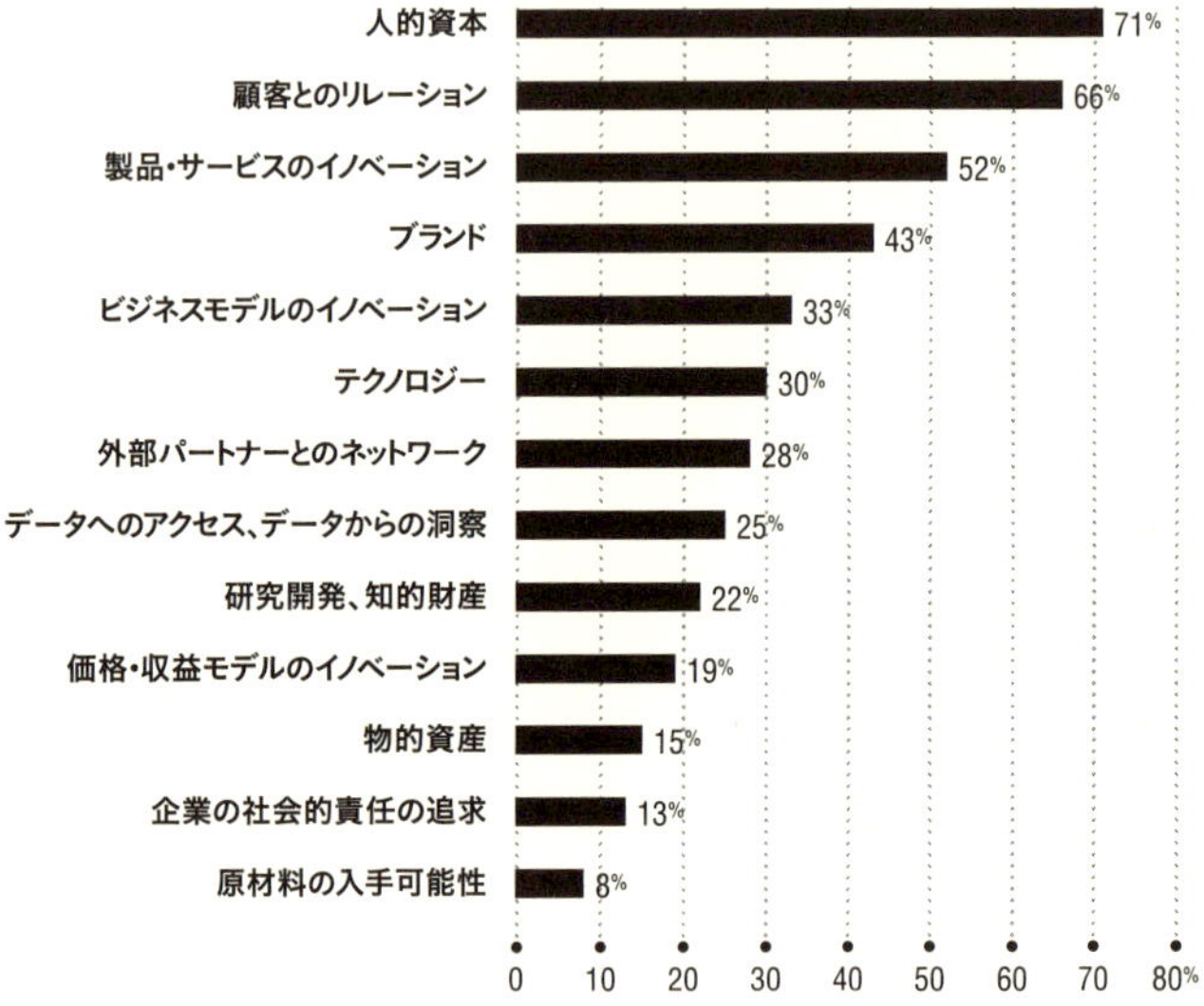

出典：IBM Global CEO Study 2012〈日本語版〉(日本IBM)をもとに著者作成

レベルになっており、これ以上の強化は不要と考えている。そしてこれからは、その対極であるオープン化が加速し、透明性への要求が一層高まると予想している。特に開放的な組織への志向は、高業績企業の方が11％高い。また日本の企業は、オープン化を志向する企業が50％と、世界平均と比較して開放への意識がより強いことがわかった。

優れた社員を惹きつける重要な組織要因としては、共有される倫理観・価値観（65％）、コラボレーションを推奨する職場環境（63％）、組織のミッション（58％）があげられている。社員に求める特性においても、協調性（75％）、コミュニケーション能力（67％）、創造性（61％）、柔軟性（61％）が上位にランクし、オープンな組織でコラボレーションを促進できる人材像へのニーズが浮き彫りになった。組織のオープン化は社員の勤労意欲向上につながり、創造性やイノベーション、顧客満足の向上をもたらす可能性が高い。一方で、厳格なコントロールが困難になるため、目的意識と価値観の共有が必要となる。「ルールブック」を「全社員が共感できる価値観」に置き換え、それに基づいて社員が自律的に行動できる組織への変革が求められているのだ。また、社員が組織横断的にアイデアを共有し、解決策や製品サービス、新規事業などを創出するための社内プラットフォームや協働のためのプロセスも必要となる。そのために、社内で閉じたソーシャルネットワークの活用に注目が集まっている。さらに、オープンな環境のもとで、社員同士のコラボレーションによって優れた成果を引き出せるような能力開発も重要になってくるだろう。

開放的な組織実現への志向度合いは高業績企業の方が11%高い

組織の壁を取り払う

CEOは管理の強化よりも、
開放的な組織への要請の方が強いと感じている。

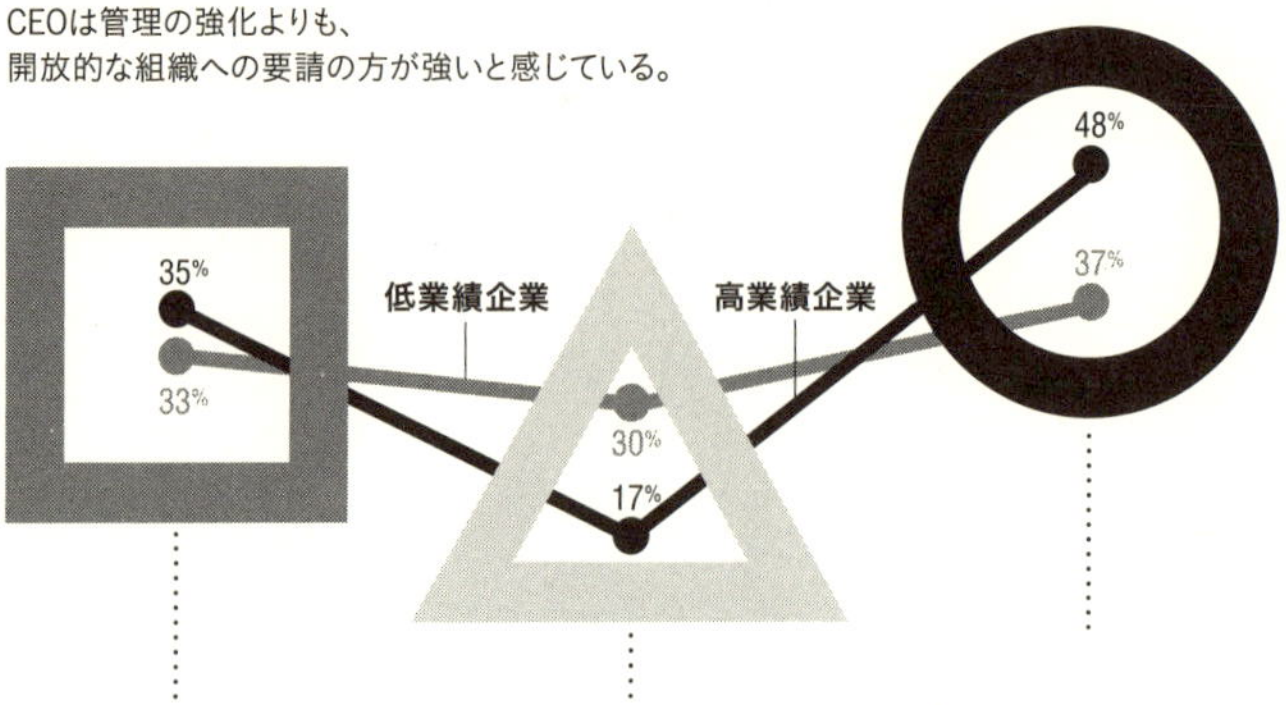

管理の強化
コンプライアンスのために
管理を強化する。
無駄を撲滅し、標準化をすすめ、
行動指針の遵守を徹底する。

開放性と管理とのバランス

開放的な組織の実現
コラボレーションを促進し、
創造性を発揮するために
組織の壁を取り払い、
個人に権限を委譲する。

開放的な組織実現への志向度、日本と海外の違い

組織改革で追求する方向性（日本とグローバル）

日本のCEOは組織のオープン化志向が強い。

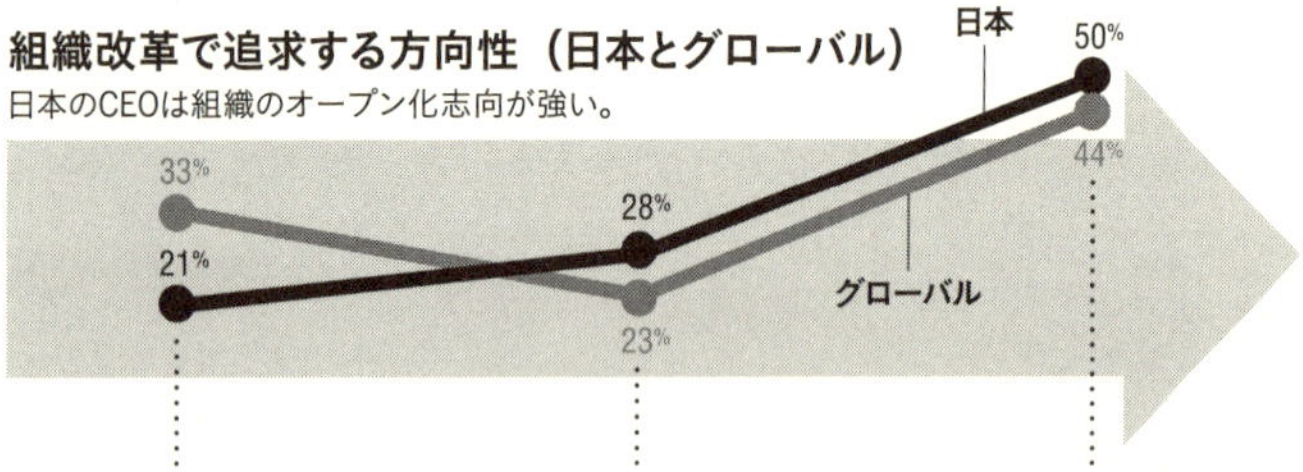

管理の強化　**開放性と管理とのバランス**　**開放的な組織の実現**

出典：IBM Global CEO Study 2012〈日本語版〉(日本IBM)をもとに著者作成
Q4"相反する動きがあるとしたら、どちらの動きをより強く認識されていますか。"
(グローバル n=1,695)(日本n=169)

優れた社員を惹きつけるための重要な組織要因は

社員を惹きつける

社員の能力を最大限に引き出すために、
CEOは3つの組織特性に着目している。

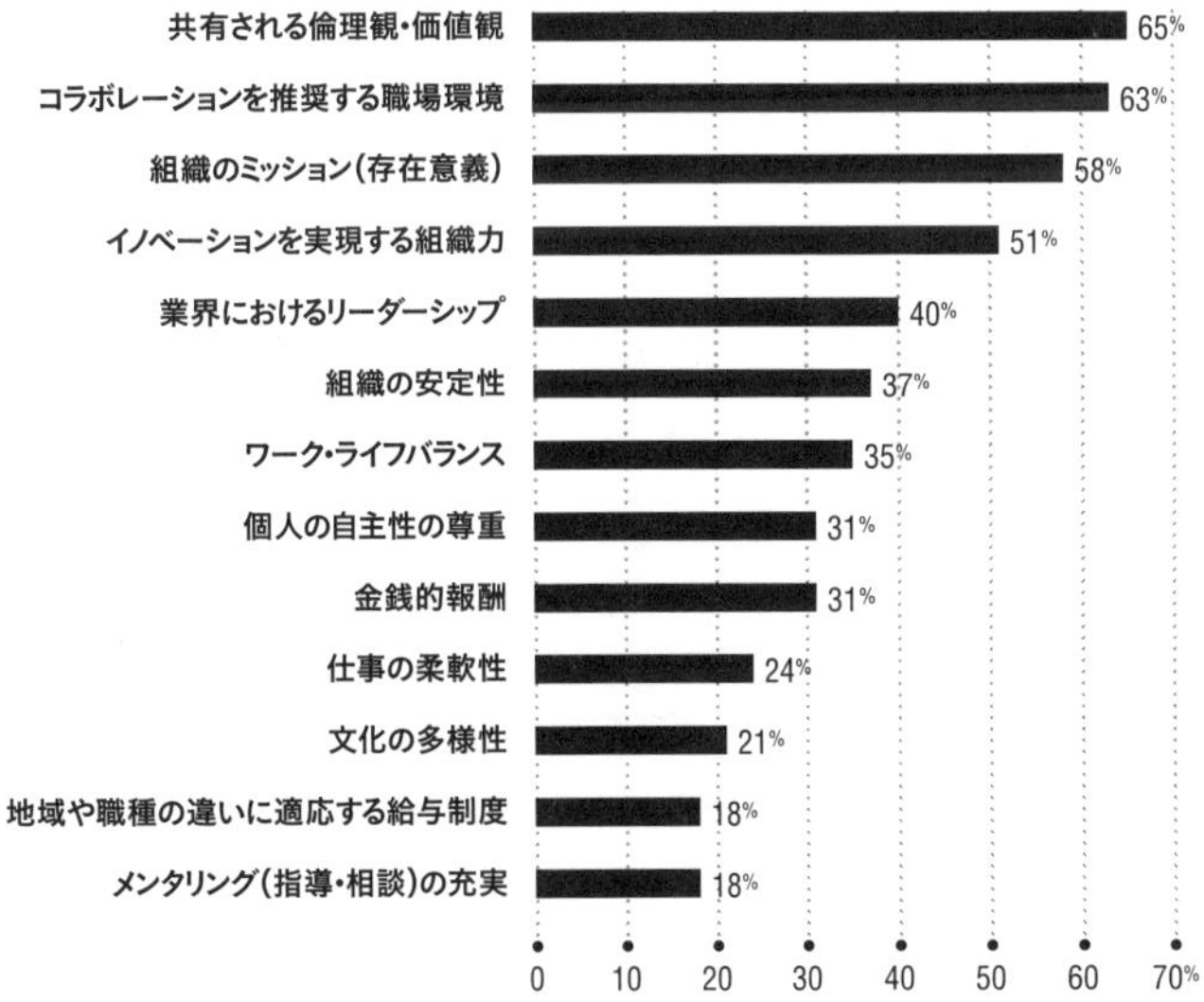

出典：IBM Global CEO Study 2012〈日本語版〉(日本ＩＢＭ)をもとに著者作成

個のレベルで顧客に応対する

次に重視された価値創造の源泉は「顧客とのリレーション」、特に「個」のレベルで顧客に応対することだ。その背景には、ソーシャルメディアの普及がある。調査結果を見ると、「現時点でソーシャルメディアが重要な顧客接点である」と回答した割合は16％にすぎないが、「3年から5年後には重要な顧客接点になる」と回答した割合は57％にまで高まった。それほど遠くない将来において、ソーシャルメディアはＷｅｂやコールセンター、伝統的なメディアなどを上回り、フェイス・トゥ・フェイスに次いで重要な顧客接点になるとＣＥＯは予想しているのだ。一方で、伝統的なメディアの影響力は3～5年後には15％と大きく減少しており、ソーシャルメディアと明暗を分ける回答となった。日本ではソーシャルメディアの普及が遅れたためＣＥＯの関心は他国より低いが、それでも3～5年後での重要性は40％と、現在より大幅に高まると予想された。ソーシャルメディアは「個」客とつながる手段であるとともに、「個」客に関する洞察の源泉でもある。人々はソーシャルメディアを通じて、膨大な個人情報を公開しはじめている。ソーシャルやモバイルが生み出す巨大なデータ群、いわゆるビッグデータの迅速な理解と、それに基づく個人に最適化された顧客サービスが今後の重要なテーマとなるだろう。

生活者は自社の商品をどう感じているのか。なぜ自社商品を買ったのか。なぜ競合商品を買ったのか。生活者は何に関心を持ち、Ｗｅｂやリアルでどんな行動をしているのか。どこで何

顧客との対話手段として重要な顧客接点は

ソーシャルメディアが台頭する

CEOは、今後5年間で、ソーシャルメディアはフェイス・トゥ・フェイスに並ぶ主要な顧客接点になると確信している。

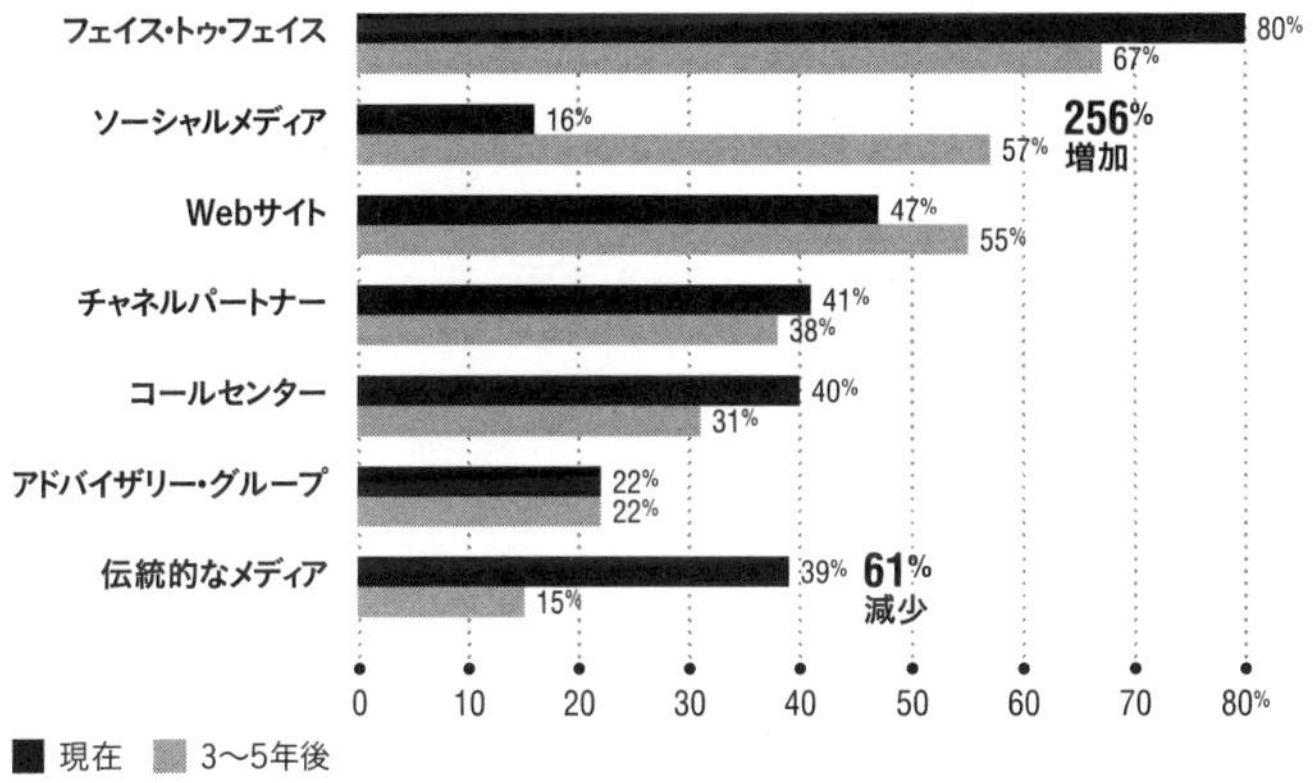

顧客接点としてソーシャルメディアを重視するか

日本のCEOのソーシャルメディアに対する関心は他国よりも低い。

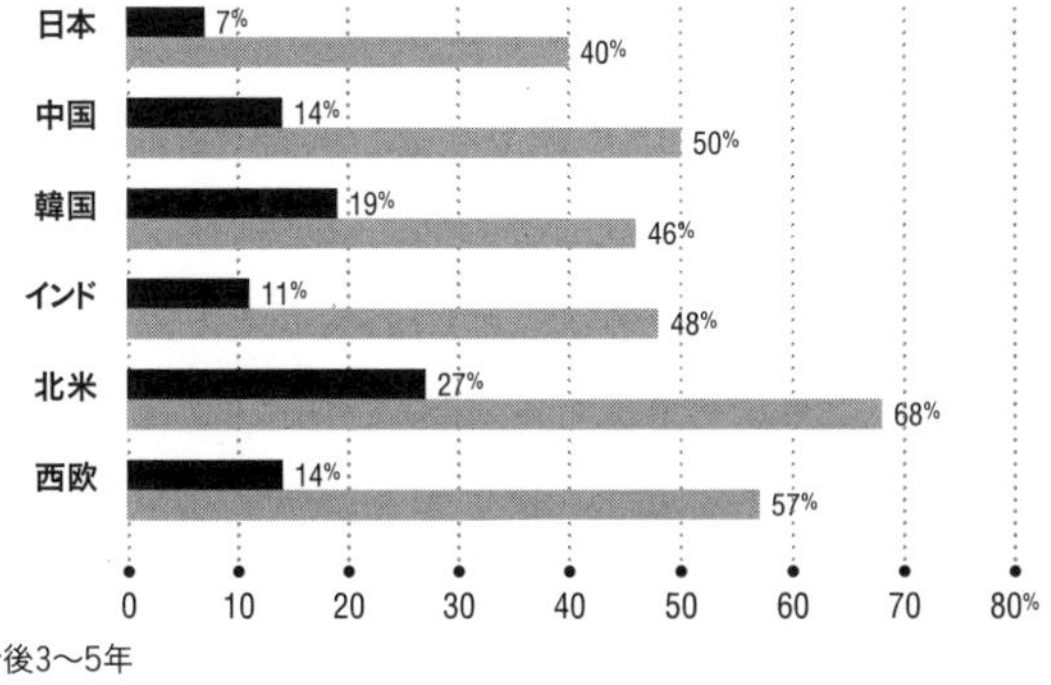

出典：IBM Global CEO Study 2012〈日本語版〉（日本ＩＢＭ）をもとに著者作成
Q8"今後3〜5年で、顧客接点として重視する機能は何ですか。"
（日本n=175、中国=66、韓国=27、インド=66、北米=273、西欧=644）

変革すべき課題点は、迅速な理解と敏捷な対応

迅速な理解と敏捷な対応

「個」客に対して、今まで以上に素早く、適切に対応すべく、
CEOは自社の変革を推進している。

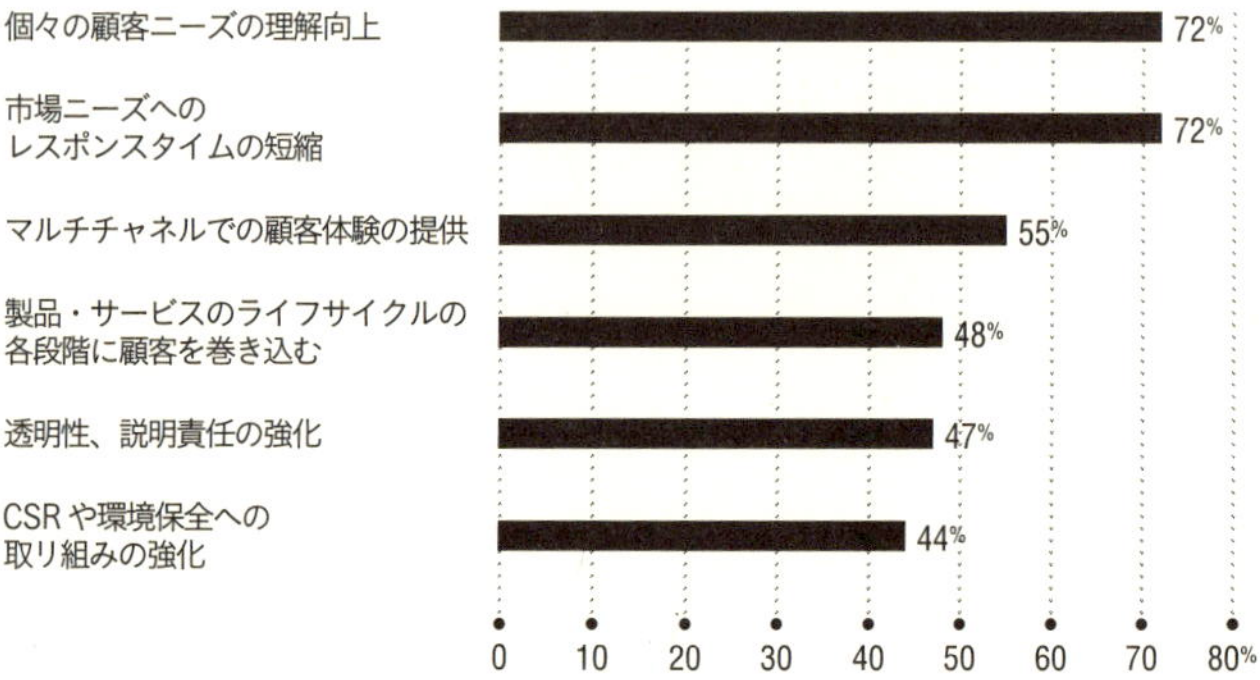

出典：IBM Global CEO Study 2012〈日本語版〉(日本IBM)をもとに著者作成

に刺激を受け、誰と何を会話したのか。この話題でつながっている友人は誰なのか。このような情報に特に関心が高い業種は、エレクトロニクス業界（86％）、自動車業界（80％）、メディア・エンターテインメント業界（78％）、消費財業界（78％）だ。米国金融機関のCEOは調査の中で次のようにコメントしている。「現代は言わばフィードバック・ワールドだ。自社のアクションは直ちに人々からのフィードバックを受け、それが広範囲に伝播する。我々はそれに抜け目なく対応しなくてはならない」。

パートナーシップによって、イノベーションを加速する

3番目の価値創造の源泉は「製品・サービスのイノベーション」、それもパートナーとの緊密な連携によってイノベーションを加速することが重視された。特に高業績企業では「イノベーションのために外部のパートナーと広範囲に連携する」とした回答が59％にのぼり、低業績企業の46％に比べると、他社とのつながりを重視する割合は28％も多い。

インターネットやモバイル機器、ソーシャルメディアの登場は、あらゆる企業の経営環境を激変させている。もとよりIT業界におけるイノベーション・スピードは、人より7倍の速さで老いる犬にたとえて「ドッグイヤー」と呼ばれていた。しかし今や、インターネットの浸透で、あらゆる業種はITに依存しており、経済全体がドッグイヤーでの進化を強いられるようになったのだ。実際に過去10年間、CEOは、日々進化するテクノロジーが既存のビジネスモデルを陳腐化させ、時には業界全体を破壊するのを目の当たりにしてきた。

米国小売企業のCEOはこう語る。「おおかたの予想に反し、私たちの業界が直面する最大のリスクは法規制への対応ではない。それはホームビデオ市場で起こったような業界の破壊である」。ここでホームビデオ市場における業界破壊とは、インターネットを利用したDVDレンタルや動画配信事業を行うネットフリックスが台頭したことで、レンタルDVD店舗の最大手ブロックバスターが倒産に追い込まれたことを指している。これは、まさにクレイトン・クリステンセンが著書『イノベーションのジレンマ』（翔泳社）で指摘した、既存事業を覆す「破壊的テクノロジー」によるイノベーションだ。このような業界を揺るがすイノベーションをいかにすばやく察知し、自社サービスに取り込むかにCEOは高い関心を持っている。低業績企業はオペレーションの改善や企業連携モデルの再定義に注力しているのに対し、高業績企業はさらに野心的なターゲットを掲げ、既存業界におけるゲームのルールを覆そうとしているのだ。

ただし事業環境のすべての局面で複雑性が増大する中、自社単独でイノベーションが可能と考えるCEOは4％にすぎず、自社を含むエコシステム全体としてのイノベーションを目指すべきとの認識が進んでいる。2008年の調査では、他社との提携・協業を積極的に行おうと考えるCEOは50％を超える程度だったが、今や3分の2を超えるCEOがパートナーとの連携強化を志向していることがわかった。透明性が高く、瞬時に情報を伝達するソーシャルメディアの世界では、企業は自らの行動によってのみではなく、ビジネスパートナーの行動によっても評価される。パートナー間との緊密な情報交流、それに対応できるオープンな組織風土を築くことが重要となるだろう。

大胆な変革が必要なのは、他社との戦略的提携

他社とのコラボレーションを実現する

CEOは、自社の変革にあたって、
他社との提携・協業の実現を最も重要視している。

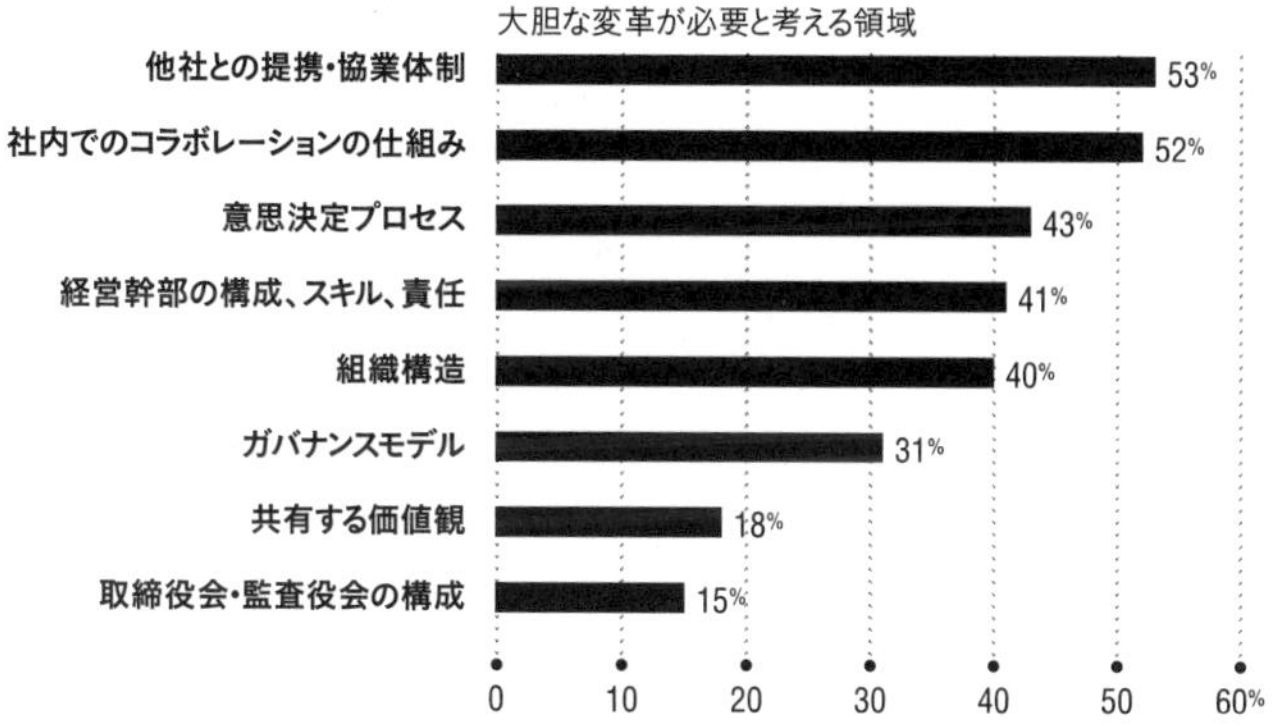

外部パートナーと広範囲に連携に積極的なのは高業績企業が多い

「イノベーションのために外部のパートナーと広範囲に連携する」と回答した割合

高業績企業群はパートナーとの連携に積極的である。
業績の良い企業は、パートナーとの連携による
イノベーションを追求する傾向が高い。

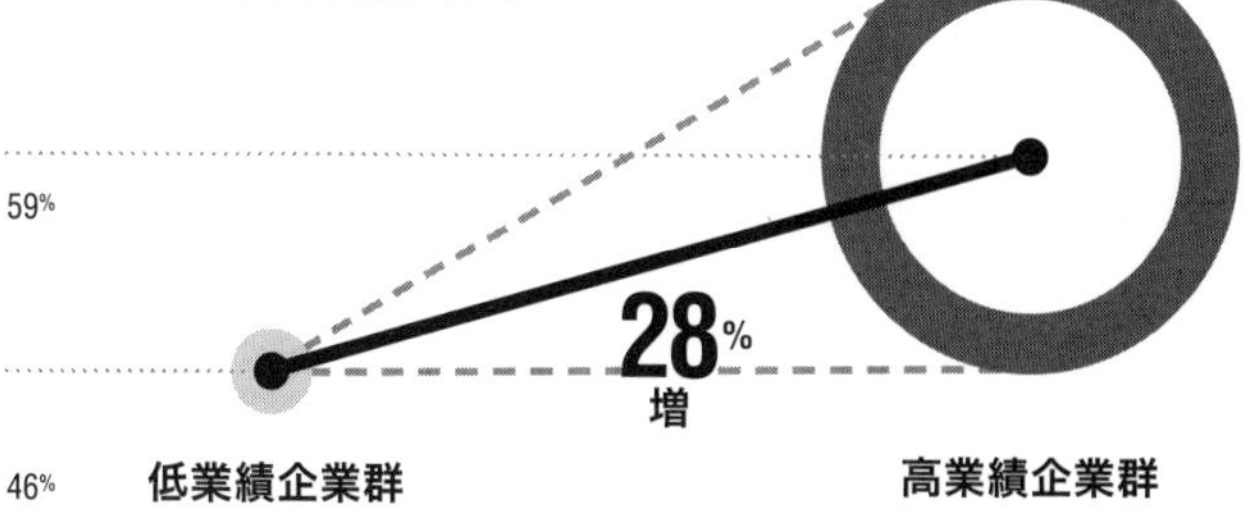

出典：IBM Global CEO Study 2012〈日本語版〉（日本IBM）をもとに著者作成

なお、ビジネスモデルのイノベーションという観点からは、日本企業は、「産業構造」「自社の収益構造」「バリューチェーンでの企業連携の構造改革」という3点において、いずれも世界で最も積極的に取り組む姿勢を持っていることがわかる。特に企業連携によるバリューチェーン改革への取り組みは74％と関心が高い。一方で、オペレーション改革を推進するにあたっての方向性という観点では、日本と他国で際立って異なる結果が出た。グローバルなCEOはテクノロジーによりバーチャルな連携の強化を試みているのに対して、日本のCEOはフェイス・トゥ・フェイスによるリアルな交流を重視している点だ。

〝CEO Study 2012 Japan Report〟の責任者である日本アイ・ビー・エムのパートナー、池田和明氏はこの特徴を次のように捉えている。「日本では、場を共有することではじめて伝わるというハイタッチなコミュニケーションが重視される傾向にあります。この深い人的交流は日本企業の強みですが、グローバルな事業展開をすすめる時には、逆に制約になる傾向がありま す。欧米に本拠を持つグローバル企業の多くでは、業務プロセスの定義、用語法の統一、分析フレームワークの統一、改革のすすめ方の方法論化を熱心に行っています。これは、文化的背景の異なる人々が、物理的な場を共有しなくとも意思の疎通を図るための工夫であり、そのような背景からテクノロジーを活用したバーチャルな連携を強化する方向性を持っているのです。東洋である中国、韓国、そしてインドのCEOも、この方向性を持っていることは興味深い点です。日本は独自のフェイス・トゥ・フェイス志向を、他社に真似のできない強みの構築につなげていく必要があると思います」。

ビジネス・モデルのイノベーションに対する取り組み

CEOはバリューチェーンでの企業連携のあり方を改革しようとしている。

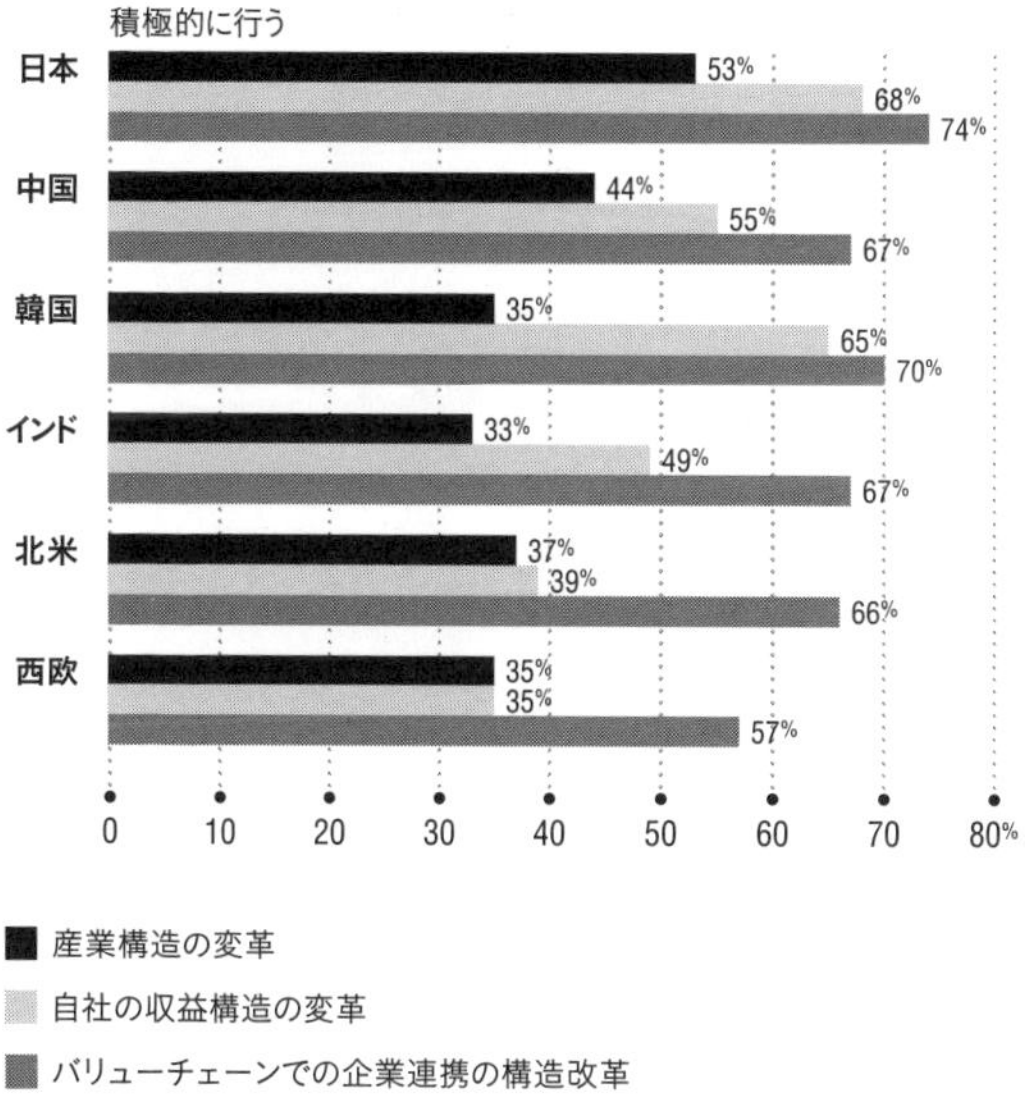

出典：IBM Global CEO Study 2012〈日本語版〉（日本IBM）をもとに著者作成
Q12"今後3〜5年間で、どのタイプのビジネス・モデルのイノベーションに取り組みますか。"
（日本 n＝166〜167、中国＝66、韓国＝26〜27、インド＝63〜64、北米＝257〜265、西欧＝625〜635）

改革の方向性

グローバルのCEOはテクノロジーを活用してバーチャルな連携の実現を強化しようとしている。

その中で日本のCEOはフェイス・トゥ・フェイスを重視している。

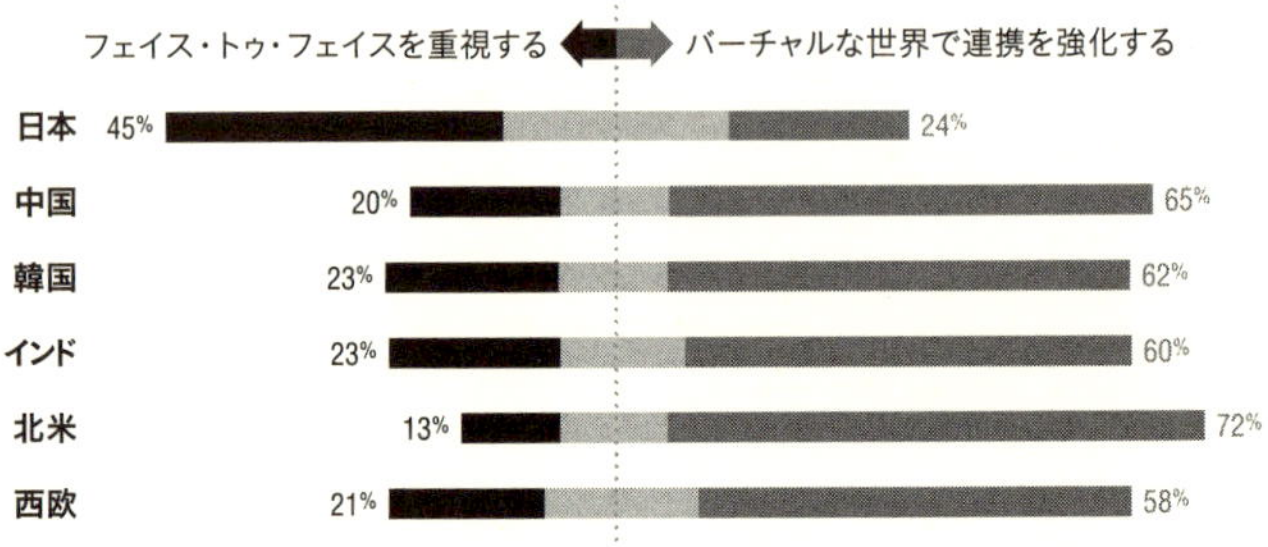

出典：IBM Global CEO Study 2012〈日本語版〉（日本IBM）をもとに著者作成
Q16“3～5年後に向けたオペレーション改革の方向性はどちらですか。”
（日本n=166、中国=65、韓国=26、インド=65、北米=268、西欧=637）

日本企業は、世界でも類を見ないほどハイタッチでフェイス・トゥ・フェイスを重視する経営視点を持っている。業務プロセスの標準化、バーチャルな交流などを積極的に取り入れながらも、他国企業に真似できない「人」を大切にする独自文化の経営を強みとする考え方が重要となるだろう。ソーシャルメディアは、いわばオンライン上でハイタッチな交流ができる場だ。社員、顧客、取引先と、日本企業が本来持っているハイタッチな感性でつながりを深め、競合優位性を築くこと。その先に新たなビジネス・チャンスがあるのではないだろうか。

テクノロジーが、人間性を回帰させる時代

コネクテッド・エコノミーに順応した企業、コネクテッド・エンタープライズの中心は「人」である。デジタル化された世界では、人々がより人間らしくなっていく。テクノロジーが時間と距離の制約を取り払い、より人間らしい生活を実現する手助けをするからだ。人々は、今まで以上に物事を探求し、他者と関わり合い、私生活や仕事でのつながりを広げ、知識を増やすこと、人間にしかできないことに時間を割くようになった。技術は進化するほど静謐《せいひつ》になる。テクノロジーの進歩により、人間の価値が高まりはじめたと言えるだろう。

ＣＥＯは、自社と、社員、顧客、ビジネスパートナーとの間に生まれる新たな「つながり」を活用して、優位性の構築を志向しはじめた。新しい時代にＣＥＯが求められる資質として、顧客満足への執着心（61％）、社員を鼓舞するリーダーシップ（60％）、リーダーをまとめる手腕（58％）があげられている。この３つの資質は、３つの価値創造の源泉とも整合しており、

リーダーの進化が、社員の行動、企業文化、さらには業績に直接影響を及ぼすことをCEOは本能的に感じ取っていることがわかる。

「今日のCEOは、前任者たちがほとんど経験したことのないような状況に置かれている。過去にも技術革新の時代は何度かあった。しかし、今の時代は、これまでとはいくつかの点で異なっている。まず、複数の新たなテクノロジーが同時並行的に社会に影響を及ぼしている。また、それらは今までにない速さで普及していることである」と調査レポートは明言しており、全編にわたって、ソーシャル化による激動の時代を示唆する内容となった。

ただし、多くのCEOはソーシャルメディア活用への意気込みを表明するものの、自身がその中に積極的に参加しているわけではない。そのために、自社に破壊的なインパクトをもたらしかねないテクノロジーに関する意思決定を、自らが主導できないもどかしさを持っているようだ。英国保険会社のCEOは、「私はキャリアの中ではじめて年をとったと感じた。20代の若者はソーシャル系サービスに対して、全く違う考え方や関わり方をする。私たちはソーシャルメディアを友人とつながり、交流する手段として使うが、彼らは生きる手段として活用しているのだ」と調査内でその心情を吐露している。そして、欧州金融機関のトップも語る。「CEOには、現代のソーシャル化のトレンドや価値観の変化を察知するセンスが必要だ。そういう意味では、多少の謙虚さを持つことが求められる」。絶え間なく進化する先進テクノロジー、それを即座に取り入れて進化する生活者、それにともない激変する経営環境。今までと全く違う肌感覚の中で、CEOが感じている不安感や焦燥感を象徴するようなコメントで、このレポートは締めくくられた。

ソーシャルシフトの3基軸

「ソーシャルシフト」とは、ソーシャルメディアが誘起するビジネスのパラダイムシフトをあらわした言葉だが、その根底にあるのは人のつながりによる事業環境の劇的な変化であり、IBMが「コネクテッド・エコノミー」と称した新しい経済環境に他ならない。そして、社員、顧客、パートナーとのつながりを深めて価値を創造する考え方は、「三方よし＝売り手よし、買い手よし、世間よし」、すなわち長寿な日本企業の原点に通じるものだ。もとより、商いの根本は人間関係にあった。ソーシャルテクノロジーによって、世界の人々が深くつながり合った今こそ、企業経営も原点回帰すべきなのだ。本書では、社員の意欲と協働を導くイノベーションを「社員エンパワーメントの革新」、顧客と個のつながりを深化するイノベーションを「顧客エンゲージメントの革新」、パートナーとの緊密な連携によるイノベーションを「パートナー・コラボレーションの革新」と名づけ、ソーシャルシフトの3基軸と位置づけたい。

なお、ソーシャルシフトの3基軸は、経営的な視点で見るとイノベーションのレベルが異なっている。「顧客エンゲージメントの革新」は現場における顧客サービスを対象としており、特定部門内で完結する製品サービス・イノベーションだ。それに対して「社員エンパワーメントの革新」は企業の組織構造、意思決定システム、価値観の変革に及ぶ経営管理イノベーションとなる。全社員のマインドシフトが必要となるため、強力なリーダーシップがないと実現が困難だ。さらに「パートナー・コラボレーションの革新」は、企業を超えた緊密連携によるビジネスモデルのイノベーションであり、企業間の長期にわたる信頼関係を必要とするものだ。ただし、これら3基軸は密接に関係し合い、相乗効果を促す関係性を持っている。特に「顧客エンゲージメントの革新」は顧客接点となる現場社員の高い勤労意欲を前提とするため、「社員エンパワーメントの革新」と同時進行的に取り組むべきイノベーションと捉えたい。

第2部では、これら3つの革新につき、国内外の豊富な事例をもとにそれぞれを掘り下げて考察する。第4章「社員エンパワーメントの革新」においては、社員の意欲を喚起し、気持ちよく協働できる職場環境をいかに構築するか、また迅速かつ適切な意思決定をいか

ソーシャルシフトの3基軸

基軸	顧客エンゲージメント	パートナー・コラボレーション	社員エンパワーメント
イノベーションレベル	製品サービス	ビジネスモデル	経営管理
つながり優位性	顧客との絆を深め、個のレベルでおもてなし	パートナーとの戦略提携でイノベーションを創発	社内で価値観を共有し現場に権限を大胆に委譲
つながり対象	顧客	パートナー	社員
主導する組織	顧客接点の社員	経営層、技術企画系の社員	経営層、管理部門、管理職にある社員

に実現するかを、さまざまな理論も交えながら提言する。第5章「顧客エンゲージメントの革新」においては、さまざまな顧客接点、特に属人的な顧客接点において、いかに自社独自の価値を提供するかにフォーカスしたい。最新のソーシャルメディア活用や消費動向の変化も含めて、海外先進事例をベースに分析をすすめる。第6章「パートナー・コラボレーションの革新」においては、垂直統合型バリューチェーンでいかに独自の価値創造を行えるかが重要なポイントとなる。また、地域コミュニティとの共生を図る意味で、マイケル・E・ポーター教授が提唱するCSV（Creating Shared Value）の考え方も取り入れて、企業間協働や社会貢献のあり方を論じる。第7章「日本が誇る三方よしの経営」においては、日本の商習慣の中で、古くより「三方よし」の理念を実現している国内企業を事例として紹介し、日本的経営の本質に迫ってゆきたい。

COLUMN 3

コンタクトセンターでのブランド体験
——Uホール、ザッポス

ネガティブ事例——Uホール

２００８年８月、デビッド・アルストンの妻は、引っ越し用のトラックを借りるためにレンタカーサービスUホールに電話した。ところがその電話対応があまりに無作法だったので、彼女はアルストンにそのひどさを訴えた。それを受けてアルストンはツイートする。「私の妻は地元のUホール担当者にひどい対応をされた。まったく無礼だった。彼らは商売をする気があるのか?」。２時間もしないうちに数十人が転送（リツイート）し、以前からUホールのサービスに不満を持っていた人々が一斉に同調しはじめた。次第にツイッター上でUホールに関するホラーストーリーを交換するのが流行りとなり、借りたことのない人たちまでが「この会社からは絶対に借りない。友人にも借りないようにすすめておこう」と言いはじめる。その数は予想以上に多く、この騒ぎは長く続いた。ついにはツイッターのサイドバーに表示される「トレンド」にUホールが登場、世界中にその悪名が響くこととなった。後日、Uホール担当者がアルストンに電話で謝罪したが、同社の悪印象は広く流布されてしまった。炎上に気づかず後手に回った代償は大きいものとなった。

ポジティブ事例——ザッポス

２０１０年11月、ニンブル・ソフトウェアの創業者ジョン・フェラーラの息子であるイアン君に起きた話だ。英語の授業の中で、「好きな会社にフィードバック・レターを書いてみましょう」という宿題をもらった彼は、靴や洋服、ハンドバッグ、アクセサリーなどを扱うオンライン通販会社ザッポス宛てに手紙を書いた。しばらくするとザッポスから荷物が届く。なんと、役員全員の直筆メッセージとサインが書かれた「カルチャー・ブック」が送られてきたのだ。「カルチャー・ブック」は社員がザッポスの企業文化について書いたもので、毎年美しく製本化されている書籍だ。イアン君は大喜び、それ以上に父親の心を貫いた。「感激して涙が出たよ。ビジネスの世界でこんな体験をしたことはない」。その年の「カルチャー・ブック」表紙には、ザッポスCEOであるトニー・シェイの言葉が書かれていた。「人は自分がしたことや言ったことは覚えていなくても、どう感じたかは決して忘れない」。フェラーラは、まさにこの経験を決して忘れないだろうと言う。「私は死ぬまでザッポスで買い物をするよ！」。フェラーラがこの感動をツイートしたのはもちろんのことだ。

コンタクトセンターは、これまで以上に大切な顧客接点として注目されるだろう。Uホールとザッポスの事例でわかることは、事前期待を大きく下回れば非難が、大きく上回れば賞賛が、ソーシャルメディア上を駆け巡るということだ。今までのカスタマーサポートにおいては公平性が重んじられ、均質なサービスが重要とされていた。それが基本であることは間違いないが、これからはさらに一歩すすめて、顧客個別の事情や感情に配慮し、プラスアルファの付加価値を提供することが差別化の手段になるだろう。ザッポスはマスメディア広告にはほとんど投資せず、そのコストをコンタクトセンターの拡充と社員教育に投入してきた。彼らの試算によると、オンラインショップとはいえ、リピート顧客は生涯のうち必ず一度は電話するという。その機会を絶好のブランディング・チャンス、ザッポスを好きになってもらうチャンスとして捉え、最高のおもてなしをしている。今後、エモーショナルな付加価値を提供できるコンタクトセンターは、コストセンターから戦略的組織に昇格するだろう。

第　2　部

ソーシャルシフト、革新の3基軸

第4章

社員エンパワーメントの革新

我々は、恐怖ではなく、愛に支えられた組織を築いている。
We're creating an organization based on love instead of fear.

——ホールフーズ・マーケットCEO ジョン・マッケイ
（"The Loyalty Advantage" 82ページを著者和訳）

規律と自律のトレードオフ

米国タワーズペリン（現在はタワーズワトソン）が2005年に16カ国の大規模および中規模企業の社員8.6万人を対象に行った調査では、仕事に積極的に参加していると回答した社員はわずかに14％で、24％の社員は仕事に参加すらしていないと回答した。経営者がさまざまなテクニックを駆使してマネジメントを行ったにもかかわらず、組織のすべての階層において、大多数の社員が自らの力を発揮しているとは到底言えない実態となっていた。また米国ギャラップの調査によると、やる気のない社員は米国だけで2200万人以上おり、その生産性低下による年間損失は2500億ドルから3000億ドルにも及ぶという。これは直接的な生産性の低下を測ったものだが、周りの人に与える影響を考えるとさらに甚大で、米国のGDPの10％を超える損失に及ぶと推測されている。

社員が本来持っている力が発揮できていない。多くの経営者は、それを改善するために「賞罰によるインセンティブ」や「社員教育による勤労意欲の底上げ」を目論むが、これらの施策の効果は限定的だ。賞罰によるインセンティブは社員の創造性を削ぎ、一方的な教育は反感すら芽生えさせてしまう。

いかに社員の潜在的なパワーを引き出し、その力を集結させるか。いつの時代も経営者の悩みは深い。その根幹にあるのは、規律と自律のトレードオフだ。規律志向は中央集権構造を生み、マニュアルで管理された業務を、統制によっていかに効率的にこなせるかで評価される。一方で自律志向は分散組織を生み、個人の関心と意欲を源泉として、いかに創造的な成果を生み出すかで評価される。

経営学者トム・バーンズとG・M・ストーカーは、英国における職場環境の研究から、組織構造は「機械的組織と有機的組織」に類型されることを発見した。「機械的組織」とは、職務権限が明確で、上層部に情報が集中し、トップの命令と指示によって統制される中央集権型組織だ。それに対して「有機的組織」とは、職務権限が柔軟で、情報は組織内のあらゆる場所に分散し、水平的なネットワーク型の伝達構造を持つ分散型組織を指す。彼らは、電機産業への参入を試みた20の事業組織を対象に、市場や技術などの外部要因変化に対して、どのような組織構造が有効かを分析した。その結果、環境が非常に不安定な場合には「有機的組織」が、環境が安定している場合には「機械的組織」が適していることを発見したのだ。

今、多くの経営者が目指しているのは、使命や価値観、目標を共有し、現場社員が自律的に行動しながら、企業全体として最適化されるような理想的な組織だ。この章では、この経営管理における永遠のテーマを、先進事例を交えて考察していきたい。はじめに、IBM調査で注目された「価値観の共有による社員への権限委譲」を実現する事例として、ホールマーク・カーズとザッポスを紹介する。続いて、中央集権型の企業がマネジメントスタイルを革新するための具体的な道のりを、オレンジ、ワールプール、ERM、シスコシステムズ、ベストバイ、ジェットブルー航空、ホールフーズ・マーケットなどの事例をベースに、段階的なステップとして提言する。最後に、現場に視点を移して「有機的組織」の有効性を論じたい。

価値観によって駆動する経営スタイル——ホールマーク・カーズ、ザッポス

ブランディングは顧客向けのマーケティング施策としてその重要性が認知されてきたが、昨今ではもうひとつの価値、すなわち組織を自律的に駆動させるための原動力として、社内向けのインナー・ブランディングが注目されている。ブランドの哲学を全社員に浸透させる。上司からの指示を待たず、その理念にそって社員が自律的に行動する。そんな組織体を目指す企業が増えているのだ。この節では、典型的な事例として新旧2社、ホールマーク・カーズとザッポスを取り上げる。各社がいかに社内外にブランドを浸透させていったかを考察してみたい。

伝統的なブランドビルダー企業、ホールマーク・カーズ

ホールマーク・カーズは、グリーティングカード関連商品で世界トップのシェアを持ち、創業100年を超える老舗企業だ。事業を展開している国々は100カ国を超え、全世界に2万

機械的組織と有機的組織

機械的組織	有機的組織
職能的な専門化	知識と経験に基づく専門化
職務・権限の明確化	職務・権限の柔軟性
職位権限に基づくパワー	専門知識に基づくパワー
ピラミッド型の権限構造	ネットワーク型の伝達構造
上層部への情報の集中	情報の分散
垂直的な命令と指示の伝達	水平的な情報と助言の伝達
組織忠誠心と上司への服従	仕事や技術への忠誠心
企業固有のローカルな知識の強調	コスモポリタンな知識の強調

出典:『新しい企業組織』をもとに著者作成
(ジョン・ウッドワード著、矢島鈞次、中村寿雄訳 日本能率協会)

機械的組織から有機的組織への
シフトを促す7つの環境変化

1. 工業社会から情報社会への移行にともない、
規模の経済性よりも組織硬直化の弊害が目立つようになった
2. 機械化やIT化が進んだために創造的な業務が増え、
統制的なマネジメントがその弊害になってきた
3. 社内情報システム、電子メールなどの浸透により、
中間管理層が担っていた情報伝達の役割が減少した
4. インターネットによってグローバルな競争の時代に入り、
専門性の高い意思決定を迅速に行う必要性が高まった
5. ソーシャルメディアやモバイルの進化で顧客や社員が情報武装し、
経営層や管理層との情報格差がなくなった
6. ソーシャルメディアにより社外との情報交流が深まり、
意識の高い優秀な社員は転職が容易になった
7. 顧客体験がソーシャルメディアに染み出すため、
現場社員に権限委譲する必要性が高まった

人の社員を抱えている。同社のミッションは「想いをかたちにして、人々の生活を豊かにすること」。創業者ジョイス・ホールがカードづくりに込めた想いが昇華したものだ。ホールはカードのクオリティに徹底的にこだわった。普段は口に出しにくい細やかな親愛の情を伝えるために、メッセージは作家が、イラストはアーティストが創り上げ、それを上質なトーンでまとめ上げていく。紙やインクの質も含め、すべてのカードは、一つひとつ創業者とそのスタッフがじっくり吟味する。これは今でも創業家が守り続ける伝統だ。

1928年、同社はカードの裏面に「ホールマーク」というブランド名を入れ、グリーティングカード会社としてはじめて全国規模の広告を開始した。その時にそえた言葉が"When you care enough to send the very best."（想いをかたちに）、これは当時の広告業界において最も有名なスローガンとなる。1951年からはテレビに進出、スポンサーとして支えた「ホールマーク・ホール・オブ・フェイム」は、79個のエミー賞を受賞するなどテレビ史上最高の名誉ある番組となり、そのブランドは広く全米に浸透した。広告や番組内容も洗練され、控えめで、温かみがある同社のブランドイメージを守り通す。その結果、人々の脳裏にホールマークのブランドが深く刻印されていった。

また同社は、社員のロイヤルティこそが顧客のロイヤルティを生み出すと信じ、社員の満足度や社風醸成に献身的に取り組んだ。同僚や上司との人間的な関係、いたわりの気風、倫理と価値観の共有。それらは「ホールマークの信条と価値観」として明文化され、目的意識や価値観の共有の礎となっている。この哲学を社員に広く伝えるのは、創業者の意思を継ぐホール家の役割だ。彼らは、社員採用において厳格な「人柄重視」の基準を定め、経歴調査も実施し、面談にも同席する。そして入社後も社員との日常的な会話を通じて理念の浸透を図っている。

ホールマークにはカード制作スタッフだけで800名強の社員がいるが、ホール家はすべてのデザインについて担当者と対話する。「その製品は人間関係をよくするか」「ホールマークのイメージにあっているか」が繰り返し問われ、詳細なガイドラインによって言葉のニュアンスから文体、用途、絵柄などが規定されている。さらに社内大学「クリエイティブU」における数週間の研修で、ホールマーク流のビジネスとデザインに関する集中教育を受ける。これらを通じて、あらゆるレベルの社員がブランドの哲学を理解し、商品やサービスに反映されるようなシステムが構築されているのだ。

ただし、これらの教育が十分な効果を生むためには、社員が心からホールマークを愛していることが前提となる。その点でもホールマークの取り組みは傑出している。給与水準や労働条件のみならず、登用人事はすべて内部で行われる他、配属希望も最大限に考慮する。そして家族の絆を深めるための託児サービス、家族・結婚カウンセリング、子育て支援のためのパートタイム雇用、勉学目的のための長期休暇、奨学金制度、家事負担を減らすための夕食提供、家庭支援のチャリティ活動まで、家族と母親を大切にする姿勢を一貫して持ち続けている。また、社内日刊紙「ヌーン・ニュース」は、同社の価値観をはじめ、業績、新製品、コミュニティ活動、社員の近況などを毎日伝え、企業内広報として全米トップ10の評価を受けた。さらに年4回の「タウンホール・ミーティング」や年5000名の社員とCEOの直接対話、イントラネットを通じて、社内の信頼構築に努めている。報酬やリーダーシップ、説明責任、会社に対する意見も常に対話を通じて吸い上げている。

これらの一貫的かつ多面的な施策により、ホールマークの価値観は、社員、顧客、サービスのすべてに調和した企業文化となった。社内では息苦しい管理や細かい階層は存在せず、組織はフラットでスリム、インフォーマルで活力に満ちたものになっている。そして同社は常に「働きたい企業ランキング」の上位に位置し、離職率も極めて低い水準にある。

新興のブランドビルダー企業、ザッポス

1999年に創業されたザッポスは、ホールマーク・カーズと異なり、歴史の浅い新興企業だ。同社のCEOトニー・シェイは、あえてマスメディアの効率性を選ばず、顧客のクチコミを通じて同社サービスの卓越さを知ってもらうことに専念した。その中核となるのが「コアバリュー」だ。ザッポスは社員が価値観を共有すること、そして企業文化を創り上げることにこだわり続ける。結果として、コアバリューは社員の「ウェイ・オブ・ライフ」となり、驚きのブランド体験を提供する原動力となった。

Webサイトとサーバー運用、倉庫物流などのバックヤード、顧客サービスの核となるコンタクトセンター、そして本社。それぞれに配置された社員がコアバリューにしたがい、有機的に協調して顧客の満足、そして感動を創造していく。豊富な品揃えと買い物のしやすさ、送料無料、返品無料、翌日配送へのサプライズ・グレードアップ、そして懇切丁寧で人間味溢れる

ホールマーク・カーズの信条と価値観

1. 人々の生活と人間関係を豊かにすること
2. 独創的で質の高い製品づくり
3. 人材こそ最大の資源
4. 高水準の業務達成
   ただしそれ自体が目的ではなく、会社の使命実現のために

ザッポスのコアバリュー

1. サービスを通じて、WOW!という感動を届けよう。
2. 変化を受け入れ、その原動力となろう。
3. 楽しさと、ちょっと変わったことをクリエイトしよう。
4. 間違いを恐れず、創造的で、オープン・マインドでいこう。
5. 成長と学びを追求しよう。
6. コミュニケーションを通じて、
   オープンで正直な人間関係を構築しよう。
7. チーム・家族精神を育てよう。
8. 限りあるところから、より大きな成果を生み出そう。
9. 情熱と強い意思を持とう。
10. 謙虚でいよう。

電話応対。ザッポスでの買い物体験で心を打たれた顧客は、積極的に友人にクチコミし、それが伝播していく。いつの間にか比類なき顧客サービスを実現するベンチャーとして広く知られる存在となり、メディアでの露出も増えていった。さらに自社の企業文化を広く伝えるために、「カルチャー・ブック」を配布し、ザッポス見学ツアーも常設した。また、ソーシャルメディアを通じて社員による自律的なブランディングを行い、創業者自らが伝道師となって出版や講演を行う。ザッポス文化の象徴であるコアバリューを原点とし、内面から一貫性を持ったブランド醸成をし続けたことが同社最大の特徴と言えるだろう。

同社のコアバリューは、トニー・シェイの呼びかけで始まった。そして全社員が1年以上かけて「ザッポスらしさ」とは何かを考え、練り上げたものだ。つまり、社員が自らのために自ら考えて創り出した価値観なのだ。そしてもうひとつ、彼らのコアバリューは高邁な理念ではなく、具体的な行動を促す実践的な内容になっている点にも注目したい。同社の社員はトップや管理層の指示を待つことなく、このコアバリューにそって自律的に行動している。そして日々の業務のみならず、採用、研修、人事評価、賞与、イベント、オフィス環境にいたるまで、ザッポスのすべてがコアバリューを基礎としているため、ブランドとしての一貫性を醸成する源泉ともなっている。

例えば採用では、少なくとも4回、多い場合は20回もの面談を通して「カルチャーフィット」「スキルフィット」を試される。特に価値観へのこだわりは強く、スキルレベルがいくら高くてもカルチャーフィットしない人材は雇用しない。また研修もユニークだ。前半2週間は「ザッポスのサービス魂」をワークショップ形式で学び、後半2週間はコンタクトセンターで電話応対をすることで実践する。いかなる職種でも、このプロセスは変わらない。実際にCOOとして就任したクリス・ニールセンも他の新人と同様の新人研修を受けている。社内教育プログラム「パイプライン」も同様で、価値観が教育の中核に組み込まれている。

さらに人事評価の基準も同様だ。例えばコンタクトセンター社員の査定基準は「売り上げ」や「1人あたりの処理時間」ではなく、「顧客を満足させるために『普通』を超越するサービスを提供できたか否か」という視点での評価となる。ザッポス社員は実に自由奔放で、そのハチャメチャさに来訪者や求職者は衝撃を受けるほどだが、その背景には共通の理念、共通の目標に対する高い規律性がある。その結果、ザッポスは伝説のサービス・カンパニーとなり「顧客サービスランキング」「働きたい会社ランキング」の常連として人々の印象に深く刻まれている。

ホールマーク・カーズとザッポス、新旧ブランドビルダーの比較

まず、顧客に対するブランドの醸成という観点から見て、ホールマーク・カーズとザッポスを比較してみたい。共通しているのは、社内において「ブランド哲学」を徹底的に浸透させたこと。あらゆる顧客接点において、その哲学を一貫して伝えたこと。それにより顧客の心理にブランドの印象が刻印された点だろう。逆に異なっているのは、ホールマーク・カーズが伝統的なメディア、特にテレビを巧みに活用してブランディングを行ってきたのに対して、ザッポ

スはマスメディアを避け、電話やソーシャルメディアといった属人性の高いメディアを用いて、CEOを含む社員自らがブランド哲学の体現者としてブランディングを行っている点だ。

また、社員に対するブランド哲学の浸透という観点からも比較したい。共通しているのは、社員の採用、研修教育、モノづくりやサービス提供における評価、オフィス環境、福利厚生といった多面的な社員接点において、統一されたブランド哲学が徹底的に貫かれていること。しかも、それが長期にわたって一貫して実行されることにより、社員の心理にブランド哲学が強烈に浸透している点だ。異なっているのは、ホールマーク・カーズのブランド哲学は創業者および創業家がエバンジェリストとなってトップダウンで全社浸透を行っているのに対して、ザッポスではあくまで社員が創り上げ、ボトムアップで社員の手によって広く伝えられている点だ。

また、ザッポスの特徴のひとつに、ソーシャルメディアの積極的な活用がある。それも告知媒体としてではなく、その活用目的を「生活者との関係を深めること」と位置づけている点が重要だ。同社はソーシャルメディア上で商品を売り込むのではなく、人間同士の信頼関係を築くことに重きを置いている。社員にはソーシャルメディア活用が推奨されており、その書き込みは正直で飾りがない。そして、ここにもマニュアルはない。ブログチーム社員のコメントが印象的だ。「ツイッターで何かつぶやくのは、人前で話すのと同じだと思っている。ザッポスでは何百人という社員がツイッターを使っているけど、そうした使いかたは徹底しているよ。人前で話せないことはつぶやかない。会社に信頼されていると知っているから、みんな責任ある行動を取る。誠実で相手を尊重したコミュニケーションに徹するんだ」。（ジョゼフ・ミケーリ『ザッポス体験』日経ＢＰ社）。同社は活用ガイドラインもソーシャルメディア戦略もない。社員は自由に生活者とコミュニケーションし、それが同社のブランドイメージとして浸透していく。つくり込みではなく、そのままの社員ブランディングを行い、生活者の共感が連鎖していく。これこそが同社最大の強みと言えるだろう。

有機的組織に変革するための6つのステップ
――オレンジ、ワールプール、ERM、シスコシステムズ、ベストバイ、ジェットブルー航空、ホールフーズ・マーケット

ほとんどの企業は、機械型組織を基本構造として内包している。かつて、社会学者のマックス・ウェーバーはこのような官僚制組織を精密機械にたとえ、最も合理的で効率的な組織構造だと考えた。しかしながら、前述した通り、時代の変遷とともに、機械型組織の弊害が顕著になるケースが増えてきた。それでは、管理層の抵抗を超え、社員の持つ能力を最大限に生かす有機的組織に変革するためにはどうすればよいのだろうか？　組織の形態は企業によって千差万別だ。そこに正解の道筋はないが、典型的な組織革新のプロセスを、６つのステップで考察していきたい。

第1ステップ――全社を横断するアイデア・プラットフォーム

第１のステップは、全社でアイデアを募集するプラットフォームを構築し、そこに多くの社員の参加を募ること。組織にとって最も抵抗の少ないステップだ。組織の壁を超えた有益なア

イデアが集まり、縦割り組織を打破するための第一歩としやすい。

フランスの通信キャリア、オレンジは、企業内起業に着目した社員参加型プラットフォーム「アイディクリック」を構築し、社内横断的に社員のアイデアを募集した。対象とするアイデアに制限はない。既存プロセスの改善、設備の最適化、製品サービスの改良などさまざまなアイデアをブログベースで投稿し、コメントも自由に付記できる。2007年の開始直後から月2万件以上のアイデアが提案されて一気に活性化、投稿されたアイデアのうち2000件以上が実施され、累計で400億円もの利益増やコストカットに結びついた。オレンジはオープンなアイデア・プラットフォーム「ライブボックス・ラボ」や「ドリームオレンジ」を通じて募集を外部にまで開放し、さらなる成果をあげている。

第2ステップ──イノベーションを創造する仕組み

第2のステップは、アイデアをイノベーションに変え、それが持続的に実現される全社的な仕組みを構築することだ。このプロセスは大規模で時間がかかるが、組織構造の本質的な変革をともなわないため、管理層の抵抗が少ないのが特徴だ。

米国家電の製造販売を手がけるワールプールは、人望の厚い副社長をイノベーション責任者に任命し、5年間かけて経営プロセスにイノベーション創造の仕組みを内包させることに成功した。彼はイノベーションをリーダーシップ育成プログラムの中心課題とし、革新的なプロジェクトのために多くの予算を配置する。そして製品開発プロセスにイノベーション盛り込みを

機械型組織が内包する問題点

1. 規則や手続きの遵守が優先され、本来の使命や目的が忘れ去られる
2. 予測の立たない事態が回避され、臨機応変な対応ができない
3. 組織全体の利益（全体最適）よりも、
   部門の利益（部分最適）が優先される
4. 規則の客観的な適用が重視され、人間的な配慮は軽んじられる
5. 組織の力と自分の力が混同され、外部に対して威圧的に行動する
6. リスク回避、責任回避のために、上司の判断が必須となり、
   対応に時間がかかる
7. 自分の担当外の仕事に興味を示そうとしない
8. 人間が本来持つ好奇心や意欲といった精神面が無視され、
   歯車の一つとして扱われる

出典：『社会理論と社会構造』
（ロバート・K・マートン著、森東吾、金沢実ほか訳 みすず書房）をもとに著者作成

組織革新の6ステップ

1. 全社を横断するアイデア・プラットフォーム
2. イノベーションを創造する仕組み
3. バランスのとれた業績評価
4. 組織フラット化と情報共有
5. 性善説で成果志向の職場環境
6. 価値観を共有し、社員が自律的に行動する組織

義務づけ、それを支援するチームを数百人単位で組織化した。また全社員にイノベーション教育を義務づけるとともに、経営層のボーナスの大きな構成要素とする。さらに四半期事業評価会議でイノベーションの実績を主要テーマと位置づけ、イノベーション委員会により有望なアイデアの早期実現を図る。あわせて社員参加型イノベーション・ポータルサイトを開設し、イノベーション実行の測定基準を開発して評価した。ただし、これらの施策は綿密なマスター計画をベースとしたものではなく、変革しながら必要に応じて開発したものだという。改革着手は1999年、その結果、2005年には、これらの施策の結果生み出された製品の売り上げが600億円を超え、500件以上のプロジェクトが現在進行形となっている。これらは全社にイノベーションの仕組みが取り入れられた成果と言えるだろう。

第3ステップ――バランスのとれた業績評価

第3のステップは、既存組織の業績評価に長期的視点を追加するとともに、重点成長課題に責任を持つマトリクス型の組織を新設。経営幹部会議でのオープンな討議を通じてトップダウンで変革する手法だ。

英国ERM(エンバイロンメンタル・リソース・マネジメント)は、グローバル展開をしている環境コンサルティング会社で、40名のパートナーが世界各地にそれぞれオフィスを持ち、独自の経営スタイルで運営していた。パートナーが独立した業務運営能力を持つことは強みでもあったが、部門最適化の傾向が強まり、成長軌道を描けないことに経営層は危機感を募らせていた。そこで導入されたのが、バランス・スコアカード（BSC、第8章で詳しく解説）だった。BSCは「財務」「顧客」「業務プロセス」「成長と学習」という4視点にたち、バランスよく企業変革を推進するための経営フレームワークだ。同社はこの達成に対してストックオプションの報酬を用意した。さらに、新たな3つの成長テーマ「卓越したサービス」「主要取引先の管理」「革新的な新サービス」を掲げ、それぞれに責任を持つ横断的なチームを新設。各パートナーは、3つの視点で自らのBSCを作成し、経営幹部会議で発表することを義務づけられた。その計画策定のためには他の組織と連携する必要があり、かつそれが適正に行われているかは双方のBSCに記載されている必要がある。その結果、部門横断的なコラボレーションが自発的に発生し、関連部門同士が目標を共有することになった。この施策により、ERMはわずか1年で売上高19％、利益額23％と同社史上最高の増加となり、その後の成長の原動力をもたらすことになった。

第4ステップ――組織フラット化と情報共有

第4のステップからは、大きな組織改造を含む変革となる。単なる分散型組織では、ERMと同様に部分最適の罠にはまってしまう。全社を対象としたオープンな情報共有プラットフォームが浸透して、はじめて全体最適化された分散型組織が構成されることになる。

2001年当時、ITネットワーク事業を世界規模で展開する米国シスコシステムズは、買収戦略を強力に推進したために組織が巨大化していた。一方で経営スタイルは変わらず、多くの意思決定を10名ほどの幹部が行い、現場はそこからおりてくる命令にしたがっていた。その非効率を痛感したCEOのジョン・チェンバースは大胆な社内改革を実行する。意思決定のレベルを3段階に分け、100億ドル以下の収益機会に対して16名の「カウンシル」、10億ドル以下の収益機会に対して50名ほどの「ボード」、ボードに属する個別の取り組みに対して「作業グループ」を組織化した。作業グループはボードに対して、ボードはカウンシルに対して、そしてカウンシルは最高幹部で構成される経営委員会に対して説明責任がある。評議会、委員会、作業グループのメンバーは約750名、それぞれが買収、新市場への進出、新製品の開発といった戦略的決定に関して、自らの組織全体を代表して発言する権限を持った。ユニークなのは、カウンシルもボードも責任者を営業と技術の2名体制とした点だろう。あわせて管理職の評価基準や報酬も全社業績の比率を高めた。この改革の最大の目的は、部門ごと職務ごとの収益機会ではなく、会社の多様な部門にまたがる収益機会に迅速に反応することだ。これまで各事業部門の幹部は互いに資源や権限を奪い合う関係だった。この改革によりカウンシルやボードで協力し合い、他部門の成功に対しても責任を共有することを目指したのだ。しかし改革の道のりは平坦ではなかった。特に困難だったのは管理層のマインドシフトで、20％の幹部は会社を去り、経営幹部全体にコラボレーションの文化を浸透するのには4年かかったという。

しかしながら、長い年月をかけて改革を断行した結果、今まで半年かかって立案していた計画が1週間でできるようになったとチェンバースは語る。また、組織変革の背景として重要な役割をしたのが社内を横断するコラボレーション・プラットフォームだ。コネクト（社員ディレクトリやスケジューラーなど）、コミュニケート（電話、メール、チャット、ビデオチャットなど）、コラボレート（テレプレゼンス、Web会議、Wikiなど）、ラーン（教育プラットフォーム）の4つを基軸として、ソーシャルやモバイル・テクノロジーも取り込んだ。現場チームは、このプラットフォームを用いて業務の効率化を図るほか、製品や販売などの最新情報も共有し、自律的な活用が浸透している。今では全世界15万人以上のシスコ・グループに対してサービスが拡張されている。

第5ステップ――性善説で成果志向な職場環境

第5のステップは、性悪説を前提とした管理志向を、性善説を前提とした成果志向へと大胆に変革するものだ。紹介するのはROWE（Results-Only Work Environment）と呼ばれる手法で、ベストバイの人事担当役員だったカーリー・レスラーとジョディ・トンプソンによって生み出されたアイデアだ。

最初に導入されたのは米国家電最大手のベストバイ、ただし店舗ではなくオフィスが対象となった。かつてのベストバイは長時間の激務や上司の威圧的な態度で知られ、有能な人材を失うという代償を払っていた。そこでレスラーとトンプソンは上司に斬新な提案を行った。職場の勤務スケジュールを排除し、オフィスへの出社は自由、自分の仕事をやり遂げ、成果さえ出せばよいというROWE構想だ。この変革により、本社は劇的に変わった。生産性が35％向上し、退職率は3.2％減少する。そしてROWEはベストバイに定着することとなった。会社以上に社員のメリットは大きい。ストレスが減り、家族や友人との関係がよくなる。勤務中の集中力も高まり、結果として会社へのロイヤルティが向上した。

顧客サービスにROWEを導入し、コールセンター勤務ではなく在宅業務を推進する企業も増えてきた。米国新興航空会社のジェットブルー航空はこの手法を最初に採用した企業のひとつだ。2000年以降、顧客サービスを在宅スタッフに一任しているが、社員生産性と顧客満足度は在宅勤務の方が高いという。快適で、ストレスがなく、監視されないからだ。また主婦や学生、定年退職者、ハンディキャップを持つ人々に雇用枠を広げられる社会的メリットも大きい。ROWEを導入する企業は、採用面で極めて有利になる。また報酬の多寡で社員が転職する可能性が低下するため、結果的に採用コスト、人材育成コスト、労働時間を管理するコストなどが改善する。損益面での隠れた貢献も大きいと言えるだろう。

ただし、国内においてROWEを導入する場合には、日本の労働基準法を遵守する必要がある。専門的業務、企画管理業務など厚生労働省令などによって定められた特定職種の社員の場合は、労使双方の同意および労働基準監督局への届け出を前提として、このような裁量労働制の適用が可能となる。その他、日本には独特の労働法があるため、適時、専門家に確認しながら制度設計をする必要がある点に注意したい。

第6ステップ――価値観を共有し、社員が自律的に行動する組織

最後のステップは、共有した価値観に基づき、社員が自律的に行動する、そして規律と自律を高次元で融合された組織体に昇華させるものだ。今までの組織構造と根本的に異なるため、その変革には大きな労力と時間が必要だが、変革を実現した暁には、強力な競争優位が構築され、持続的な成長の原動力となるだろう。ここでは、ひとつの完成形として米国ホールフーズ・マーケットを事例として取り上げ、その特徴を考察したい。

ホールフーズ・マーケットは、有機農産物や持続可能な農業に対して強いこだわりを持つ小売りチェーンで、グルメ・フード、自然食品、オーガニック・フード、ベジタリアン・フードなどの品揃えを特徴とする高級スーパーマーケットだ。すでに約300店舗、6万人近い社員を持ち、上場以来、約20年で売り上げ規模を45倍と急成長させた。また単位面積あたりの利益は、米国食品小売業でトップ、従来型スーパーと比較して2倍に達する。これらの成長は、業界でも類を見ないほど大きな自治権を持ったチームによって達成されてきた。

各店舗は8つほどのチームで構成され、それぞれが、鮮魚、青果、レジなどの店舗内の部門を担当している。新入社員はすべてチームに暫定的に配属され、1カ月の試用期間が終わったタイミングでチーム内投票により命運が決する。このチームでフルタイム社員となるには、3分の2以上の票を獲得しなければならない。同僚による選定は本社チームも同様、すべての新入社員に適用される。それだけではない。同社では、チームが採用、価格設定、発注、人員配置、店舗内昇進など、業務上の重要な意思決定をまかされ、責任を負うかたちになっている。

これはホールフーズの基本ポリシー、「その決定結果に最も直接的な影響を受ける人たちによって意思決定されるべき」という思想に基づいたものだ。

例えば仕入れに関してもチームが店長と相談して地元の顧客が興味を持ちそうな商品であれば、どんなものも仕入れられる。ただし全社共通の厳しい品質基準などをクリアしていることが前提だ。各チームはプロフィット・センターとして機能し、チームの業績は労働生産性によって評価され、基準を超えたチームには毎月ボーナスが支給される。顧客のために行動する自由と、会社のために行動する動機づけが同時に与えられていることが特徴だ。

チームは、同一店舗のすべてのチームおよび他店舗の類似チームの業績データを閲覧することができる。また同一店舗の社員給与をはじめ、店舗売上高、チーム売上高、商品原価など、意思決定に必要なデータはすべて店舗社員に公開されている。同社の経営陣は、強い信頼は秘密のない環境が必要だと考えているのだ。情報統制によって管理する従来型マネジメントスタイルとは、ここでも一線を画している。「本社から下されるルールはわずかしかない。その代わりに自己評価が活発に行われている。ピア・プレッシャー（仲間からの心理的圧力）が官僚主義的な管理の代わりになっている」と創業者のジョン・マッケイは語る（ゲイリー・ハメル、ビル・ブリーン『経営の未来』日本経済新聞出版社）。

社員にこれだけの権限委譲を行える背景には、価値観の共有を通じた双方の信頼関係がある。同社では、「工業化による世界的な食品供給の流れを反転させ、人々により良い食べ物を提供する」という共有された使命がある。「ホールフーズ（食べ物全体）、ホールピープル（人類全体）、ホールプラネット（地球全体）」というスローガンのもと、徹底して身体に良い食品、無農薬で持続可能な農業を支援することにこだわり続けてきた。それ以外にも、経営者らの最高報酬を社員平均の19倍以下に抑える（フォーチュン500企業では平均400倍以上）など、経営陣と現場社員の信頼関係を深めるために多面的な施策がとられている。

ホールフーズでは、すべての店舗チームが自ら経営者に近い感覚を持って日々の業務をこなしている。また、全社員がコミュニティとしての一体感を感じ、使命を持って仕事に臨んでいる。その背景には、規律と自律、競争と協働、短期的利益と長期的利益が高次元で融合された独特の経営管理システムの存在がある。そして、このシステムはベンチャー企業だけでなく、大規模な組織にも適用可能で、持続的な成長を実現していることも注目すべき点だろう。

社員エンパワーメントのキーは、内発的な動機づけ

この章では、主に経営サイドの視点から、機械的組織から有機的組織への変革の必要性、価値観を共有することで社員が自律的に行動できる組織像、そして変革のためのステップを、事例を参考にしながら考察してきた。最後に、現場サイドの視点から、有機的組織の有効性を論じたい。

現場の業務は、「アルゴリズム型」（段階的手法ないしルーチンワーク）と「ヒューリスティック型」（発見的手法）に分類できる。アルゴリズム型業務とはマニュアルやスクリプト、仕様書などによって手順化することのできる定型的な仕事だ。それに対して、ヒューリスティッ

ク型業務は、定形手順がなく試行錯誤しながら解決策を考えるタイプの仕事だ。直感的な意思決定、創造的な成果、芸術的なデザイン、人間関係が大切な顧客や取引先との交渉。企業のコアコンピタンスを支える価値創造は、ヒューリスティックであることがほとんどだ。

20世紀の工業社会においてはアルゴリズム型業務が多くを占めており、官僚機構とマニュアルによる科学的管理法が有効だった。しかしそれらは機械化、コンピュータ化で減少の一途をたどり、高度な知的労働であるヒューリスティック型業務が増加してきた。2005年のマッキンゼー調査によると、新たにつくられる雇用のうち、アルゴリズム型業務の占める割合は30%にすぎず、70%の仕事はヒューリスティック型業務に転換しているという。アルゴリズム型業務は精神的疲弊を招くのに対して、ヒューリスティック型業務は楽しさを感じる仕事になりやすい。これは、古くからマネジメントの基本であった「仕事は楽しくない」「社員は仕事をしたがらない」という性悪説の概念を覆し、仕事への認識やマネジメントの質的変換が必要なことを示唆するものだ。

また、心理学者テレサ・アマビルらの研究を通じて、アルゴリズム型業務には報酬と罰によって統制された「外発的動機づけ」が有効だが、ヒューリスティック型業務にはむしろマイナスに作用する可能性が高いことが明らかにされた。つまり、創造的な業務においては、知的好奇心や関心からもたらされる「内発的動機づけ」をベースにすることが望ましいということがわかってきたのだ。

有名な実験がある。マーク・レッパーとディヴィッド・グリーンによる幼稚園児を対象とした観察実験だ。彼らは自由時間に絵を描いて過ごす子どもたちを見つけ、それを3つのグループに分けた。Aチームは「よい絵には賞が出る」と事前に伝えられたチーム、Bチームは事前に何も伝えないが、事後に賞状を渡して褒めてあげたチーム、Cチームは何ももらえないチームだ。2週間後の自由時間に驚くべき結果があらわれた。何ももらえないと思っているBチームとCチームは、2週間前と同様にたくさんの絵を熱心に描いていたが、賞が出ることを知ったAチームの子どもたちは実験前より絵に対する興味を失っており、絵を描く時間も格段に少なくなってしまった。Aチームの子どもたちにとって、絵を描くことが「遊び」から「仕事」に変質してしまったからだ。これは賞の内容ではなく、交換条件つき報酬が自律性を失わせるからだと考えられている。簡単に言うと「楽しみ」の感覚が失せてしまうのだ。

彼らは同様の実験を繰り返し、同じ結果を得た。この実験は従来の考え方を覆す内容だったため大きな論争が起きたが、エドワード・デジらが30年分の調査を入念に再分析し、「具体的な報酬は、内発的動機づけに対して、実質的にネガティブな影響をもたらす傾向がある」という結論にいたった。

創造的な業務が多い先進国のオフィスにおいて、組織が短期的な成果にばかり注目し、他人の行動をコントロールしようとすることは、逆効果となる可能性が高い。心理学者はこれを「報酬の隠されたコスト」と呼ぶ。この事実は、多くの実験で立証された行動科学における重要な発見となったが、統制が前提となった機械型組織においては効果が限定的なため、経営施策として普及するにいたっていない。指示や命令ではなく、またアメとムチによる賞罰ではなく、社員自ら、その仕事の重要性を理解し、自発的に目標を設定し、同僚と協働しながら、成果を築いていくこと。ヒューリスティック型業務が増加するにしたがって、マネジメントに革新が求められているのだ。今、有機型組織の優位性が叫ばれ、また組織変革に踏み出した企業が好業績をあげている背景には、このような仕事の質的変換もあると考えられている。

なお、第8章「インサイドアウト・イノベーション」においては、社員エンパワーメントの革新事例や内発的動機づけに、第2章でのポジティブ心理学も加味したかたちで、「組織編成と意思決定システム」「コラボレーション・プラットフォーム」「協働のエンパワーメント設計」という3点について具体的な組織論をまとめているので、そちらもご参照いただきたい。

COLUMN 4

社員を幸せにするゲーミフィケーション

「ゲーミフィケーション」というトレンドが注目されている。米国の調査会社ガートナーは、「２０１５年までにイノベーションに係わる組織の半数以上が、そのプロセスにゲーム的な要素を取り入れるだろう２０１４年までにグローバル企業２０００社のうち70%以上がマーケティングと顧客の維持を目的として、何らかのゲーム化されたアプリケーションを持つことになるだろう」と予言し、このトレンドを過熱期にあるキーワードとして位置づけた。

ゲーミフィケーションを一言であらわすと、社内業務や顧客サービスに「ゲームで使われている技術」を用い、社員や顧客の行動を促すことだ。世界に最も影響を与えた事例として、7.5億ドルを集めたオバマ大統領の選挙資金調達のサイト「マイバラクオバマ・ドットコム」があげられる。支持者がサイトに登録すると、選挙本部からのミッションが提示される。最初はメールで友人を誘うなど簡単なミッションが選択肢に並ぶ。クリアするごとに内容は高度になり、そのつどポイントも加算されていく。さらにソーシャルゲームさながらに、州単位で4日間に30万人に電話をかけようなどとユーザー参加型のイベントも発生する。一人ひとりの行動が、次第に大きなムーブメントとなり、小口ネット献金だけで5億ドルもの資金を調達、米国初の黒人大統領を生み出す原動力となった。

第2章で紹介したチクセントミハイ教授によるフロー理論は、まさにゲーミフィケーション効果の裏付けとなるものだろう。彼は自らの能力を１００%発揮する「フロー状態」になるために、次の5つが重要としている。

1．活動の目標が明確であること
2．成果に対する迅速なフィードバックがあること
3．機会と能力のバランスがよいこと。適切な難易度であること
4．十分に集中できる環境にあること。今の問題に集中できること
5．対象への自己統制感があること。自分がコントロールできている感覚があること

ソーシャルゲームもこの理論の応用と言える。これらを徹底的にチューニングし、利用者をフロー状態にはめていくことで多大なる利益を得ることができたのだ。そして今、仕事や教育にゲーム感覚を取り入れることで、社内を楽しく活性化させる試みがはじまった。

ザッカーバーグ率いるフェイスブックは、「リップル」（現Work.com、280ページのコラム8「最新のビジネスソーシャル・プラットフォーム」を参照）という社内システムを利用している。「上司からのコーチング」「目標までの進捗状況」「同僚との情報交流」「同僚からの感謝メッセージ」という4種類のフィードバックを社員間で送り合うシステムで、これによりお互いの業務内容が可視化されるほか、感謝やア

ドバイスなどがフィードバックされ、目標を共有することもできる。社内の透明化を促進し、リアルタイムに360度評価を行うシステムとも言えるだろう。

成果やがんばりに対するリアルタイムなフィードバックは、社内の雰囲気を明るくし、かつ目立たない貢献が可視化される一石二鳥の効果がある。東京ディズニーランドを経営するオリエンタルランドの「ファイブスター・プログラム」、リッツ・カールトンの「ファーストクラス・カード」などは有名だ。さらにサウスウエスト航空では、同社の価値観と理念を実践している社員には「勝利者賞」、目立たぬところで素晴らしい貢献をしている社員には「心の英雄賞」、最も優秀な整備士には「最優秀スパナ賞」といったように、報奨にも遊び心を取り入れている。

日本国内でも、ゲーミフィケーションが盛んになってきた。マクドナルドの社内教育システム「ハンバーガー大学」は、マネジメントスキルや店舗システム、リーダーシップ、チームビルディングなどを学べる社内教育機関だが、講座内ではゲームの要素が取り入れられている。例えば、国内に16万人いるアルバイトのトレーニングにはニンテンドーDSとe-SMARTというツールを利用することで学習効率を高め、トレーニング時間を半減することに成功した。AJCCというアルバイト向けオペレーションコンテストも実施、優勝者は仕事を兼ねて海外のマクドナルドに行けるほか、黒い特別なユニフォームが与えられる。

トリンプの試みもユニークだ。毎日、昼の2時間を「がんばるタイム」として、他社員への業務依頼や電話、コピーなどを禁止し、自分の仕事に集中できる時間帯を設定しているほか、水曜日と金曜日は「ノー残業デー」とし、違反があった部門ではその部門で残業の再発防止を検討するようにした。また役職者に2週間連続休暇を義務づける「リフレッシュ休暇」もある。禁煙者が禁煙に成功した場合には報奨を付与するとともに、喫煙しているところを見つけたら愛を持って密告する「愛の密告制度」も異色の試みだ。

ECナビを運営するボヤージュ・グループでは、書類選考を通過した1000名の大学生を対象にゲームによる採用テストを実施した。これは「時空に眠る大陸の秘宝」と名づけられた企画で、社内のどこかに隠された秘宝を、初対面の学生同士3、4人がチームを組んで謎解きに挑戦し、70分以内に宝物を探すというものだ。謎解きに対する成果だけでなく、宝探しのプロセスにおける協調性やリーダーシップなども選考基準とした。試験や面接では測りにくい「カルチャーフィット」や目標達成を目指す力を引き出すというのが宝探し試験の目的だったが、同社への学生側の関心も高まり、応募者が前年比で20%以上増加したという。

第5章

顧客エンゲージメントの革新

一九八六年、一〇〇〇万人の旅客が、それぞれほぼ五人のスカンジナビア航空の従業者に接した。一回の応接時間が、平均一五秒だった。したがって、一回一五秒で、一年間に五〇〇〇万回、顧客の脳裏にスカンジナビア航空の印象が刻みつけられたことになる。その五〇〇〇万回の〝真実の瞬間〟が、結局スカンジナビア航空の成功を左右する。その瞬間こそ私たちが、スカンジナビア航空が最良の選択だったと顧客に納得させなければならないときなのだ。

――ヤン・カールソン
（『真実の瞬間』堤猶二訳　ダイヤモンド社）

企業の死命を決する、真実の瞬間

米国のビジネスマン、ルーディ・ピーターソンは、コペンハーゲンで重要な商談に参加するため、アーランダ空港に向かった。しかし、到着したとたんに大変なことに気がついた。航空券をホテルに置き忘れたらしい。わらにもすがる思いで航空券係に相談すると、予想外の回答が待っていた。「ご心配はいりません。搭乗カードをお渡しします。仮発行の航空券もそえておきます。ホテルのお部屋番号とコペンハーゲンの連絡先さえ教えていただければ、後はこちらで処理しましょう」。係員はすぐさまホテルに電話し、航空券を見つける。そして自社リムジンを手配し、ピーターソンの出発前に航空券が彼の手元に届いた。「ピーターソン様、航空券でございます」。穏やかな声に驚いたのは誰より彼自身だった。

ヤン・カールソンは、39歳という若さでスカンジナビア航空の社長に就任した。そして失速寸前だった同社の業績をV字回復させ、超一流のサービス企業としてその名を轟かせた。冒頭のエピソードはカールソンの著書『真実の瞬間』に書かれた、ある日のスカンジナビア航空の接客風景だ。彼は、顧客と社員との接点を真実の瞬間と表現し、その重要性を説く。「一五秒の真実の瞬間にスカンジナビア航空を代表している航空券係、客室乗務員、荷物係といった最前線の従業員にアイデア、決定、対策を実施する責任を委ねることが必要だ。もし、問題が起こるたびに最前線の従業員が上層部の意向を確かめていたら、貴重な一五秒がむだになり、顧客を増やすせっかくの機会を失ってしまう」(『真実の瞬間』(ダイヤモンド社))。そのために、彼は社内のピラミッドを逆転させ、スカンジナビア航空を真に顧客本位の企業に変革したのだ。

ヤン・カールソンの社長就任は1980年のことだ。ソーシャルメディアがない時代においても、この顧客接点はサービス業にとって生死を決する瞬間として捉えられていた。これは製造業においても同様だ。P&Gの業績をV字回復させたCEOアラン・ラフリーは「消費者こそがボス」という価値観を浸透させ、2つの真実の瞬間、すなわち「製品を購入する瞬間」と「製品を使用する瞬間」を最重視して顧客理解をすすめた。この2つの瞬間に、顧客が何を求め、何を考え、何に満足し、あるいは何に不満を抱くのかを徹底的に調べ上げ、社内のパワーをそこに集中したのだ。

そして、ソーシャルメディアが登場した。「ソーシャルメディアは、ステロイドを飲んだ会話だ」。イスラエルの著名な投資家ヨシ・ヴァルディが過激に表現したその驚くべき伝播力は、米国ではじめての黒人大統領をつくり出し、中東ではチュニジア、エジプト、リビアの独裁政権を転覆させた。今、ソーシャルメディアは、企業にとって最も大切な「真実の瞬間」を鮮やかに切り取り、その体験をパワフルに拡散しはじめている。生活者は、企業とのあらゆる接点において、「その企業や製品、サービスをいかに感じたか」をリアルタイムにシェアするようになった。それもわざわざ文章に創意工夫をこらし、写真や動画を添付し、友人に自分の気持ちをどう伝えることができるか、クリエイティブまで施して投稿する。彼らは「歩く広告塔」であり、顧客接点こそが「広告を生み出す瞬間」となったのだ。

企業には多くの顧客接点がある。印刷媒体、テレビCM、クーポン、Webサイト、ダイレクトメール、メールマガジン、イベントや展示会、メディア掲載記事、投資家への告知情報、自社ブログやコミュニティ、店舗ディスプレイ、店頭広告、コマースサイト、販売員、製品サービスの品質、ロイヤルティプログラム、顧客サービスの案内ページ、顧客サービス担当員、ユーザー講習会、請求書、顧客サーベイ、コミュニティ活動、社会貢献活動、株主総会。そしてソーシャルメディアも登場した。

中でも重要なのが、人間と人間との接点、属人的な顧客接点だ。「フェイス・トゥ・フェイス＝店頭での接客、営業スタッフ、リアルイベントなど」「コンタクトセンター＝購入後の顧客サポート」、それに近年登場した「ソーシャルメディアでのコンタクト」。これら3接点は、非属人的な顧客接点である「マスメディア」「一般的なWebサイト」「製品」などと比較して、よりエモーショナルな顧客体験を提供できるチャンスの場としてみなされるようになってきた。

前述のIBM調査では、これから「ソーシャルメディア」の重要性が「コンタクトセンター」や「一般的なWebサイト」「マスメディア」をしのぎ、企業にとって「フェイス・トゥ・フェイス」に次ぐ基幹の顧客接点となると予想されており、オープンに「個」のレベルのおもてなしをするための戦略的なメディアとなっていくだろう。そして「Webサイト」自体もソーシャルメディアと連携し、サイト上で生活者が気楽に対話交流できる場として変貌していく。さらにこれらのデジタル接点は、PC、スマートフォン、タブレット、ゲーム機器、ネット家電など、時間と場所を選ばず、どんな時でも接触できる貴重な顧客接点となっていく。

1994年に創業したアマゾン・ドットコムは、書店の書棚やレジなどの「非属人的な顧客体験」をWeb上に持ち込んだ。その結果、書店業界に破壊的なイノベーションをもたらし、全米第2位の書店チェーン、ボーダーズをはじめ世界中の書店を縮小・廃業に追い込んだことは記憶に新しい。これからは、フェイス・トゥ・フェイスや電話による「人間的な顧客体験」が、ソーシャル・テクノロジーによってWeb上で再現されていく。つまり、属人的な顧客接点である商品販売、リアルイベント、コンタクトセンターなどをオンライン化し、利便性や顧客満足度をさらに向上させようとするアプローチが可能となったのだ。

従来のフェイス・トゥ・フェイスと異なるのは、ソーシャルメディアを媒体として、顧客の体験がオープンに拡散していくこと。事前期待を上回るような体験を提供できれば、生活者が

購買前、購買、購買後の主要な生活者接点

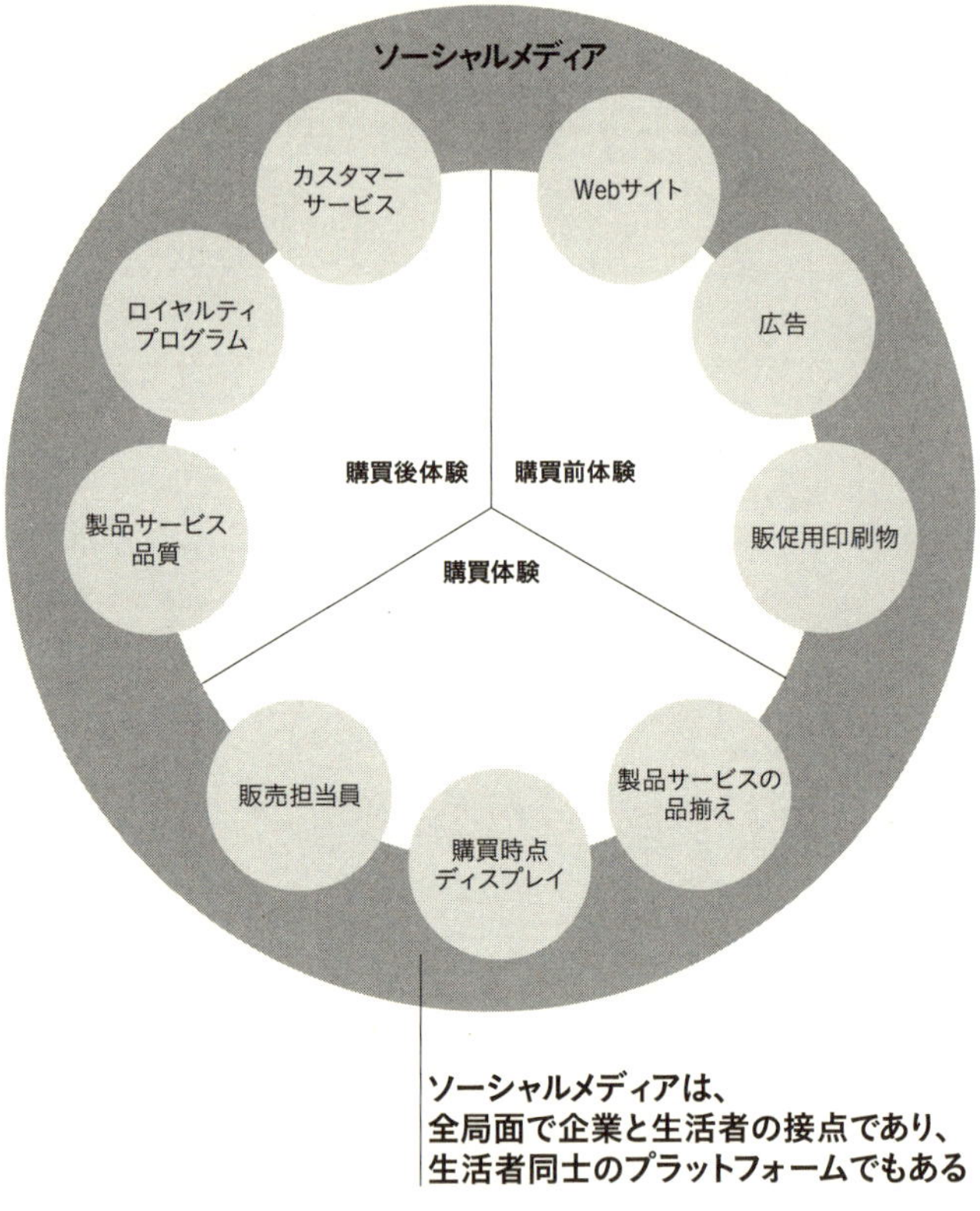

出典:『ブランド価値を高める コンタクト・ポイント戦略』
(スコット・M・デイビス、マイケル・ダン著、電通ブランド・クリエーション・センター訳 ダイヤモンド社)をもとに著者作成

「歩く広告塔」になるため、既存の接点と比較して投資効果の高いものとなる。そのため、今まで企業がリアル店舗やイベント、コールセンターに投下していたマーケティング予算の一部は、オンライン上のソーシャルメディア接点に移行するだろう。

では、具体的にどのようなおもてなしをオンライン上で実現するのか、以下の節では、店舗体験をWeb化したマガジーニ・ルイーザ、リアルイベント体験をWeb化したエッツィ、顧客サポートをWeb化したコムキャスト、最後にすべての顧客接点を大切にするザッポスを事例として取り上げ、それぞれのエッセンスを概観してみたい。

店舗体験をWebへ――マガジーニ・ルイーザ

1957年に創業したマガジーニ・ルイーザは、耐久消費財を中心としたブラジル№2のデパートだ。社員数は2.3万人、店舗数は700店を超え、8カ所の流通センターとネットショップを運営している。彼らの使命は顧客に幸せを届けること。顧客との関係性を深め、そのショッピング体験を幸せなものにするために、積極的にさまざまなイノベーションに取り組んでいる。

例えば、オンライン電子商取引の可能性に気づいた同社は、インターネット普及以前、1992年にeコマースと実店舗を融合した革新的な店舗を開始している。電子商取引の雄、アマゾン・ドットコムの創業より2年もさかのぼる先見性だ。当時、オンライン・ショッピングに不慣れな利用者のために、店員と一緒に座って相談しながら買い物ができるリアルな店舗も用意した。顧客と直接対話して安心感を提供しながら、顧客のネット・リテラシーを高めていったのだ。このネットショップ型店舗は、料理教室やコンピュータ教室といったコミュニティを支援するサービスも提供し、地域の社交場として進化した。今や、ブラジル全土で100店以上を展開するにいたっている。

続いて、顧客がオンライン・ショッピングに慣れたタイミングで、自社のWebサイトに"Lu"と名づけたバーチャル販売員を登場させた。この販売員は、フェイスブック、ツイッター、ユーチューブ、ブログ、ポッドキャストなど多様なソーシャルメディアにも登場し、共通したコミュニケーション設計のもと、顧客と丁寧に対話交流をしている。このように、同社は顧客が望むあらゆる接点に出店し、オンライン・オフラインを問わず、統一されたブランド体験を提供できるよう積極的にイノベーションに取り組んでいるのだ。

これらを実現するためには、社員が自律的に行動し、顧客に素晴らしい体験を提供できるかどうかがキーとなるが、その点でも同社は抜かりない。創業以来、人材を最重視する経営方針をとっており、14年間連続してグレート・プレイス・トゥ・ワーク研究所のランキングにおいて「最も働きやすい職場」の一社として評価されているのだ。特に2010年には「社員との対話」の項目で、2011年には「社員に対する聞き上手」の項目でそれぞれトップとなっている。

さらに2012年に入り、同社は新たなるイノベーションに取り組みはじめた。フェイスブックとオーカット(ブラジルで普及するSNS)上に「マガジーニ・ヴォセ(あなたのお店)」

を開設できるという一種のアフィリエイトサービスだ。出店を希望する利用者は、自分のお気に入りの商品を配置した店舗ページをつくることができる。つまり、その日から誰でもソーシャルストアのオーナーになれるわけだ。ストアオーナーのコミッションは2.5%～4.5%で、商品出荷や代金回収はマガジーニ・ルイーザが行う。同社は1月26日に「マガジーニ・ヴォセ」の一般募集を開始、年度目標としていた1万店舗はわずか2日間で達成された。しかもソーシャルストアの平均購入率は、同社のオンラインストアより成約率が高いとのことだ。

リアルイベント体験をWebへ――エッツィ

エッツィは2005年に創業されたハンドメイド商品に特化したオンラインのマーケットプレイスだ。700万人を超える利用者の多くは若い女性で、アクセサリーやアートなどのハンドメイド作品を売る人、買う人でにぎわっている。2010年の時点で売上高は推定約3億ドルで、現在も事業は順調に拡大を続けている。収益はイーベイやヤフーオークションと同様の売買手数料だが、2010年の時点で黒字化したと発表された。

同社のミッションは、「人がモノをつくって生計を立てることができるようにし、創り手買い手の絆を深めること」、ビジョンは、「新しい経済の仕組みを創造し、よりよい選択肢を示すこと」。まさに同社は、自らが掲げるブランド哲学に忠実にサービスを進化させてきた。同社が徹底的にこだわっているのは、創り手と買い手、つまり顧客同士の関係性を深めること、そして今までにないワクワクの買い物体験を提供することだ。

顧客間の交流を促進するために同社が用意している場は極めて多様だ。まず自社サイト内に利用者同士が直接交流できる場をつくり、多様なコミュニティやイベント、学び合い、作品の協業などを可能にした。さらにオフラインでの交流も積極的に推進しており、エッツイ本社をはじめ、多くの場所でイベントが常時開催されている。あわせてフェイスブック、ツイッター、フリッカー、タンブラー、ブログ、ミートアップなど多様なソーシャルメディアを高度に活用しており、中でも彼らのツイッターは商用では世界トップクラスのフォロワー数、そしてサイト流入量を誇っている。最近注目されているのは、写真共有ソーシャルメディアとして急成長するピンタレストとの連携だ。やはり若い女性ユーザーが中心で、写真を見て美しい作品を選ぶ特性が共通していることから、エッツィ出品者自らがピンタレストに投稿し、それがバイラルすることで大量のサイト流入を誘起している。

そしてもうひとつのポイントは、女性がワクワクするような買い物体験だ。利用者はカテゴリーや検索など従来の仕組みで作品を探せるのはもちろんのこと、色指定や創り手指名、トレンド、類似商品の提示などから、作品や人との「予期せぬ出会い」を促進する演出がいたるところに配置され、ショッピングのワクワク感を醸成している。さらにサイト上からフェイスブックと接続すると、友達のプロフィールからおすすめ作品を自動推薦する機能などもあり、プレゼント交換が好きな若い女性のニーズを見事に捉えている。

米国の急成長ベンチャーに共通することだが、社員のエンパワーメントにも十分な配慮がなされている。社員数は約300名、ブルックリンにある本社の内部はエッツィで販売されたハンドメイド作品がいたるところに配置されている。受付にある手づくりの木製デスク、4メートル近い天井を横切るカラフルな毛糸の空調ダクト、屋内用自転車ラックなどすべてが手づくりで、リアル・エッツィを体感できる室内になっている。さらにオフィス内には自転車だけでなく、犬も連れてくることができ、排泄物や獣医の心配もしなくてよいという。サイトのコンセプトと一致した、自由で楽しい社風が育まれていることがわかる。そして、エッツィ・ユーザーはこの本社でさまざまなイベントに参加し、エッツィに対する愛情を深めていくのだ。

創業者のロバート・カリンは米国のブログサイト「テッククランチ」のインタビューに答え、エッツィの独自性を示唆している。「市場《マーケット》とは対話だ。誰かが誰かから物を買う時、そこにどんな会話があるのかを知りたい。フェイスブックのメッセージは結びつきと共有だけだが、エッツィではさらに交易行為が加わる。つまりエッツィでは単純な人と人の関係ではなく、物を売る人と、その人から物を買う人との関係があり、その間にソーシャルな会話を育てなければならない。利用者が商品を検索する場合でも、エッツィの場合は必ず人と物だけでなく、人と人との関係が存在する（ハンドメイド商品のため、品物の背後に必ず人間が存在する）。それがまさにWebのパワーだ。人間は村をつくる生き物であり、ほかの人たちと結びつきたいと願っている生き物なのだ」。

顧客サポート体験をソーシャルメディアへ――コムキャスト

コムキャストは1963年の創業以降、買収・合併を繰り返し、現在では圧倒的な市場シェアを持つ米国最大のケーブルテレビ運営会社だ。しかしながら、同社は深い悩みを抱えていた。最悪とまで言われた顧客サービスだ。そもそも顧客満足度の低い同業界にあっても末席の常連となっており、業績や株価にもボディブローのように効いていた。ソーシャルメディア上でも彼らの悪い評判はいたるところに書き込まれた。怒りに満ちたブログは数知れない。派遣した保守員が顧客宅のソファで寝ている姿をユーチューブに投稿されて100万回以上も再生されるという炎上事件も起きた。ネットに渦巻く怨嗟の声を集約するためのポータルサイトComcastMustDie.com、さらにその類似サイトまで登場し、同社に対する不満の声はピークに達する。

そんな逆風の中、2008年4月に顧客サポート部門の幹部、フランク・イライアソンは、自らが率先してツイッター検索でコムキャスト製品のセットアップに困っているユーザーを探し出し、能動的に顧客のトラブルを解決するサービスを開始した。アクティブサポートと呼ばれる能動的な顧客サポートだ。利用者はコムキャストに問い合わせたわけではない。「困っている」とツイッターでぼやくと、突然コムキャストから話しかけられ、彼らが解決に導いてくれるのだ。当時、ツイッター上でもコムキャストに対する非難がうずまいていたが、彼のチームはそれに反論しなかった。言葉より行動で。お客様の困った声に一件ずつ丁寧に耳を傾け、トラブルを発見し、それを解決していく方針をとったのだ。例えばある日、「コムキャストはクソったれ」と書かれた看板の写真をツイッターで見つけたイライアソンは、すぐに「何が問題なのか調べてみましょう」と投稿、1日足らずで発見者に「問題は解決しました」とツイートした。おそらく写真から場所を判断、直ちに現地に顧客サポート要員を向かわせたのだろう。腹をたてていた持ち主は、彼の対応に満足して看板を撤去した。

そんな彼らの真摯な行動を見て、疑り深いネットの住人たちも次第に考えを改めていく。イライアソン一人だけでも解決したトラブルは年間2000件を超えた。企業が自ら困っている人を発見して話しかけるという意外性に多くの利用者は感動し、ツイッター上にはコムキャストに対する好感と感謝が滲み出しはじめた。現在、コムキャストのツイッターチームは約10名。それぞれツイッターアカウントを持ち、交代制で24時間困っている顧客をサポートしている。コムキャストによると、ツイッターによる能動的な顧客サポートはコールセンターと比較してもはるかに顧客満足度が高いとのこと。同社への問い合わせ電話は1日あたり80万件を超えるが、ソーシャルメディアでの応対は約2000件にすぎない。しかしながら彼らの行動はオープンな場で広く拡散され、効率的にブランドイメージを回復していった。

イライアソンが主導したボトムアップのサービス改革は、全社の意識を変革することにもつながった。2009年10月のWeb2・0サミットで、コムキャストCEOブライアン・ロバーツは次のように語っている。「ツイッターでコムキャストの企業文化が変わりました。顧客の苦情を聞き、顧客と人間的に関わるためにツイッターを利用しています」。実際、コムキャストはツイッター活用によって顧客満足度を1年で9ポイントも高め、最大の懸念事項だった顧客サービスの改善へ向けて大きな一歩を踏み出すことになった。

商品販売、リアルイベント、コンタクトセンター。これら属人的な顧客接点をオンラインに拡張し、Web上においても「個」のレベルでおもてなしするアプローチを紹介した。これらの事例に共通しているのは、オンラインにおいてもその特性を生かし、オフラインを超えた顧客体験を提供しようとしている点にある。その核となっているのはホスピタリティ、おもてなしの心だ。これまでの経営は、生活者を店舗や広告、イベントにいかに誘導するかに大きな力をかけていた。しかしながら、ソーシャルテクノロジーやモバイル機器の進化によって時代は変わった。これからは生活者の行く先、あらゆるところに企業が出向き、必要な時に「個」のレベルでおもてなしする時代。商品が顧客を見つける時代になってゆく。

では、最後の事例として、オンライン・コマースから出発しているにもかかわらず、電話というアナログな顧客接点を大切にすることで比類なきブランド・ロイヤルティを構築したザッポスを取り上げ、同社がいかに顧客感動を創造しているかを分析してみたい。

すべての顧客接点を大切にするオンライン・コマース――ザッポス

ラスベガスに旅行中のある顧客がザッポスに電話してきた。同社で購入したお気に入りの靴を忘れてしまい、同じものを探しているという。残念ながら在庫切れだったが、その担当者は最寄りの靴屋に片っ端から電話をかけ、ついに探し出した。そしてその社員は靴屋に足を運び、靴を買い、その顧客が泊まっているホテルまで届けたという。ザッポスにはこのような伝説が数限りなくある。

卓越したショッピング体験を提供することで名高いザッポスでは、10年という歳月をかけて、その顧客サービスを進化させてきた。ここで同社の成長をなぞってみよう。

1999年　最大の靴の品揃え
2003年　カスタマーサービス
2005年　プラットフォームとしての企業文化とコアバリュー
2007年　個人的な心のつながり
2009年　幸せを届ける

これは、創業時から現在にいたるまでの「ザッポスというブランドの約束」の進化をあらわしたものだ。この流れを見ると、ザッポスも人の子、突然変異でできた会社ではないことが理解できる。創業時、まず彼らは商売の基本である商品の品揃えを最大の力点とした。続いて差別化手段として顧客サービスの充実に着手する。さらに顧客サービスにおいて社員が自律的に動けるように「コアバリュー」を社員でつくり上げ、企業文化を醸成していく。ザッポスの代名詞ともなっている10のコアバリューができたのは、創業から約6年たった2005年だ。そして2007年以降、ポジティブ心理学に深い興味を抱いたトニー・シェイは、ザッポスのこだわりがその中に体系化されていることに気づく。そして顧客や社員の幸せこそ、企業が究極的に目指すべきものと覚醒し、「幸せをお届けする」という経営理念を宣言するにいたっている。

つまり同社は基本に忠実に顧客サービスを進化させてきたのだ。

例えば、Ｗｅｂサイトチームは、試行錯誤を繰り返しながら貪欲に改善活動を行っている。アクセス解析のみならず、リアルタイムで利用者のＷｅｂ行動を分析し、継続的にユーザビリティを改善する。常に業界最高水準の応答時間を目指し、徹底的にサーバー・チューニングを行う。入荷全商品の全色に対して8アングルと動画を撮影し、正確で高品質な商品案内を提供する。それに加えて、洒落っ気たっぷりなザッポスらしい演出や、社員たちのブログが人間的な隠し味となり、Ｗｅｂサイトでの買い物体験がザッポスならではのハッピーなものとなっていく。

倉庫業務チームも同様だ。ＵＰＳ最大の国際エアハブ「ワールドポート」から15分、巨大倉庫は最高のロケーションを誇る。6万5000種類もの商品一つひとつに対して、在庫管理のための固有番号を振り当てられ、自律的に最適軌道を走るネットワーク型ロボットが注文商品を運ぶ。そして、24時間年中無休で勤労意欲の高い社員たちが支える。巨大な米国ではｅコマースの商品配達に数日かかるのが普通だが、同社の場合は東海岸エリアだと8時間、深夜に注文して翌朝起きると靴が届いているのだ。それも有料オプションである「翌日配達」をリピート客には無料でアップグレードするサプライズ演出つきだ。さらに「配送料無料」「返送料不要で返品可能」というスペシャルサービスが加わる。これらのおもてなし施策により、ザッポスの「真実の瞬間」が顧客の脳裏に刻まれていく。

ザッポスは創業以来、6年もの間、大幅な赤字や資金不足に苦しんだが、信念を貫いて顧客サービスを地道に改善してきた。アマゾン買収時に発表された資料によると、同社の２００８年度売上高に対する原価率は64・8％、販管費率は31・8％、営業利益は3.4％だった。参考まで、国内衣類系小売業の原価率は約65％、販管費率は約33％、営業利益は約３％なので、日本の同業者と財務構造に大きな違いはない。では、何がザッポスをザッポスたらしめているのか。それは販売費の投資先だ。同社は一般企業が広告や販売促進に投下している費用を、ほぼそのままコールセンターの顧客サポートに投下している。電話からの注文はわずか５％にすぎないにもかかわらず、総勢５００名を超える精鋭オペレーターを配置し、顧客との心のこもった対話を通じて一期一会の感動を演出しているのだ。無理な新規顧客開拓をせず、既存顧客へのサービスを徹底する。おもてなしの顧客接点としてコールセンターを重視しているのは、オンライン商売である彼らにとって「電話」が最もヒューマンな顧客体験を提供できるからだろう。

トニー・シェイは自叙伝でこう語っている。「ザッポスの成長の一番の原動力となっているのがリピート顧客とクチコミです。広告にはほとんど費用をかけず、その費用をカスタマー・サービスと顧客体験に投資し、私たちに代わって顧客にクチコミでマーケティングを担ってもらおうというのが私たちの哲学なのです」「平均的に見て、私たちの顧客は一生にどこかの時点で少なくとも一度は私たちに電話をかけてくることを知っているので、私たちはその機会を使っていつまでも記憶に残る思い出を生み出すように心がける必要があるのです」（『ザッポス伝説』ダイヤモンド社）。真実の瞬間に、「ザッポスで買ってよかった」と心から思っていただくこと。彼らは顧客自身が「歩く広告塔」であり、真実の瞬間こそ「広告が生まれる瞬間」であることを深く理解しているのだ。

フィリップ・コトラーは、著書『コトラーのマーケティング・コンセプト』（東洋経済新報社）において、企業はマーケティング予算の70％を新規顧客獲得に費やすが、新規開拓重視の企業ほど顧客離反率が高く、さらに資金をつぎ込む悪循環に巻き込まれていると説いた。その上で、顧客を大切にすべき4つの理由として、①新規顧客獲得のコストは既存顧客維持の5倍も必要なこと、②満足した顧客はリピートすること、③満足した顧客は購入額が高くなること、④満足した顧客は見込客を紹介してくれることをあげている。アメリカン・エキスプレスのジェームズ・パッテンの調査によると、最高の顧客は他の顧客に対して、小売業で16倍、飲食業で13倍、航空業で12倍、ホテル業で5倍の額を使うという。ザッポスのトニー・シェイは実は計数管理に長《た》けており、母校ハーバード大学では、プログラミング・コンペティションで優勝経験もあるほどだ。同社経営の背景にはしっかりしたビジネスロジックが存在しており、合理的な計算に基づいて設計されている点を理解しておきたい。

そして、もうひとつ重要なことがある。サービス業において、顧客満足と社員満足は密接に関係するということだ。ライス大学教授ジェシー・H・ジョーンズらによるサービス業への調査によると、人生満足度（第8章を参照）の高い社員は顧客から高い評価を得る可能性が高いという。また、ギャラップの調査では、人生満足度の高い社員が働いている小売店の店舗面積（1平方フィート）あたりの利益は、他店のそれより21ドル高いという結果も報告されている。

サービス業においては、社員こそが最大の資産だ。マガジーニ・ルイーザやザッポスが社員を大切にしているのは必然の姿なのだ。つまり、「顧客エンゲージメントの革新」と「社員エンパワーメントの革新」は、いわばカードの表と裏で、同時並行して実行すべきイノベーションと言えるだろう。

融合しつつあるネットとリアル

この章では、4つの事例を通じて、オンラインとオフラインの境界線が曖昧になってくる様を見てきた。前著『ソーシャルシフト』ではネットとリアルを融合させた「オンライン・トゥ・オフライン」の事例を多く取り上げたが、そのトレンドはさらに拍車がかかってきた。このような進化した小売業態は「オムニチャネル・リテイリング」（詳しくは第8章を参照）と呼ばれ、小売業を直撃する新たな破壊的イノベーションになると予測されている。

その流れを受け、オフライン小売業者も積極的にネットの力を活用しはじめた。それも単にソーシャルメディアで公式アカウントを持つだけでなく、リアルの場からPCやモバイルがなくてもソーシャルメディアに投稿できるデバイスの装備が目立ってきた。例えば、メイシーズの仮想試着室、ルノーのRFIDカード読取装置、コカ・コーラの顔識別装置、それぞれフェイスブックへの投稿を促進することで、友人への集客効果を狙っている。ブラジルではフェイスブック・アプリ内で押された「いいね！」の数を、実店舗のハンガーに表示するファッションライク・キャンペーンまで登場した。また韓国のテスコは、地下鉄にリアル店舗と同じディスプレイ・ポスターを掲示し、そこからモバイルで商品を購入する仕組みを導入、売り上げを大幅に向上させた。

一方、オンライン小売事業者のオフライン進出もアグレッシブだ。象徴的なのは、アマゾンがニューヨークとシアトルのセブン-イレブンに商品受取ロッカーを設置、リアル店舗に物流拠点を展開しはじめたことだろう。これにより買い物の送料だけでなく返品送料も無料化され、将来的にはレンタルサービスなども可能となる。日本においても同様、オンラインとオフラインを融合する試みが盛んになってきた。ニッセンは「スマイルランド」という実店舗を展開、そこで商品を試着して購入することも、店内のソファに置かれたｉＰａｄでオンライン・ショッピングすることもできる。また「スマイルランド・バーチャルショップ」として渋谷店を360度パノラマ写真でWeb上に再現。店内を閲覧し、商品をチェックしたり、店員とチャットしたりできる試みも開始した。

実店舗を持つ小売事業者にとって深刻なのは、店舗をあたかもショールームのように訪問し、実際にはネットで購入する「ショールーミング」という購買行動が増えてきたことだ。米国ピュー・リサーチ・センターの調査によると、2011年の米国ホリデーシーズンにおいて、店舗内で友人に電話してアドバイスを受けたユーザーは34％、ネットで価格を検索したユーザーは22％、同じくネットで商品レビューを確認したユーザーは22％だった。今や、商品のバーコードを読み取ると自動的にネット価格と比較できるスマートフォン・アプリがアマゾンや楽天から提供されており、リアルとネットのボーダーレスな競合は激化の一途をたどっている。

また、買い物に行く時間のない利用者に向けたオンラインサービスも増えてきた。月10ドルでさまざまな化粧品のサンプルが届けられて気に入ったものを購入するブリッチボックス、月10ドルで美味しい食品のサンプルが届けられて気に入ったものを購入するラブ・ウィズ・フード、毎月イケてる服を送られて気に入らないものは返品するボムフェル、月39ドルで好みのスタイルやサイズにあわせて正価100ドル以上の子供服が届けられるウィトルビー、99ドルでサイズ、柄、素材、スタイル、刺繍などを指定したオーダーシャツが10日以内に届けられるブルーフレーム、毎月定額で一流のスタイリストがすすめる靴や鞄をオーダーできるシューダズルなど、時間の節約と目利きによる厳選をウリにするサービスが次々と登場し、オンラインサービスの進化はさらに加速していく。

消費行動も「つながり」志向へ

最後に、世界的な変化が起きている生活者の消費トレンドにも触れておきたい。『スペンド・シフト』（プレジデント社）の著者であるジョン・ガーズマは、買い物は企業やブランドに対して毎日行われる選挙であり投票活動であるとし、彼ら彼女らが企業やブランドに求めているものは大きく変わりつつあると分析する。共感、社会とのつながり、倫理観、説明責任など、生活者が大切にしはじめた価値観を企業は受け入れる必要があるし、またそれらが競争優位の源泉になるとした。

社会性重視、つながり重視の傾向は日本でも同様だ。2008年の「社会意識に関する世論調査」（内閣府）によると、「個人の利益よりも国民全体の利益を大切にすべきだ」とする人の比率が2000年を底にして増加に転じており、2008年には50％を超えている。また、自分の消費行動で社会は変わると考える人は約6割にのぼっており、消費も投票行動の一種と考えられるようになってきた。企業の倫理的、社会的または環境に関する評判によって、製品またはサービスを購入しようと考えている日本人は48・2％。米国45％、英国42％などと比較しても意識の高さが見られる。さらに東日本大震災を経て、日本人は世界にも先んじてつながり志向、絆志向を深めている。日本漢字能力検定協会は2011年の世相をあらわす漢字を「絆」とし、応募総数約50万票のうち12％を超える票を獲得、2位以下を圧倒して選ばれたことを発表した。

『第四の消費』（朝日新書）の著者、三浦展氏は、日本における消費トレンドが30年サイクルになっていると分析する。「第一の消費（1912～41）」は国家重視、「第二の消費（1945～74）」は家族重視、「第三の消費（1975～2004）」は個人重視、そして現在、「第四の消費（2005～34）」は社会重視が消費の基礎となっていると提言した。

新しい「第四の消費」が生まれた背景には、個人主義、孤立化に走りすぎた「第三の消費」時代の反省がある。今、我々は個人間のつながりが自然に生まれる社会を目指そうとする意識を持ち、それが「第四の消費」トレンドの基礎となっている。三浦氏は、現在の消費志向の変化を、①個人志向から社会志向へ。利己主義から利他主義へ ②私有志向からシェア志向へ ③ブランド志向からシンプル・カジュアル志向へ ④欧米志向、都会志向、自分らしさから日本

個人の利益と国民全体の利益、どちらを大切にするかの割合

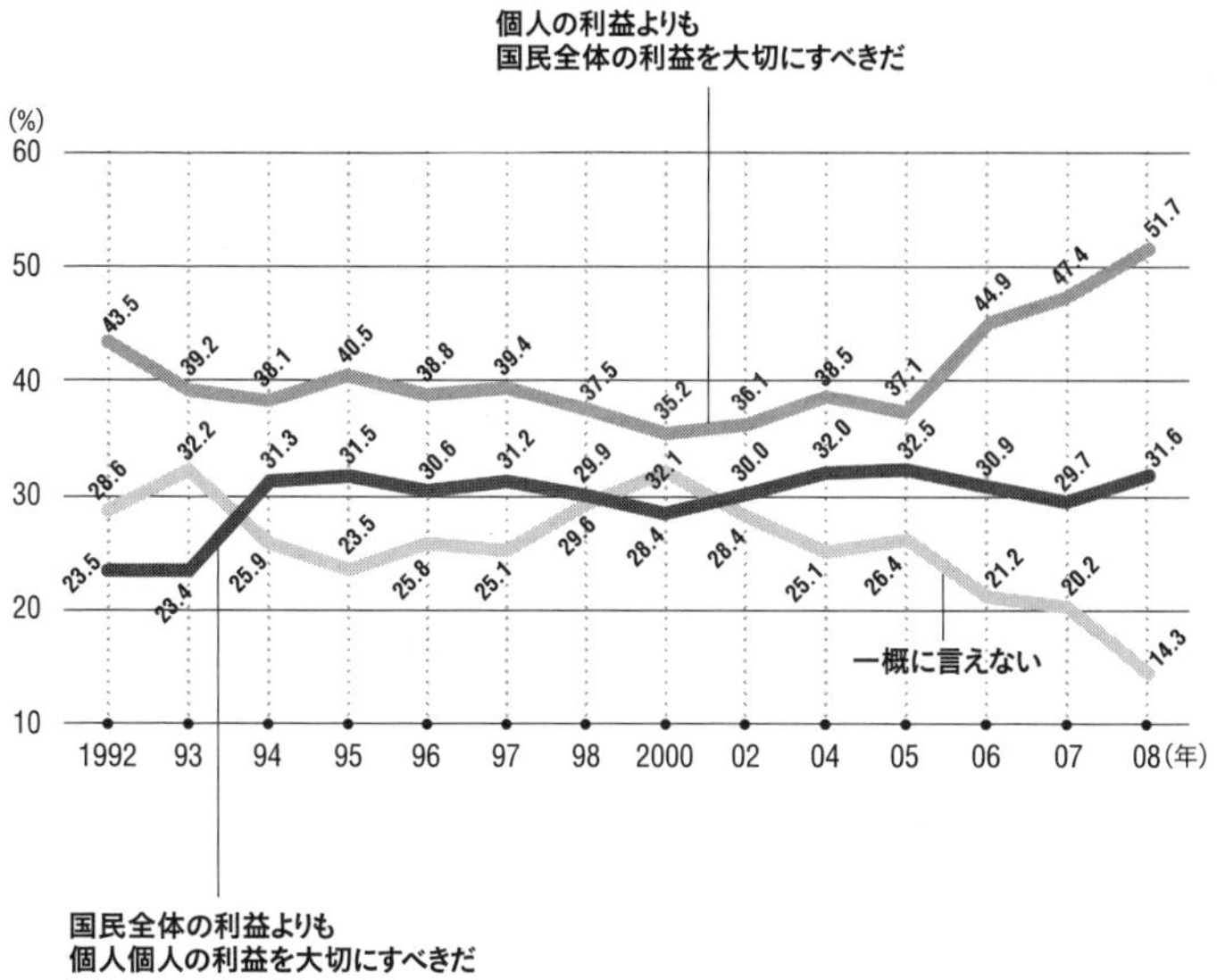

出典：内閣府「社会意識に関する世論調査」(2008年)をもとに著者作成
注：1.「今後、日本人は、個人の利益よりも国民全体の利益を大切にすべきだと思うか、それとも、国民全体の利益よりも個人個人の利益を大切にすべきだと思うか。」との問いに対し、回答した人の割合。
2. 回答者は、全国の20歳以上の人。

自分の消費行動で社会が変わると思う人の割合

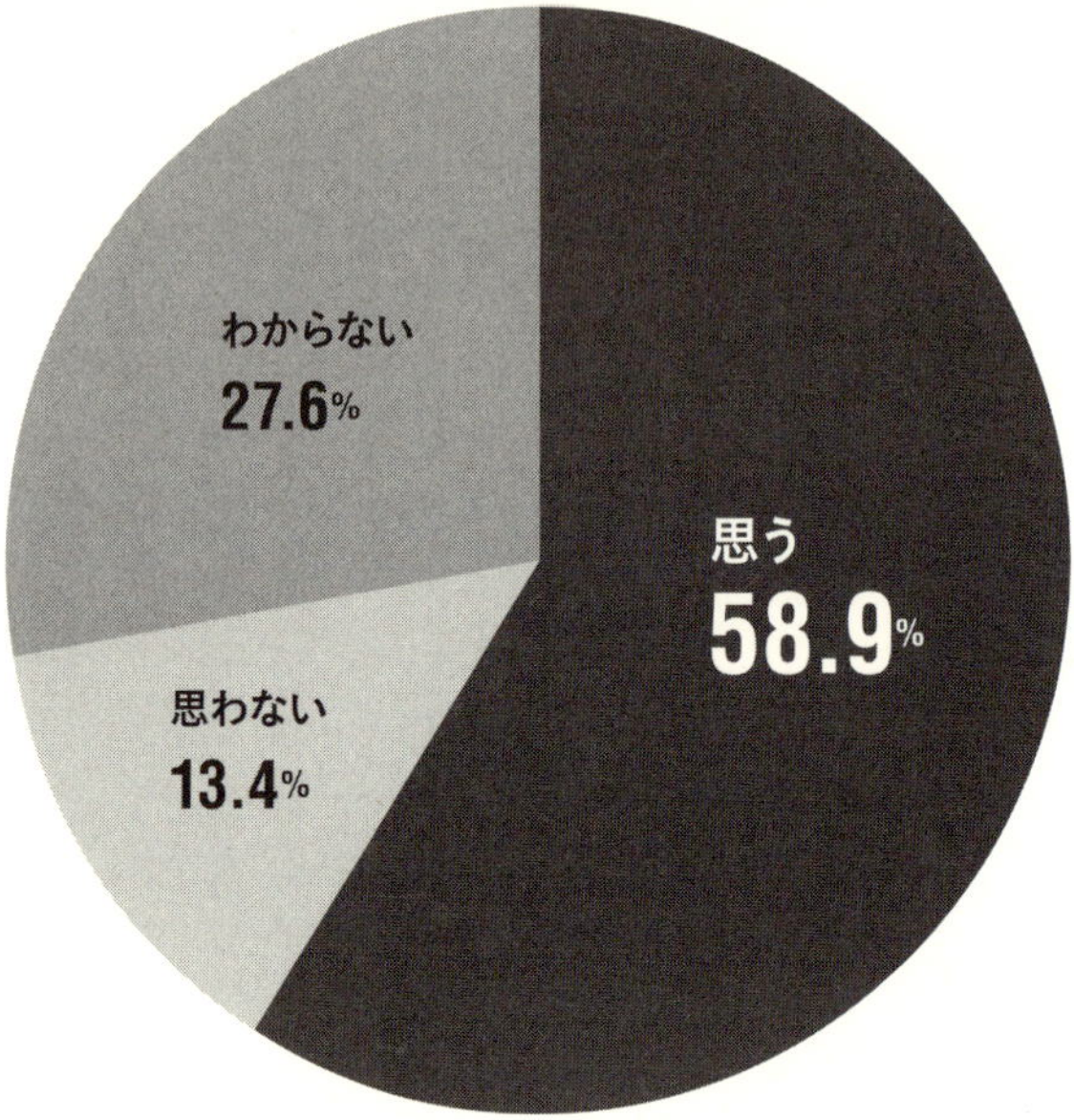

出典：内閣府「国民生活選好度調査」(2008年)をもとに著者作成
注：1.「あなたは、事業者の環境問題への取り組みや法令順守の状況などの要素も考慮した消費行動を、ご自分が行うことによって、社会が変わると思いますか。(○は1つ)」との問いに対し、回答した人の割合。
2. 回答者は、全国の15歳以上80歳未満の男女4,163人（無回答を除く）。

いる。

志向、地方志向へ ⑤物からサービスへ、あるいは人の重視へ、と5つのポイントでまとめて

長引く不況、終身雇用の終焉、老後への不安感、環境問題の深刻化。使えるお金が限られる中で、日本の生活者が選択した生き方。それは生活を見つめ直し、本当に必要なもの、信頼できるブランド、心温まるサービス、社会的責任を果たす企業を厳選することだった。そして、その評価はソーシャルメディア上でリアルタイムに行われ、広く拡散し、消費という行動につながっていく。これからの企業は、この新しい生活者の消費行動を理解した上で、自社独自の付加価値のあり方を考える必要がある。キー・テクノロジーであるソーシャルメディアとモバイルを最大限に活用し、顧客の事前期待を超えた真実の瞬間をいかに提供するか、そして顧客との深い関係性をいかに築いていくか。これらの課題に本腰を入れて取り組む必要が出てきたと言えるだろう。

消費社会の4段階と消費の特徴

時代区分	第一の消費社会 1912～1941	第二の消費社会 1945～1974	第三の消費社会 1975～2004	第四の消費社会 2005～2034
社会背景	●日露戦争勝利後から日中戦争まで ●東京、大阪などの大都市中心 ●中流の誕生	●敗戦、復興、高度経済成長期からオイルショックまで ●大量生産、大量消費 ●全国的な一億総中流化	●オイルショックから低成長、バブル、金融破綻、小泉改革まで ●格差の拡大	●リーマンショック、2つの大震災、不況の長期化、雇用の不安定化などによる所得減少 ●人口減少などによる消費市場の縮小
人口	人口増加	人口増加	人口微増	人口減少
出生率	5	5→2	2→1.3～1.4	1.3～1.4
高齢者率	5%	5%→6%	6%→20%	20%→30%
国民の価値観	**national** 消費は私有主義だが、全体としては国家重視	**family** 消費は私有主義だが、家、会社重視	**individual** 私有主義かつ個人重視	**social** シェア志向社会重視
消費の志向	●洋風化 ●大都市志向	●大量消費 ●大きいことはいいことだ ●大都市志向 ●アメリカ志向	●個性化 ●多様化 ●差別化 ●ブランド志向 ●大都市志向 ●ヨーロッパ志向	●ノンブランド志向 ●シンプル志向 ●カジュアル志向 ●日本志向 ●地方志向
消費のテーマ	●文化的モダン	●一家に一台 ●マイカー ●マイホーム ●三種の神器 ●3C	●量から質へ ●一家に数台 ●一人一台 ●一人数台	●つながり ●数人一台 ●カーシェア ●シェアハウス
消費の担い手	●山の手中流家庭 ●モボ・モガ	●核家族 ●専業主婦	●単身者 ●パラサイト・シングル	●全世代のシングル化した個人

出典:『第四の消費』(三浦展著、朝日新書)33ページをもとに著者作成

COLUMN 5

おもてなしのための情報武装、ビッグデータの活用

企業は、顧客とのエンゲージメントを深めながら、テクノロジーの進化にあわせてビジネスモデルを変革していく必要がある。現場の社員による心配りのある接客を実現するために、「個」のお客様の動線を予測し、そのお客様に購買意欲が訪れる瞬間を察知し、そのお客様に最適な商品サービスを提案し、友人の意見やネットの評判を提示しながら、いつでもどこでも決済できるようにすること。すでに個々の要素技術は実用化しつつあり、そう遠くない将来、これらの顧客体験は現実のものとなるだろう。そのために注目されているのが「ビッグデータ」の活用だ。

生活者はスマートフォン、ICカードなど身近な電子機器から大量のデータを発信しはじめた。ソーシャルメディアから投稿される情報量も指数関数的に増加している。さらにフェイスブック上では意図的な投稿に加え、アプリ連動により生活者の行動も可視化されるようになった。これからは、レシピ、ジョギング、旅行、イベント、外食、テレビ、勉強、少額決済サービス、ECアプリ、部屋レンタル、各種コミュニティなど、さまざまな消費行動が自動的に投稿され、データとして分析できるようになる。将来的には多様なモノにICタグが刷り込まれ、ヒトの行動もセンサーを通じて自動的に記録されるようになるだろう。これらの大量な情報が「ビッグデータ」と呼ばれるものだ。

製品開発、販売促進、顧客サービスから、コンプライアンスや社会インフラの運用まで、ビッグデータの活用によりイノベーションが期待されている分野は幅広い。利用者個々のニーズに対する応対、業務の効率化、異変の察知や近未来の予測、さらには新産業の創出と、その影響範囲は多岐にわたるだろう。消費行動と関連したところでは、慶應義塾大学の國領二郎教授がＰＯＳ（Point of Sales）からＰＯＵ（Point of Use）へ、つまり「販売時点のデータ」のみならず「利用時点のデータ」もとれるようになることがイノベーションにつながると予想している。実際に、ビッグデータ先進企業であるアマゾンは、電子書籍端末キンドルを低価格で提供し、さまざまなＰＯＵを収集しはじめている。例えば、キンドルの利用者は書籍内にアンダーラインを引くことができ、世界の読者から人気の高い「ハイライト」を共有できる。これにより、アマゾンは、どの書籍の、どの部分が、どういう読者にとって重要かというＰＯＵを独占的に取得することになった。彼らはこのデータを書籍紹介に挿入することも可能だし、読者の関心を先取りすることで書籍の売れ筋を予測することも可能だろう。

ソーシャルメディア上の投稿は、今まで企業が耳にすることができなかったサイレント・マジョリティの貴重な生の声だ。彼らの声を分析すれば、ＰＯＳで取得できる「どんな商品が、いつ、どこで、どのような人に売れたか」だけでなく、「なぜ自社商品が売れたのか」「なぜ自社商品が売れなかったのか」「なぜ競合商品が売れたのか」

ビッグデータを構成する要素

ソーシャルメディアデータ	ソーシャルメディアにおいて参加者が書き込む プロフィール、コメントなど
カスタマーデータ	CRMシステムにおいて管理等される DM等販促データ、会員カードデータなど
オフィスデータ	オフィスのパソコン等において作成等される オフィス文書、Eメールなど
マルチメディアデータ	Web上の配信サイト等において提供等される 音声、動画等ログデータ
ログデータ	Webサーバー等において自動的に生成等される アクセスログ、エラーログなど
Webサイトデータ	ECサイトやブログ等において蓄積等される 購入履歴、ブログエントリーなど
センサーデータ	GPS、ICカードやRFID等において検知等される 位置、乗車履歴、温度、加速度など
オペレーションデータ	販売管理等の業務システムにおいて生成等される POSデータ、取引明細データなど

出典:『情報通信白書 平成24年版』(総務省)をもとに著者作成

「なぜ競合商品が売れなかったのか」という、商売にとって最も重要な情報を入手できる。これにより、製品企画や販売促進にイノベーションを起こすことも可能となるだろう。ビッグデータ活用はまだ未成熟であり、またプライバシーの問題ともあわせて慎重にすすめる必要がある。「顧客を正しく理解する」という経営の原点につながるものとして、今後の展開を期待したい。

第6章

パートナー・コラボレーションの革新

シリコンバレーに対する米国内の強力な競争相手は、ボストン郊外のルート128地区であるが、ここではそのような企業間の社会関係資本は育たなかった。むしろ、そこでは企業ヒエラルキー、秘密主義、自給自足、縄張り意識といった伝統的規範が維持され、社員が勤務後に連れ立って、あるいは他の会社の人間と出かけるようなことはほとんどなかった。ルート128の「自身の力で成功する」哲学が、シリコンバレーと比較したときの業績の貧弱さの大きな原因であるということを、この二つのハイテクセンターの比較研究が示している。

——ロバート・D・パットナム
(『孤独なボウリング』柴内康文訳　柏書房)

企業間信頼が取引コストを低減する

グローバル化、スピード化、複雑化する競争環境の中で、他社を圧倒するイノベーションの実現は日々困難になっている。IBM調査において自社単独でイノベーションを実行できると考えているCEOはわずか4%にすぎず、多くの企業が外部パートナーとの戦略的連携を目論むようになってきた。パートナーとのコラボレーションは、同業種が提携して規模の経済を企てる「水平統合」と、小売業、卸売業、製造業、物流業といった企業群が提携して価値創造の最適化を狙う「垂直統合」の2つに分類される。水平統合は比較的シンプルで、買収や資本提携により促進されることが多いが、これから特に注目されるのは、垂直統合による価値創造の全体最適化だろう。

コンビニエンスストア、宅配便、ビデオレンタル、文具の通販サービス、製販統合型アパレル業（SPA）などは、それぞれの業界を席巻した企業間協業によるイノベーションだ。例えばコンビニは、「生活必需品をいつでもどこでも手に入れたい」という生活者の需要が基点となったサービスモデルだ。その実現には極めて多数の小規模店舗を広域に展開する必要があり、そこから個人でもはじめられるフランチャイズ方式が採用された。また狭い店舗を有効活用するためには商品回転率が鍵を握る。そのためにPOSを導入し、売れ筋を絞り込んで速やかに商品を補充する物流能力を高めた。この生命線を支えるために、コンビニ事業者は製造業や卸売業、物流業と緊密に連携し、業界を超えた垂直統合の情報システムを構築していく。最大手セブン－イレブンは、1980年には約40万円だった店舗あたりの1日の売上高を約68万円にまで引き上げて、第2位のローソンと約12万円、第3位のファミリーマートと約14万円と大きく差をつけている。これこそ、垂直型の企業間統合、サプライチェーン統合によるビジネスシステムの威力と言えるだろう。

垂直統合による戦略提携には、コンビニ産業のように小売業が主導するタイプと、自動車産業や化粧品産業のように製造業が主導するタイプがある。いずれもモノの流れと情報の流れをバリューチェーン全体で最適化する必要があり、企業間の緊密な連携が成否の鍵を握る。そこでは、経済的な合理性や戦略的な整合性のみならず、ブランド哲学や社内風土といった文化的相性も十分に考慮されるべきだ。企業間の信頼関係をどう醸成していくか、緊密な提携を実現するために大切なポイントとなるだろう。

信頼関係は、経済的に見ても双方の取引コストを下げるために重要だ。政治学者ロバート・パットナムは、イタリアの北部と南部での統治効果の調査を通じて、ソーシャル・キャピタル（社会関係資本）の重要性を説いた。ソーシャル・キャピタルとは「人々の協調行動を活発にすることによって、社会の効率性を高めることのできる信頼、規範、ネットワークといった社会的仕組みの特徴」を指している。世界銀行のステファン・ナックとフィリップ・キーファーは、29カ国に及ぶアンケート調査において、各国の１９８０年から１９９２年にかけての経済成長と対人信頼度に正の相関があることを発見した。信頼関係は、双方の監視コストや訴訟コストを軽減するのみならず、取引に関与している社員の意欲も引き出す効果がある。それらが要因となり、経済的なコストを下げ、業務の効率を高めるのだ。

これまでのサプライチェーン理論においては、物流と情報の全体最適化という物理的側面に焦点があてられていたが、実際に企業を構成しているのは人間であり、企業間提携には経営者同士の信頼関係と現場社員同士の信頼関係が欠かせない。社員間のコミュニケーション、コラボレーションを促進するために、バリューチェーン間でクローズされたソーシャルメディアの活用も注目されるだろう。次節以降では、パートナーとの緊密な提携を通じてイノベーションを創り出している企業の事例としてイケアとパタゴニアを、またインターネットを活用し顧客や外部技術者にまで協業を広げて価値を創造する事例としてP&Gを、さらに社会的生態系全体によるコラボレーションの事例としてITCを取り上げ、それぞれのエッセンスを概観してみたい。

世界を超えて家族的につながるパートナーとのコラボレーション
——イケア・インターナショナル

1943年に創業されたイケアは、世界44の国と地域にサービスを展開する、スウェーデンが誇る世界トップクラスの家具小売企業だ。地域の生活者の好みにあわせて絞り込んだ品揃え、世界各地のサプライヤーとの提携、大型店舗の郊外立地など、独自性の強い戦略が堅実な成長を支えてきた。販売するのは、エレガントでありながらシンプルな特徴を持つ組み立て式の家具だ。イケアは販売対象を「出費を浮かせるためなら多少の作業は自分でする」という顧客層に絞り込み、そのニーズを実現するためのローコスト施策を複合的に組み合わせている。例えば、郊外の広い駐車場つき大型店舗は顧客の商品持ち帰りによる配達コストの削減を、箱詰めの商品パッケージは運送や保管、組み立てコストの削減を、製品ラインの標準化はサプライヤーとの取引コストの削減を実現する。これらの要素が相互に連携し、イケアにコストと価格の低減による優位性をもたらしているのだ。

草創期、イケアの急成長を恐れたスウェーデンの競合他社は、家具メーカーに同社との取引を中止するよう圧力をかけたため、イケアに経営危機が訪れた。その時、同社がとった手段は、海外のサプライヤーと緊密な提携関係を結ぶことだった。時間をかけて、材料から設計、生産、さらにはコストとの利幅までコントロールする提携体制を確立し、逆にそれが競争優位を生み出す切り札となったのだ。今や、同社は世界53カ国、1000社を超えるサプライヤーと提携しており、それが「イケアらしい」シンプルで良質な家具をロープライスで提供するための秘密兵器となっている。

イケアでは、単発的な取引の最大化を図るのではなく、パートナーとの長期にわたる緊密なWin-Win関係を追求している。特に景気低迷時にも信頼関係を持って支え合うために、誠実でオープンな態度、そして迅速な対応と厚遇を怠らない。例えば同社は、業界慣例（3～4カ月の支払いサイトと3％の割引など）を覆し、10日以内という支払い条件を提示した。またサプライヤーがイケアの水準を満たす製品を生産するための投資や訓練も惜しまずに提供した。パートナーに対して金融機関や教育機関のサービスまで提供し、強固な信頼関係を築いていったのだ。この考え方は顧客に対しても同様だ。大口得意先のために専用の工場と物流インフラを構築するなど、顧客との関係性を築くために大胆に投資することを厭わない。同社の株式は非公開で、同族によるミッション経営を遵守していることもその一因だろう。

イケアの創業者であるイングヴァル・カンプラードは「良い資本主義」を追求していく志を以下のように述べている。「イケアは、他社を倒そうとは考えず、ともに発展していきたかった……後発国の工場に乗り込んで全てを買い占めて――自転車用のカゴを一万個とか――さっさと引き揚げるような資本主義者たちは、唾棄すべき存在だと思っている。そこで引き揚げないのが私たちのやり方だ。つまり関係を築き上げて、こちらの知識を与え、長期契約を結び、予定どおりの納期と品質と環境保護の重要性を伝える。私たちはポーランド、ユーゴスラビア、ハンガリー、チェコでそうしたし、台湾、タイ、ベトナム、中国でもそうしようとしている」(ダニー・ミラー、イザベル・ル・ブルトン＝ミラー『同族経営はなぜ強いのか?』ランダムハウス講談社)。

カンプラードは、マネージャークラスの社員を頻繁に自宅での夕食に招き、彼らの声に耳を傾ける。「この会社は家で、社員は家族だ。会社をよくするために意見を言うことは、社員の権利ではなく義務だ」というのが彼の哲学だ。同社では彼の「家具会社の心得」の精神が隅々にまで浸透する。「連帯感と情熱」をキーとして「イケア主義と官僚主義」「失敗への不安」「やり方を変えるということ」「仲間意識と熱意」「シンプルさ」といったイケア・ウェイが詰まっており、同社独特の社風を形成するための礎の役割を担う。80歳を超えた今でも週に数店舗を見て回るというカンプラードは、ブランドの体現者として「イケアのコンセプト」を今に伝える役割を果たしている。

使命を共有する厳選されたパートナーとのコラボレーション――パタゴニア

1965年に創業されたパタゴニアはさまざまなアウトドア用品やスポーツ用品を扱うメーカーで、世界で最も理念を大切にする企業の一社と言えるだろう。創業者イヴォン・シュイナードは自身の著書『社員をサーフィンに行かせよう』(東洋経済新報社)において、その独特の経営哲学を披露している。実際にパタゴニアはサーフィンができる海岸に近い場所にオフィスを置き、社員はよい波が来たらいつでもサーフィンに行ってよいのだ。サーフィンはひとつの例だが、この考え方こそ同社が社員を信じ、社員に対して性善説で接している姿勢のあらわれと言えるだろう。同社は理念を規則ではなく指針としており、社内のあらゆる部門、すべてのスタッフに浸透させている。その目的は、社員がボスの命令ではなく理念にしたがって正しい判断ができるようにすることだ。絶え間なく変化する経済環境の中で、理念こそただ一つの頼りにできる道標だとシュイナードは考えている。

製品デザインの理念は、「最高の製品をつくり、環境に与える不必要な悪影響を最小限に抑える」ことだ。大ヒットした同社製の金属製登山用具が、実は美しい岩壁を傷つけはじめたことを知ったシュイナードは、鋼のピトンの製造を中止して、ハンマーを使わずに岩に押し込んだり抜いたりできるアルミのチョック（くさび）を開発する。衣類の材料である綿畑の生産場から汚染水が出ていることを知った彼は、コストの高い有機栽培による綿花に切り替えた。環境保護への想いも一途だが、製品品質への妥協も一切ない。環境に優しい世界最高の商品をつくることに徹底的にこだわっているのだ。

そんな彼らの製造に対する理念は、「製造工程に関わるパートナーと長期的な信頼関係を築く」ことだ。パタゴニアは紡績工場も縫製工場も持っていない。最高の製品を生産するためには、パートナーとの相互献身を実現する必要があり、それに対して多大なるエネルギーを費やしている。一般的な企業では、リスク分散のために特定企業への依存を避ける傾向にあるが、パタゴニアの場合は逆だ。厳選したパートナーと長期的な信頼関係を築く方針をとっている。パートナーとの意思疎通は自社部門内と同じぐらい緊密に行う。提携責任者となる社員はあらゆる面でパタゴニアの代表となり、製品の品質基準、環境的および社会的な懸念事項、ビジネス倫理、さらにはアウトドア企業としてのイメージまでパートナーと徹底的に共有する。同社にとってパートナーはエコシステムの一部であり、階層の上下や社内外の区別なく、参加している誰しもが、エコシステム全体の健全性に重要な役割を担っているのだ。

パートナーとの長期的な関係性を構築するために、経営者と社員の労使関係の健全性も提携先選定の重要な基準としている。提携前には工場社員と直接面談し、また地域住民から工場の雇用歴が望ましいかどうかまで確かめるという。同社は公正労働協会の一員でさまざまな人事ノウハウを持つが、必要に応じてパートナーの人事労務管理責任者にも積極的に提供する。エコシステムに関係するすべての人々にパタゴニアの理念が浸透し、製品のサプライチェーンが一体化して作用するよう、最善の努力を続けているのだ。

彼らがビジネスにおいて最も大切にしている使命は「地球を守ること」。それを売り上げや利益を含むすべてのことに優先させている。本社オフィスは築100年にもなる産業用建物を改装した。木々に囲まれ、部屋は古い堅木で内装され、剥き出しの梁からシダがぶら下がる。水平線に浮かぶチャネル諸島が窓からのぞき、オフィス内の託児施設から子どもの笑い声が聞こえる。「もし三年で株式公開してお金に換え、どっかに行ってしまうつもりなら、こんなものは創らないですよね。実際、私たちはまさにこの会社が、今から100年後もここに存在するように行動しているんですよ」（M・チクセントミハイ『フロー体験とグッドビジネス』世界思想社）。シュイナードの言葉は、常に一貫しており、揺らぐことがない。

顧客や技術者とのオープンなコラボレーション――P&G

P&Gこと、ザ・プロクター・アンド・ギャンブル・カンパニーは、1837年創業と170年を超す長寿企業で、時価総額でも20位にランクされる世界最大の家庭用品メーカーだ。世界180カ国で1日44億回も商品が使用されるというこの巨大企業は、パンパース、アリエール、ファブリーズ、ジレット、パンテーン、ウエラ、SK-Ⅱ、ブラウン、アイムスなど数多くの製品ブランドを持つ企業としても知られている。そして同社は、生活者や社外技術者など個人単位で多くのパートナーとつながっており、それが競争優位の源泉となっている。

きっかけとなったのは、2000年に同社を襲った深刻な経営危機、その中でCEOとなったアラン・ラフリーの戦略だった。彼は「消費者がボス」というスローガンを掲げ、「顧客理解」を経営のすべての原点にすると宣言。技術に偏重していた当時の同社を大転換させ、7年間で売上高2倍、純利益3倍という大躍進を実現した。特に商品開発においては、生活者が望むことを叶えるアイデア・イノベーションを実現するとの方針のもと、生活者のコミュニティや技術者のクラウドソーシング（不特定多数の第三者に業務を委託すること）を徹底的に活用した。

例えば、少女、主婦などのセグメントごとに特色を持った独自のオンライン・コミュニティを運用し、生活者との関係性を構築し、彼らへの理解を深めていった。ビーイング・ガールは少女を対象とするコミュニティで、21カ国に展開し、彼女たちの会話の分析から深層心理を探求した。パンパースは幼児を持つ母親を対象とするコミュニティで、妊娠や子育て情報、また交流の場も提供し、彼女たちの潜在ニーズを深く探った。ボーカルポイントは30〜49歳の母親層60万人のコミュニティで、10人に1人の狭き門をくぐったクチコミを持つパワーママが集う。『ビジネスウィーク』が、「米国で最も影響力を持つ買い物グループ」と評価したほどの強力なオンライン組織だ。

他方、R&D部門は全世界に点在する技術者とのコラボレーションを促進する「コネクト&デベロップ」を掲げて画期的な成果をあげている。ネットワークはクローズとオープンの2種類がある。原材料を購入するパートナー企業のR&Dスタッフ5万人を会員とした「サプライヤー・ネットワーク」と、大学や研究機関、個人技術者を対象とする「オープン・ネットワーク」だ。公募するのは「すぐに実用化できる技術」「すぐに生産がはじめられる技術」「すぐに実用化できるパッケージ形態」「すでに市場導入されている製品」の4分野だ。プロフェッショナルを対象としているため、高額の成功報酬を設定している。この「コネクト&デベロップ」は、米国の他に、日本、中国、インド、西欧、中南米に拠点を持ち、世界中の新技術やイノベーションを先取りするために75名を超す社員が担当エリアの技術発掘にあたる。この結果、R&D部門の企業風土は激変し、技術革新アイデアの約半分は社外調達されるようになった。開発コストは半減する一方で開発生産性は60%向上した。新製品の成功率にいたっては、業界平均30%に対して80%という画期的な成果をあげることとなったのだ。

この事例のみならず、多くの企業が、ソーシャルメディアを通じて生活者の協力を仰ぎ、自社バリューチェーンへの積極関与を促すようになってきた。商品開発のためのアイデアを提供いただく。良い商品だと友人に推薦していただく。使い方がわからない初心者を支援していただく。コネクテッド・エコノミーにおいて、生活者参加型の価値創造をできない企業は競争から取り残される可能性がある。このようなソーシャルメディアを活用した新しいバリューチェーンのあり方については、前著『ソーシャルシフト』において「コラボレイティブ・バリューチェーン」の章を設けて、40社以上の事例をあげて考察している。興味のある方は、ぜひそちらも参考にしてほしい。

社会生態系を形成する大規模なコラボレーション——ITC

ITCは1910年に創業されたインドの国営タバコ製造会社だ。1974年の民営化以降は経営の多角化が進み、現在では、日用消費財の製造、ホテル経営、梱包材・紙製品製造、農産物事業の4つを基軸に、インドを代表するコングロマリットとして成長している。その中で、農業関連部門が2000年に開始した「eチョーパル」というプログラムが世界的に注目されている。「チョーパル」とはヒンディー語で「集会所」を意味する言葉で、インド農民を対象とした農産物調達ネットワークだ。ITCのビジネスは、インド農民から農産物を買い取って世界に輸出することと、農民に農機具や肥料、さらには消費財や医療用品、果ては金融サービスまでを提供すること。つまり、インド農民は同社にとって大切なサプライヤーでもあり、顧客でもあるわけだ。そんな中、eチョーパルは、農民を3つの参加型プラットフォームで結び、彼らにさまざまな利便性を提供している。

第1の参加型プラットフォームは、村から歩いて行ける範囲に設置した「キオスク」だ。キオスクはITCで訓練を受けたサンチャラクと呼ばれる地元の農民が管理している集会場所で、農業関連の貴重な情報、例えば天気予報、農作物の価格、農業関連のニュース、農法や土壌などに関するノウハウなどを入手できるほか、農業専門家と相談する窓口を提供する。農民同士が話し合える場にもなっているという。またITCは160社以上のパートナーと提携し、種、肥料、トラクターから保険、さらには医療や教育サービスまで多様な農業関連の商品サービスを提供する。まさに農民にとって大切な生活拠点となっているのだ。管理人であるサンチャラクの人々は、自らが担当する地域の住民を誰一人差別することなく、村民の利益に最大限貢献することに誓いを立てる。そして収入の一部を地域福祉に役立てるという社会契約を結ぶため、生活改善の支援をする人物として農民から広く信頼されている。ITCはこのキオスクを2013年までに2万カ所、利用する農民を1000万人まで拡大する目標を掲げている。

第2の参加型プラットフォームは、村から30キロほどのところにある施設で、キヨスク40～50戸につき1つの割合で配置している。この施設は、インドの悪名高い市場「マンディ」の代替となり、公正な取引と品質管理、即金払いのシステムを取り入れた市場機能を提供する。また「チョーパル・サーガー」という大規模な小売店を設け、農業製品から消費財にいたるまで幅広く商品を販売する。これらのシステムにより、農民の収入と利便性は大幅に向上し、地元農民にとって切っても切れない生活の一部となっている。

第3の参加型プラットフォームは、インド農村市場の開拓に熱心な企業で構成されたサプライヤー・ネットワークだ。ITCは多くのサプライヤーを取りまとめるとともに、その規模を利用して仕入れコストの低減にも貢献している。例えば、農業用品に関してITCが購入希望者を募り、ネットワーク内の製造業者と直接交渉し、製品価格を引き下げる支援をしてくれる。このような仲介役をすることで、ITCはインド各地域の農民、農業用品のサプライヤー、政府の研究センター、NGOで構成された新たな社会的生態系をつくり上げることとなった。

eチョーパルは、ITCの収益にも直接的に貢献している。コスト面では、農産物の調達効率が劇的に改善された。また政府の委託を受けた市場「マンディ」における各種経費が不要となり、取引コストが約3割も削減された。直接仕入れにより調達原料の品質も大幅に高まり、高品質の製品を世界に販売できるようになった。eチョーパルで農民向けに商品を販売しているサプライヤーからの手数料収入も加わった。さらに、顧客に対してさまざまなオプションサービス——ロットサイズ、梱包、納入場所、保管、品質分類、クレジット条件などを提供し、収益基盤を拡大することに成功した。結果的に、eチョーパルの導入後、同社の利益は5倍に成長した。

同社にとって、人々が農村から都会に移らず、農村そのものが繁栄することが重要だ。そのために、農村生活を支えるさらなる試みにも余念がない。例えば収穫の量と質を向上させるために実験農場を設置。サンチャラクに選ばれた農民のリーダーが中心となって、新たな生産技術や収穫技術を実践し、イベントを催し、成功事例をコミュニティに紹介する。この実験農場は、零細農業をビジネスに進化させ、今や「農業起業家を育てる拠点」となっている。またITCでは職業安定所を創設し、農業だけでは家族を養えない人々に職業を紹介しはじめた。地元の働き手の需要と供給を結びつけ、農家の生活向上を支援するためだ。このように、ITCはインド農業をベースとして、関係する多様な企業や人々を結びつけるプラットフォームとなり、すべての関係者の課題を解決することで、相互に価値を創造し合うエコシステムを創り上げたのだ。

クリエイティング・シェアド・バリュー（社会との共通価値の創造）

『競争の戦略』（ダイヤモンド社）の著者であるマイケル・ポーターは、社会問題が増加の一途をたどる中で、その解決者として政府より企業の力が高まっているとし、企業価値と社会価値を両立させる経営フレームワーク「Creating Shared Value（CSV）＝社会との共通価値の創造」を提唱した。その中で、彼はCSVにおける3つの方向性を提示している。①社会課題を解決する製品やサービスを提供すること、②バリューチェーンの生産性を再定義して社会的価値を創造すること、③地域社会を支援する価値創造ネットワークをつくることだ。

これまで、企業は行き過ぎた資本主義の中で、消費者に製品を買わせることに没頭し、利益獲得に走り、株主に成果を献上し続けた。多くの企業は、存在する地域コミュニティが潜在的に持っているニーズに関心を持たず、利益追求のためにグローバル化をすすめ、地球環境を破壊し続けた。人件費の低い国に生産拠点を移し、地域社会との関係性は日々薄まっていく。そして企業の評判を維持するために、CSR活動を必要経費と捉えて控えめに推進してきた。

一方で、短期的なコスト至上主義を疑問視する動きも盛んになる。各国に分散された生産システムに関連するコスト、遠距離調達の隠れたコスト、技術やノウハウが漏洩する危険性などが認識されはじめたのだ。例えば、英国小売企業マークス・アンド・スペンサーは南半球で購入したものを北半球に輸送することをやめるなどのサプライチェーン見直しで、年間200億円以上のコスト削減と大幅な二酸化炭素排出量削減に成功している。米国小売企業ウォルマートは、倉庫に近い地元農家からの調達を増やしている。輸送コストを削減し、小ロット補充を可能とすることで、遠方の工業農場から購入するよりコストを低減できることがわかったからだ。

地域社会のニーズを的確に捉え、地域社会とともに共存共栄で成長するITCのビジネススタイルや、彼らが形成したエコシステムは、まさにポーターの掲げるCSVの実践に他ならない。取引先や顧客を搾取の対象と考えるのではなく、彼らとともに価値を創造し、関係者すべての人々に貢献するプラットフォームとなること。企業はそんな社会的存在となることを求められており、CSVへの本格的な取り組みこそが、新しい時代において、「生活者に選ばれる企業」となる根幹になるはずだ。

信頼できるパートナーと、特に地域コミュニティに根づくパートナーとのコラボレーションを深める。そして、社会のニーズに真摯に耳を傾け、社会に貢献するイノベーションをパートナーとともに実現していく。ポーターの提唱する「社会的価値を創造することで経済的価値を創出する」という考え方は「三方よし」、すなわち長寿性を誇る日本的経営の原点にも通じるものだ。今や、生活者は、企業の社会貢献姿勢が見せかけなのか、本物なのかを見抜くようになっている。そしてソーシャルメディアや購買行動を通じて、社会に貢献する企業に投票する。企業が持続的に成長するために、ソーシャルシフトの3基軸、「三方よし」の考え方は必要不可欠な条件となっていくはずだ。

COLUMN 6

Webやソーシャルメディアでのブランド体験
――ウォルマート、ベストバイ

ネガティブ事例――ウォルマート

2005年12月、ウォルマーケティング・アクロス・アメリカという旅行ブログがスタートした。SUVでウォルマートに立ち寄りながら米国横断ドライブをするカップルのブログ、実はPR会社エデルマンが仕掛けたステルス・マーケティングだった。発覚したのは翌年10月、消費者団体ウォルマート・ウォッチにより、彼らが雇われていること、プロファイルも事実と異なることが告発される。このやらせブログ事件をマスメディアが大きく取り上げ、ソーシャルメディアで大炎上する。続いて同社は2006年7月、当時最大のSNSだったマイスペースを模倣して、独自のSNS「ザ・ハブ」を開始。しかしながらサイト内で俳優やモデルがウォルマートの宣伝を連呼したために利用者の反感を買い、わずか10週間で閉鎖となった。さらに2007年11月にはフェイスブックページを開設、新学期に備えた学生向け商品の売り込みを行う。しかし、それまでのトラブルに加え、同社が長年にわたって批判されていた労働問題に関するコメントが投稿され、フェイスブックでは珍しい炎上となった。同社は度重なる失敗からソーシャルメディアの本質をようやく理解し、現在はフェイスブックやツイッターを無難に運用するにいたっている。

ポジティブ事例――ベストバイ

2009年7月、世界最大規模の家電販売チェーンであるベストバイは、顧客サポートを目的とするツイッターサービス「トウェルプフォース」を開始した。顧客の質問に社員2500名の誰かがツイッターで回答するという大規模な顧客サービスだ。また質問内容を集約し、質問ごとの回答をまとめて閲覧できるサイトも用意されている。責任部門として運用するのはギークスクワットだ。24時間365日、コンピュータや家電、ゲーム機などの修理や導入を行う専門部隊であり、メンバーは主に店舗に所属する専門知識や経験を持った優秀な選抜社員で構成されている。例えば、「『ブレイド』3部作を見るのに最適なテレビはどれ？」という質問に対してこんな回答が返信された。「ブレイドシリーズを見るにあたっては、いくつかのポイントがあります。（1）アクションが多いので、ウェズリー・スナイプスの動きについていけるＨＤＴＶをお勧めします。つまり、リフレッシュレート〔フレーム更新速度〕がそれなりに速いもの、ということです。（2）吸血鬼がたくさん出てきます。ということは、夜のシーン、荒涼とした暗い色が多いということです。陰の部分は暗く、血が真っ赤に映えるものがいいでしょう。ですから、色が鮮明で、コントラストがしっかりしたものがいいと思います。そうしたことを全部考えると、プラズマＨＤＴＶがお勧めです。（中略）サムスンとパナソニックにはあなたにぴったりの製品がいくつかあります」（ジェフ・ジャービス『パブリック』ＮＨＫ出版）。社員も具体的な回答を楽しんで投稿しているという。このトウェルプフォース効果により、顧客クレームは1年で20％減少した。その新規性と成果により、トウェルプフォースは2010年のカンヌ国際広告祭でグランプリを受賞。ソーシャルメディアを活用した顧客サポートが広告賞を獲得したことで話題となった。

ウォルマートは、従来の広告宣伝手法をそのまま新しいWebやソーシャルメディアの世界に持ち込み、隠蔽や過度の宣伝工作を試みたため、炎上の連鎖を起こしてしまった。生活者の言動はコントロール不可能であり、隠蔽は必ず白日のもとに晒される。そんな覚悟で臨むことが肝要だろう。人の疑いを招くようなことはしない。嫌疑をかけられるようなことはしない。常に誠実に振る舞う。生活者をリスペクトした言動が極めて大切なのだ。九州電力やらせメール事件においては、中部電力、四国電力、北海道電力において同様のやらせがあった事が発覚した。北海道電力にいたっては、九州電力事件から11年も遡った出来事だった。一度不正が発覚すると、同業者も含め、過去に遡って関連した問題を暴かれることになる。そして、ひとたびブランドが失墜すると、その挽回には数倍、数十倍もの労力が必要となる。その点、トウェルプフォースは店頭と同じく社員を信頼し、人間味を持って誠実に生活者と向き合い、対話を通じて貢献に努めた。見事なソーシャルメディアの活用方法と言えるだろう。ただしこのような高度な顧客サポートを実現するためには運用ガイドラインとツールが必要になる。それにも増して、社員のモラルやスキルが高いことが前提となる点に注意したい。

第7章

日本が誇る三方よしの経営

商売や生産は、その商店や工場を繁栄させるのではなく、その活動によって社会を富ましめるところにある。

——松下幸之助

（PHP研究所編『松下幸之助の見方・考え方』PHP研究所）

日本的経営の原点、三方よし

幕藩体制が敷かれ、大名がそれぞれの領地を統治し、藩内の自給自足経済圏が形成されていた江戸時代において、近江商人は独特の存在感を持っていた。彼らは江戸や京都、大坂と異なり、地元に大きな商圏を持っていなかった。その代わり、津々浦々全国を行商してまわり、近江の名産を地方に売り、帰路は各地の名産を持ち帰って売る産物廻しという商法をとったのだ。北は北海道から南は薩摩にいたるまで、およそお天道さまの照るところならどこへでも出かけていく。そして彼らは、次第に流通業、製造業から金融業まで商いの幅を広げていった。「ラーメンから航空機まで」と言われた総合商社は日本のお家芸だが、それを地でいったのが近江商人なのだ。

全国を舞台にした近江商人の大配給網は、巧みな流通機構と合理的な商習慣によって支えられていた。支配人制度、多店舗展開、さらに一部の近江商人は複式簿記と同等の会計システムで経営管理を行った。全国各地の住民ニーズを緻密に吸い上げて配給する彼らの商品は、次第に江戸時代の生活にとっては欠かせぬ必需品となっていく。近江商人が他の商人と一線を画した存在感を持っているのは、時代時代の生活者への貢献があったからに他ならない。

自国を拠点としない彼らの商売には、常に追放のリスクが内包されていた。「三方よし」の原点と言われる中村治衛門宗岸の書置き、「他国へ行商するも、総て我事のみと思わず、その国一切の人を大切にして、私利をむさぼることなかれ、神仏のことは常に忘れざるよう致すべし」。この言葉こそ、彼らの商いへの姿勢を顕著にあらわした至言と言える。

Ｗｉｎ－Ｗｉｎ、ＣＳＲ（Corporate Social Responsibility）、ＣＳＶ（Creating Shared Value）。近年になって注目されはじめた社会貢献の重要性が、江戸時代の価値観に見いだせるのは驚くべきことと言えるだろう。

近江商人を研究した足立政雄博士は、彼らの経営特質を次のようにまとめている。第1に正直正路、第2に倹約、第3に陰徳、第4に中庸、第5に遠慮近憂、第6に地方貢献、そして第7に三方よしだ。彼らの思想や遺伝子は全国に広がり、企業の持続性に大きく貢献する。近江商人を原点とする老舗企業は極めて多く、著名な大企業だけでも、伊藤忠商事、丸紅、トーメン、ニチメン（現、双日）などの商社、髙島屋、大丸（現、大丸松坂屋百貨店）、西武百貨店（現、そごう・西武）などの小売業、日清紡、東洋紡、東レなどの繊維化学企業、その他にも日本生命、西川産業、ワコール、武田薬品工業、平和堂など枚挙にいとまがない。

ソーシャルシフトの3基軸は、最新のテクノロジーを活用しながら、「社員」「顧客」「パートナー」のつながりを深めて、社会に対して持続的に貢献する企業像を目指すものだ。大量生産、大量販売により関係性が薄まっていた売り手と買い手。利益獲得を目的とし、社員や取引先を経営資源として扱う競争の戦略。おためごかしのごとき社会貢献への企業姿勢。ソーシャルメディアにより、生活者が力を持ちはじめた今、このような偏狭な資本主義は早晩通用しなくなるだろう。世界でも群を抜く長寿性を誇る日本企業、その原点とも言うべき「売り手よし、買い手よし、世間よし」の心は、ソーシャルシフトの3基軸と美しく整合し、我々の目指すべき方向性を示唆してくれる。この章においては、しばしテクノロジーの世界と離れ、この「三方よし」を実現する隠れた優良企業から、日本という風土に根ざした経営のあり方を探ってゆく。なお「三方よし」は三方のバランスがことさら重要だが、特徴のある点を捉えて「売り手よし」「買い手よし」「世間よし」の3項目に分類し、珠玉の8事例をご紹介したい。

売り手よし——社員エンパワーメント

日本にも社員を大切にしている企業はあまた存在している。ただし、ややもすると過度な家族主義に陥りがちで、個人の自由が犠牲になるケースが散見される。この節では、「価値観を共有し、社員の自律的な行動で価値を創造」している事例として、埼玉県の医療機関「川越胃腸病院」、福岡県のスーパー「ハローデイ」、京都府の計測機器メーカー「堀場製作所」を取り上げたい。

川越胃腸病院——何よりも人を大切に

病院経営の悪化が叫ばれて久しい。高額な医療機器、医師をはじめとする国家資格者の人件費、医療費の値下げ、回収不能債権の増大など複合的な要因が絡み合う。今や、7割以上の病院は赤字と言われ、閉鎖に追い込まれる病院も相次いでいる。さらに医療訴訟の増加や過酷な勤務実態なども重なり、日本の医療危機は深刻さを増す一方だ。

そんな中、ひときわ高いパフォーマンスを誇る医療機関がある。新規患者数を5年で1.6倍と伸ばし、2011年には日本経営品質賞中小規模部門賞を受賞した川越胃腸病院だ。同病院は「医療は究極のサービス業である」として、病院のあり方を追求してきた。経営理念は、「患者様の満足と幸せの追求」「集う人の幸せの追求」「病院の発展性と安定性の追求」である。患者に質の高いサービスを提供するためには、職員の満足を高めるような仕組みこそが最優先と考え、人づくりと職場の改善に努める稀有の病院と言ってよいだろう。

同病院では、業界では珍しい「医療サービス対応事務局」を設置し、患者へのきめ細かな対応を実現している。事務局のメンバーには役員も入れており、集められた患者の声や現場での問題をそのままにせず、病院の運営や戦略に反映しやすい仕組みをつくった。大切にしているのは、患者を正しく理解しようとする姿勢だ。それには、職員自らが「患者の声に耳を傾けたい」と心の底から思っていなければ絵に描いた餅になってしまう。

顧客満足は職員満足から。同病院は、職員の満足度向上に真摯に取り組んでいる。医師や看護師の絶対数が不足する医療機関において、劣悪な労働環境はしばしば社会問題として取り上げられているが、川越胃腸病院には「何よりも人を大切に尊重すること」というモットーがある。そのため、ベッド数40床に対して職員110人と、患者にも社員にも優しいゆとりある看護体制を敷いている。医療技術の質、サービスの質には徹底的にこだわる。大きさより質。それゆえ、規模の拡大を安易に目指すことはしない。また、同病院においては、患者はもちろん、医師も看護師も、そして事務員もそこに上下関係や優劣はない。職員はすべて同じユニフォームを着用し、対等な立場で働く、風通しのよい職場が実現されている。

組織づくりの目標としているのは、次の8点だ。

1. 共感……組織の理念と方針を全員が共有していること
2. 責任……権限と役割が明確になっていること
3. 評価……仕事を評価するシステムがあること
4. 参画……全員で協議し、決定する機会があること
5. 協調……チームワークとコミュニケーションがよいこと
6. 自由……オープンで明るい雰囲気があること
7. 成長……学びと成長の風土があること
8. 信頼……上司や経営者を信頼できること

患者は病気・怪我による痛み・苦しみ、自分の体に対する不安を抱えて来院する。同病院で

は、患者の多様なニーズに応えるため、応対の禁止事項を設けていない。そのため、各職員は患者の事情や感情に配慮し、自律的に判断、対応することができ、結果として数多くの感動ストーリーを生み出していく。がんの終末期を迎えて衰弱が進行し、ほとんど食べ物が口から入らなくなっていた高齢の女性患者が、ある日突然、「白いご飯が食べたい」とつぶやいた。それを耳にした担当看護師は、なんとか少しでも希望を叶えたい、それも彼女にとって最後になるかもしれないご飯なのだから給食ではなく一生心に残るものにしたいという想いから、「ご飯パーティ」を発案した。すると同僚たちも共鳴した。ある看護師は炊飯ジャーを持ち込み、別の看護師は実家からコシヒカリを取り寄せ、けんちん汁を病院でつくる。それに感激した患者の家族がうなぎや梅干を用意した。それまで吐き続けだった患者も、その時ばかりは美味しそうにご飯を食べ、家族との最期のひとときを穏やかに過ごしたという。

共有された価値観に基づき、職員が自律的に判断し、協働し合える。そんな環境をつくるために、同病院は人材採用から職員教育まで最善の努力を続けている。特に採用へのこだわりは強く、人選びは極めて慎重だ。学歴やスキルではなく、病院の理念に共感し、価値観を共有できる人かどうかを、採用試験の場でじっくりと見極めるのだ。待遇などの条件だけで仕事をする人は、経営者がどんなに心血を注いでも価値観を共有することはできないからだ。また、同病院では、定期的に顧客満足度、職員満足度を測定するとともに、「職員満足から顧客満足が向上するプロセス」を測定、評価している。

望月智行院長は、理念に託された想いを次のように語った。「成長よりも成熟が大切です。

小規模であっても社会的価値を創造し続けることができる病院として充実していくこと。この時代に生き残っていくためには、人が集う病院、人を引きつける病院、いわゆるマグネット・ホスピタルになっていくことが必要です。まずは職場としての魅力を備え、働く人たちが納得し成長できる環境を整えること。そして〝ここで働きたい〟と想う病院になること。病院の質は大きさでは決まりません。感謝と信頼をベースに、人間性を尊重した心豊かな医療サービスを実践することによって、小さくても信頼度ナンバーワンの病院を目指していきます」。

その言葉通り、同病院は患者満足度96・8％、職員満足度90％、離職率ほぼゼロ、開設以来の医療訴訟件数ゼロという目を見張る評価実績を誇る。こんな奇跡のような経営数値が、その理念の大切さを雄弁に物語っている。

ハローデイ――縁する人たちを幸せにする

正社員とパート社員の間に上下関係をつくらないことを重視し、全社をあげて取り組んでいる企業がある。福岡・熊本・山口の３県でスーパーマーケット40店舗を展開するハローデイだ。２０１１年度の売上高は前期比5.5％増の６１６億７９００万円。厳しいスーパー業界にあって、同社は長年にわたり、堅実な成長を続けている。その原動力になっているのは加治敬通社長が掲げる「縁する人たちを幸せにする！」という想いだ。利益を拡大する、規模を拡大するのではなく、会社とご縁のある方々に幸せを届けること。ハローデイというスーパーは、明確にそれを使命と位置づけている。

社員数約3000人のうち正社員は約900人。残り2100人ほどのパート社員の方々を、同社では敬意を込めて「パートナー」と呼ぶ。社員は事あるごとにパートナーを宴会やバス旅行などのイベントで歓待し、親睦を深める努力を欠かさない。お客様に感動をご提供するには内側から、ともに働く人たち自身が、お互いを尊重し合い、協力し合い、楽しく、感動のある日々を過ごしてもらうことだ。同社では、「お疲れ様」という挨拶の代わりに、「お元気様です」と声をかけ合う。そこには元気にがんばりましょうという意味が込められている。

ハローデイは、日本一視察が多いともいわれる優良企業だ。しかし20年前、同社は多額の借金を抱え、倒産寸前の危機にあった。最大の要因は事業の多角化と上場計画だ。同社はひたすら事業を拡大し、数字をつくることに没頭していた。しかしながら社内の空気は悪化し、シナリオは脆くも崩れ去る。瀬戸際に立たされた経営陣は、商いの原点を見失っていたことに気づき、舵を取り直した。新たに掲げられた経営目標は、「ハローデイを日本一働きたいスーパーにする」こと。このインサイドから幸せを創造する変革で、同社は19期連続の増収増益を達成することになる。

ハローデイを愛する社員は、お客様に楽しんでいただくことに情熱を注ぐ。店内には、アミューズメントパークさながらの装飾が施され、お客様をおもてなししている。巨大なマスコットが陳列スペースに鎮座したり、天井からぶら下がったり。通路からしてまっすぐではなくジグザグなのだ。人間の行動心理に基づく動線づくりとも言われている。陳列でも目に楽しい演出が目白押しだ。商品がレンガの上に並び、後ろからブルーライトで照らされる。生鮮食品は切り口断面を見やすくし、美味しさの演出を心がける。驚きだけで終わらず、手に取っていただき、買い物カゴに入れてもらえるよう、常に試行錯誤を繰り返す。ハローデイは圧倒的な安さを誇っているわけではない。価格ではなく楽しさでお客様を惹きつける。同じものを同じ値段で買うのなら、ハローデイに行こうと思わせる魅力があるのだ。

楽しませるのはお客様やパートナーだけではない。取引先をもてなすことも忘れない。同社では本社のことを「サービスセンター」と呼ぶ。「同じ視点で現場に貢献する」という意味合いからだ。そのサービスセンター内に設けられた取引先をお通しする待合室の壁には、取引先への感謝のメッセージが何枚もぎっしりと貼り付けられている。感謝の気持ちと姿勢が込められた一枚一枚から、ハローデイという企業で働く一人ひとりに「縁する人」を大切にする姿勢が根づいていることが感じ取れる。商談に訪れた人は、それが自分に向けられたものでなくても、あたたかい気持ちになるにちがいない。

こうした演出はすべて社員のアイデアだ。一人ひとりが知恵を絞る文化が醸成されている。今では、加治社長の定期的な店舗訪問が、社員による新アイデア発表会となっている。提案されるのは陳列など見せ方の工夫だけでなく、新商品のアイデアや店で扱う商品の新しい食べ方や飲み方など多岐にわたる。アイデアが評価されたり採用されたりすること以前に、この発表会そのものが楽しくて、毎回必死にアイデアをひねり出す社員も多いという。

さらに年に一度、社員の85%が参加する「感動フォーラム」というイベントを開催。各店舗からの発表や、お客様に感動を提供した社員を表彰する「ヒーロー賞」の授賞式、店舗対抗歌合戦などが繰り広げられる。やりすぎと思えるほど真剣に、社員が楽しく働ける仕組みを考える。そんな情熱がハローデイという会社を支えているのだ。

堀場製作所――おもしろおかしく

京都市に本社を置く独立系、東証一部上場メーカーの堀場製作所は、1953年の創業以来、計測機器の総合メーカーとして多彩な製品を生み出してきた。自動車、半導体、医療、エネルギー、鉄鋼、食品、バイオ、化学まで多岐にわたり、特にエンジン排ガス測定・分析装置分野では世界市場でシェア80%を誇っている。社員数5500人、売上高は連結決算で1230億円。京都でも有数の優良企業だ。

創業者の堀場雅夫氏は「お疲れ様」「ご苦労様」という日常挨拶が好きではない。疲れてこそ仕事、苦労してこそ仕事、そうでなければちゃんと仕事をしていないという通念が、日本では当たり前のように続いてきた。堀場氏は古くからのそんな考え方を否定する、いわば生粋のイノベーターだ。楽しくない仕事に専心などできるはずなどない。楽しく働いて、一人ひとりの人生をエキサイティングで実り多いものにしてほしい。そんな想いが「おもしろおかしく」という社是を生んだ。もとより仕事は面白いことばかりではない。いやな仕事でもいかに工夫して楽しむか。仕事に楽しんで取り組む姿勢があれば、きっといい仕事ができるはずだ。

社是を「おもしろおかしく」にしたいと提案した際、悪ふざけが過ぎると社内から強い反発があったが、堀場氏はいっこうにひるまなかった。いたって真面目に、「おもしろおかしく」

を徹底的に追求し続ける。堀場氏の言う「おもしろおかしく」とはいい加減にするということではなく、むしろ反対だ。仕事でも遊びでも何事にも一生懸命打ち込めば充実感が得られる、ということだ。製品だけでなくすべての仕事で最高の品質を追求する厳しい面を持つが、会社を運命共同体と称しコミュニケーションも大切にする。毎月、社員の誕生会を催し、この世に生を受けたことを祝い合う。年末の恒例行事「大忘年会」は、テレビ中継システムで工場やグループ会社など20カ所以上をつなぐ大がかりなものだ。仕事の楽しさの追求は、個性の尊重、創造性の発芽、さらにはポジティブ心理学でいう「フロー体験」に直結する。その結果、同社の製品はいずれの分野においても独創的で、世の中にないものを生み出そうという意思を感じる製品群となっている。

社員自らが意識改革を行い、業務効率を上げる。そんな意図で働きやすい環境づくりを提案する制度「ブラックジャック・プロジェクト」も1997年にスタートした。事業拡大や経費削減といったトップダウンの改善ではない。「どうすれば自分たちの仕事が円滑で効率的になり、おもしろおかしく仕事ができるか」という視点で、社員自らが問題を提起して行動する改善活動だ。ひとりの提案から案件ごとにチームが生まれる。多い時には500チームほどになることもあるという。工場の環境改善や業務フローの見直しといった社内改革から、休憩時間のリフレッシュ法といったフラッシュ・アイデアまで、内容の大小は問わない。まずは声を上げて、同じ問題意識を持つ社員らが話し合うことで、時に優れたアイデアが生まれる。活動の成果は定期的に全社員を集めた朝礼で紹介され、優秀な活動を行ったチームは、「ブラックジャック・

アワード・ワールドカップ」という世界大会に出場する。ただし表彰されても賞金は出ない。楽しく働ける環境を自らの力で実現したことがご褒美なのだ。

「仕事に遊び心を取り入れるなど不謹慎」という常識を打ち破った堀場氏の想いに、ついに時代は追いついてきた。ゲーム感覚を職場に取り入れるゲーミフィケーションの流れも活発化している。職場をオープンに、そして楽しく快適にすることこそ、創造性を高める最も有効な手段である、そんな志向が高まりつつある。

買い手よし——顧客エンゲージメントの革新

顧客を大切にするおもてなしの心は日本に根づく文化であり、日本企業の特徴と言ってもよいだろう。世界一厳しい消費者に育てられた日本企業は、そのサービスレベルにおいて世界でも群を抜いている。この節では、中でも個のレベルで顔の見える卓越した顧客サービスを提供している事例として、高知県のカーディーラー「ネッツトヨタ南国」、東京都の家電販売店「ヤマグチ」、京都府の仏具製造販売業「小堀」を取り上げたい。

ネッツトヨタ南国——おもてなし空間の創造

自動車業界を取り巻く環境は依然として厳しい。そんな中、綺羅、星のごとく輝くカーディーラーが高知にある。全国300社に及ぶトヨタ系ディーラーの中、12年連続で顧客満足度No.1、2002年には日本経営品質賞を受賞した伝説のカーディーラー、ネッツトヨタ南国だ。

自動車ディーラー業界はこの10年間で総売上高2割減、店舗数2割減。厳しさを増す経営環境の中で着実に売り上げを重ねるネッツトヨタ南国は、まさに異彩を放つ存在と言えるだろう。販売台数の落ち込みが業界を震撼させたリーマンショックの際にすら、同社は堅実に数字を伸ばしていた。全自動車のうち軽自動車が50%を超える高知において、県内3カ所の店舗には年間延べ10万人を超えるお客様が訪れる。

同社のショールームには、車がない。広々としたスペースに洒落たテーブルや椅子が並ぶ、まるでホテルのラウンジだ。週末には、店内で専任のスタッフが心を込めて料理した朝食を250円で提供する。飲食だけではない。雑貨ブティック、ネットカフェ、さらには子どもの遊び場や授乳室まで。女性トイレには新品のストッキングまで用意する心の配りようで、まさに近隣に住む方の憩いの場、交流の場を思わせる空間が演出されている。社員が企画したイベントや展示会も頻繁に開催される。スポーツ用品の展示即売会、ケーキバイキング、女性向け美容セミナー、子ども向け体験教室など、自動車とは関係のない趣旨のイベントも多い。

お客様の立場に立って、おもてなしの空間を創造する。それによってお客様の足は自然とショールームに向いてきた。カーディーラーは、購入後にそれほど頻繁に足を運ぶところではない。故障や事故など、困った時ぐらいで、車を買う時以外には、販売店との関係性を感じる生活者はほとんどいないのが実情だろう。しかし同社のお客様は違う。地元の人が年に何度も足を運ぶ。遊びに行ってみよう。あのスタッフに会いに行こう。そうして足を運んでくれたお客様に、すぐさま商談をするような無粋なことはしない。同社では「売らんがための営業」は一切しないのだ。飛び込み営業、訪問営業はもちろんのこと、新聞の折込みやチラシを撒くこともない。その代わり、試乗サービスの期間は十分に乗り心地や使い勝手、ライフスタイルとのマッチングを体感してもらえるよう破格の48時間とするなど、あくまでその視点はお客様にある。ザッポスと同様、営業人件費や広告宣伝費の代わりに、顧客サービスに丁寧に手間と時間とお金をかけて、地域の方に喜んでいただくことを旨としているのだ。

お客様個人を大切にする姿勢も徹底している。来店時のお客様の不安をどう取り除くか、現場スタッフが対話を繰り返しながら顧客対応システムを独自に開発した。お客様が来店すると、車のナンバーから顧客を識別し、入り口では女性スタッフが「こんにちは、斉藤様」と名前を呼んでくれるのだ。登録されている顧客情報は約3万件、顧客の名前や住所のみならず、何回目の来社か、前回は誰と来たか、どこへ座ったか、どんな新聞や雑誌を読んだか、どんな飲み物を注文したか、果てはコーヒーに砂糖とミルクはどのくらい入れるかまで。スタッフが知り得た情報が共有化され、心のこもったおもてなしの接客を生み出す原動力となっている。

徹底した顧客サービスの背景には、徹底して社員を大切にする企業の信念がある。同社の経営理念は「全社員を人生の勝利者にする」ことだ。20年前の学生向け会社案内パンフレットには、理想の職場づくりへの「社員の社員による社員のためのルール」が記載されており、その多くはすでに実現されている。また同社は人財育成への投資を惜しまない。採用コストや育成コストも同業界においては破格のレベルとなっている。10数回を超える会社訪問を経て、迎え入れた新入社員のオリエンテーションは45日間に及ぶ。そして、その最後を飾るのは4泊5日の「バリアフリーお遍路様の旅」だ。新入社員が視覚障がいのある方とペアとなり、四国八十八箇所霊場を案内して回る旅だ。多くの新人が、目の不自由な方とのふれあいの中から、相手の方が本当に求めているものは何かということを学び、涙しながら報告するという。

同社の信念を、横田英毅相談役はこう語っている。「私たちは車を売ることを目的としていません。より大切なことは、社員が幸せに働ける会社をつくることです。そうすればお客様にとっても、自然に満足度の高い会社になるのです。仕事や職場にやりがいを感じ、所属する組織に誇りと喜びを感じる社員は、お客様に心から喜んでもらえるサービスを提供しようと考え、行動するのが自然だからです。売上を伸ばすためのサービスは、本当のサービスではありません。会社とは、集まっているすべての社員の人間性が尊重され、やりがい、働きがいを感じ幸せになる場所であるべきです」。

ヤマグチ――遠くの親戚より、近くのヤマグチ

人口43万人の東京都町田市は、ヤマダ電機、ヨドバシカメラ、コジマなど、大手家電量販店がひしめき合う超激戦区だ。駅からバスで15分。店舗の床面積は、大手量販店よりもはるかに狭い。こうした極めて厳しい立地条件の中で、パナソニック特約店「でんかのヤマグチ」が大胆な改革に乗り出したのは、創業から30年の節目を過ぎた1997年のこと。「ヤマグチは安売りではなく高売りで行く」。山口勉社長の、悩みぬいた末の宣言からはじまった。

山口社長が着目したのは、量販店が「売りっぱなし」である点。社員を解雇することなく事

ネッツトヨタ南国の
「社員の社員による社員のためのルール」

1. 常に既成を破ろう
2. 組織図はつくらない
3. 安楽椅子はない
4. 重役を投票制で決めよう
5. 全員の経営参画
6. 多数決はしない
7. 売上を伸ばせとは言わない
8. 駐車場に線を引かない
9. 共に育つ「共育制度」
10. やる気のない人は幸せにできない

これらのルールは一例です。私たちは新しい発見に感動し、
成長する喜びを分かち合い、これからも創造性を大事にします。

業を継続していくために打ち出したのは、「顧客の削減」だった。ヤマグチの商品は量販店と比較すると何割も高く、品揃えでも太刀打ち不可能だ。薄利多売の路線ではもう勝ち目がない。定価に近い値段で売る分、サービスの質を徹底的に高めようという発想から生まれた作戦が、限定したお客様に対する徹底した顧客密着のおもてなしだった。山口社長は、ひとりの営業担当者がケアできる顧客数を500世帯程度と判断。過去5年間に1万円以上の購入履歴がない顧客や、法外な値引き要求があった顧客などを顧客データから消去した。3万件以上あった顧客データは、1万3000件ほどに絞り込まれ、さらに累計購入額などからお客様の種別を分類。最優良顧客だけに絞り込んで、かゆいところに手が届くサービスを提供しはじめたのだ。

ヤマグチにおける営業担当者の大切な仕事は「御用聞き」だ。山口社長いわく、お客様の「欲しい」という気持ちはある日突然起きる。昨日まで全く念頭になかったものが、ふとしたきっかけで突然欲しくなる。お客様の気持ちは揺れ動く。その中で、「欲しいと思った」瞬間のサインを見逃さないことが大切だという。日頃から信頼関係が築かれていれば、何かあった時にお客様は気軽に問い合わせてくれる。電化製品の調子が悪いと呼ばれることは当たり前。切れた電球の交換にも足を運ぶ。もちろん出張費はとらない。頼まれれば、録画予約の操作がわからない高齢者のために、予約のセットをしに行くこともある。ペットの餌やり、庭の水撒き、水まわりの修理、果ては部屋の模様替えの手伝いにいたるまで。こうしたサービスを同社では「裏サービス」と呼び、気軽に相談してもらえるよう名刺の裏を利用してPRする。そして、裏サービスの利用と電化製品の購入ははっきり相関があるという。

「御用聞き」と聞くと滅私奉公型の経営が思い浮かぶが、ヤマグチでは社員も大切にしている。社員一人ひとりは数値目標を持っているが、決して競争ばかりではなく、社内には助け合う雰囲気があるという。山口社長をはじめとする先輩が丁寧な指導をする家族経営だ。「でんかのヤマグチは 当店を利用していただく大切なお客様と お客様の為に働く社員のためにある」という経営理念にもある通り、目指しているのは、顧客にも社員にも愛される経営だ。

商売の原点に戻ることを忘れてはならないと山口社長は説く。「私たちは、実は昔ながらの商売をしているだけなんです。40年ほど前までは、お米屋さんや電器屋さんがご近所のお宅に御用聞きにうかがうのはごく普通のことでした。そして何げない会話を通して、お客様と緊密な関係が自然と築かれていました。非効率と思われるかもしれませんが、効率などむしろ悪い方がいいというのが私の考えです。誰かのためにしたことは、別の誰かからかもしれませんが、何らかの形で自分に返ってくるものです。見返りを期待することとは違います。誠心誠意サービスをしなければ、お客様に真心は伝わりません。だから、卵を買ってきてほしいと頼まれれば、お客様からいただいたチャンスと思い、私たちは飛んでいくのです」。

店舗で行われる数々のイベントも人気を博している。「カツオまつり」「だんしゃくまつり」など、その多くは食にちなんだものだ。そのたびにお客様には案内状が配布され、イベントを楽しむだけでなく、おみやげをお持ち帰りいただく。新規顧客開拓のための活動はほとんどしない。この徹底したサービスが、特に年齢の高いお客様から喜ばれ、「遠くの親戚より近くのヤマグチ」と言われるまでになった。家電の高機能化にともなう操作の複雑化、それに困っていた高齢者の需要を見事に捉えた結果だった。

カカクコムの「最安値」と比較すると、商品によっては2倍近いこともある。それでもお客様はヤマグチでの指名買いをしてくれる。御用聞き効果による売上高は全体の65％程度にのぼり、粗利率は38％と量販店の25％を圧倒する。社員40名で、年商12億円。金融危機による落ち込みもわずかで、高齢者を中心とする生涯顧客に支えられ、安定的な増益が続いている。

小堀——透明化による信頼の構築

仏教文化の中心地として栄えてきた京都には多数の寺院があり、それらを仏壇・仏具業界が支えている。京仏具は古くからの伝統技法で、本体を司る木地師、色をつけていく彩色師など、40もの専門職人の分業によってつくり上げられていく芸術品だ。材料も良質なものが厳選される。仏具の世界において、京仏具は最高品質のブランドであり、悪意を持った業者が偽りの京仏具を謳うことも少なくない。２００２年に起きた雪印食品による牛肉偽装事件以降、企業の偽装に対する生活者の意識は敏感になり、京仏具にも同様の厳しい目が向けられるようになった。

そんな中、真っ先に透明性に向けて断固たる対応をした企業がある。２００年もの間、営々と続いてきた京都の老舗企業、仏具製造販売業の小堀だ。職人が木地と呼ばれる白木を加工し、漆を塗り、箔を押す。神聖な工房にビデオカメラを設置し、これらの工程を公開。ネット経由で仏具を注文した人は、自分の発注した商品がどのようにつくられていくのか、なんと職人の作業する手元まで確認できるようにしたのだ。一般家庭からの注文はもちろんのこと、オープン化は重要顧客である寺院からも歓迎された。寄付をくださる壇家の方々への説明責任を果たせるからだ。

そして、同社はさらに透明化を一歩すすめる決意をする。注文客だけでなく、一般の方々も、工房内で職人の匠の技を見学できるようにサービスを広げたのだ。当初、職人らは技術の流出を懸念して公開に反対したが、現社長、当時専務だった小堀進氏が説得にあたり公開に踏み切る。そして結果は吉に出た。生活者から直接「見られている」という感覚が、職人の仕事に対する意識を大いに高め、「顧客本位とは何か」という商いの原点を想い出させたのだ。例えば工房内においては、製作途中の仏具やその部品を職人がまたいで渡るのが自発的に禁止された。神聖な仏具となって顧客に手渡される商品であり、仕掛品であってもそれをまたぐことは憚られると職人たちが感じはじめたからだ。

老舗がはじめた大胆な取り組みは話題となり、２００３年に30人だった工房の見学者数は、２００８年に１２００人を超えるまでになる。そして２００６年からは見学者の到着に先立ち、職人らが1時間前に見学者の情報を確認し、コミュニケーションの深め方を話し合う「感動ミーティング」を開始するようになった。これまで顧客接点がなかった職人たちが顧客サービスに目覚めたことで、顧客に目線をあわせた経営が浸透しはじめたのだ。顧客側の意識も変わった。寺院に推薦されるがままではなく、自分の目で確かめてから購入するお客様が増えてきたという。今では、誰もが同社のコーポレートサイトからライブカメラで工房の様子をリアルタイムで観ることができ、ユーチューブでも製作工程が動画公開されている。

同社の年商は20億円、ピークだったバブル時から約６割の市場規模となった仏具業界において、堅実な経営を続けている。社会貢献活動にも積極的で、日本寺院から回収した使用済みのろうそくをアフガニスタン、ネパール、カンボジアなどの国々に寄贈した。それらの国では電力が不安定なために、菜種油などによる灯火が照明代わりに使われている。子どもたちは暗い灯火の周りに頭を寄せ合って勉強しなければならないが、ろうそくがあればもっと明るい光の下で勉強できるようになるという。これまでに提供に協力した寺院は延べ７９０寺、寄贈本数は６万６０００本を超えた。

同社小堀社長は語る。「私たちがつくったお仏壇に手を合わせ、涙を流して喜んでくれる人がいます。心をこめてつくるとは、そんなシーンを思い浮かべることができるということ。いのちある材料でできたお仏壇で生きる力を感じてもらえる。ここに私たちの使命があります。求められる企業価値も変わりました。売り上げや利益よりも思いや理念・哲学です。モノを売ってお金をいただくお客様と向き合う関係性から、お客様と売り手が横並びになって協力し合い『世にどんな幸せが残せるのか』、そんな姿勢を大切にします。東日本大震災の代償はあまりにも大きすぎましたが、東北の方々が多くの気づきをくださいました。ほとんどの日本人が、今自分に何かできることはないだろうかと考えました。日本人の意識が蘇り仏教的な生き方がはじまる、そんな気がしてなりません。厳しい時代ではありますが、小堀の十代目代表として明るく希望を持って前進していきたいと思います」。

世間よし──パートナー・コラボレーション

日本では、古くから地域ごとに経済圏が独立しており、地元を核とした緊密な交流が当然のように行われていた。業種や業態によってパートナーは異なるが、この節においては、地域経済全体への貢献を続ける福岡県の「ふくや」、職人同士が連携することで地場産業を支える新潟県の「東陽理化学研究所と磨き屋シンジケート」をパートナー・コラボレーションの事例として取り上げたい。

ふくや──地域への恩返しからはじまる貢献経営

博多の土産といえば辛子明太子だ。全国の辛子明太子業者の7〜8割が福岡県内に集中しているという。しかし、博多発、辛子明太子が誕生したのは、そう昔のことではない。韓国の釜山で生まれ、第二次世界大戦後に博多に復員した川原俊夫氏が、10年の歳月をかけて独自の製法による「調味液型辛子明太子」を開発し、販売を開始したのは1949年のこと。日本人なら知らないものはいない「博多名物辛子明太子」のブランドのはじまりは、川原氏による「ふくや」の創業にあった。

同社が売り出した辛子明太子は、ゆっくりと評判が広がっていった。「つくり方を知りたい」という声が高まると、苦労して編み出された製法を川原氏は快く伝授した。周囲からの特許や商標登録をすすめる声には一切耳を傾けない。それどころか、ふくやと違う味付けができるよう地元の同業者にアドバイスまでしていた。お客様にも味の好みがあり、選択肢が多い方が喜んでいただける。それで辛子明太子の人気が高まり、自社だけでなく地域全体の発展にもつながる。それこそが彼の本望だったのだ。彼の想いは頑なだった。息子で現社長である川原正孝氏が銀行を退職して同社にもどった時、せめて「元祖」を名乗ったらどうかと提案したことがある。その時、俊夫氏は息子に対して、「元祖と書いて味がよくなるなら書いてもいい。そうでなければ書く必要はない。くだらないことを考える暇があるなら、もっと味をよくすることを考えろ！」と一喝したという。

こうした想いが実を結び、ついに辛子明太子は博多名物となった。川原俊夫氏は、もともと縁もゆかりもなかった自分を快く迎えてくれた地元福岡に対して、多大なる感謝の念を持ち、常に地域への恩返しの心を持っていた。同社は長年にわたり、博多の三大祭りである博多どんたく、博多祇園山笠《ぎおんやまかさ》、筥崎宮放生会《はこざきぐうほうじょうや》を強力に支援し、社員に対しても、地域活動に積極的に参加することを奨励している。また納税は企業の使命という信念から、節税対策すらせず、多額の税金を納めるよう指示したという。税金がなければ、地域や町が発展しないからだ。

川原氏の地域貢献に対する想いには尋常ならざるものがあったようだ。自身の生活は質素そのもので、現社長が20歳になるまで自分の家を建てることもなく、店舗と職住一体の狭い家屋に、一家4人と住み込み社員で暮らしていた。俊夫氏の死後、正孝社長は驚きの事実を知ることになる。成績優秀でも教育費が払えない子どもたちのために、彼はその費用を全額補助していたのだ。本人も親も知らず、学校が支援してくれていたと今でも思っているという。それだけではない。障がい者施設の設立、小学校の修学旅行費の補助など、彼が積んだ陰徳は数知れない。一個人や一企業だけが注目を浴びて財を築いても、それだけでは地域は活性化しない。関係する多くの方々とともに協力し合えば、回り回って利益や発展をもたらすが、そこまでの取り組みを実現できる創業者は極めて稀だろう。

現ふくや社長である川原正孝氏は父の想いを語った。「当社は、戦争体験をした創業者が、戦争で自らの人生は終わり、これからの人生は社会に恩返しをしていこうという考えから創業した会社です。ひとつの会社として利益を出し、きちんと税を納め、社員の雇用を守ることはもちろんのこと、地域の催しや祭りが盛り上がるよう支援することや、店の周りや地域の清掃を行うことも社会への恩返しになる、と創業者はつねづね話をしておりました。当社の経営方針は創業者の理念に沿ったもので、年一回、全社員に対して私から直接、経営理念について話をする機会を設けています。それは我々が創業者の想いを次の世代に伝え、企業を存続していくことが地域への恩返しだと思っているからです」。

2003年、同社は顧客志向の経営体制が評価され、経済産業大臣より消費者志向優良企業として、資生堂、P&Gとともに表彰された。また2005年には、COMS(消費者志向マネジメントシステム)、NACS(日本消費生活アドバイザー・コンサルタント協会)基準による認定格付AAAを第1号企業として取得し、2008年にはメセナアワード2008を受賞している。

東陽理化学研究所と磨き屋シンジケート――地場産業を支える職人連携

２０１２年1月、アップルは、世界中の部品調達や生産委託先企業名１５６社を公開して世界を驚かせる。そして、そこには32社の日本の企業も名を連ねていた。中でもジョブズのこだわりの象徴とも言える鏡のような美しい金属面。それを支えているのは和の匠の技、新潟県燕市発の研磨技術であることを知る人は少ないだろう。燕市で和釘の生産がはじまったのは江戸時代初期、寛永年間のことだ。農業収入の不足を補うために起こった家業は次第に広がりを持ちはじめ、大正時代には洋食器産地となり、輸出もはじまった。今や、市全体がステンレス、チタンなどの金属製品製造拠点となり、全国有数の地場産業集積地帯として発展してきた。

伝統を持つ同市において大きな存在感を持つのが、アップルの取引先リストに名を連ねた東陽理化学研究所だ。終戦直後、軍事物資として大量に余ったステンレスを化学処理によって研磨する技術を開発。それを基盤として、１９５０年、国内初のステンレス電解研磨専門企業として創業された。企業理念は「技術で生きる」、そして「ものづくり」「社会づくり」「人づくり」。創業時より、たゆまぬ技術変革を標傍とし、人の和を重んじ、地場産業の発展のために尽くすことを使命としている。その哲学の通り、創業者である兼古敏男氏の「技術を開放することで、地場産業が活性化するなら本望」との意向にしたがい、同社の持つステンレス研磨技術の特許は公開された。そして、燕市エリアにおけるステンレス加工産業は急激な成長を遂げ、世界にその名を広めることになった。

その後、同社は表面加工だけではなく、製品加工全般にわたって事業を展開しはじめる。一枚のステンレス板から容器をつくる深絞り技術を発展させ、多様な形状の容器製造を可能とした「超々深絞り技術」も確立した。また硬くて軽い素材であるチタンの加工にも成功、国内外のカメラ、携帯電話、パソコン、携帯音楽プレイヤーのボディも手がけるようになる。北欧の携帯電話メーカーが米国チタン協会に対し、「当社の水準を満たす部品加工ができるメーカーはないか」と問い合わせたところ、「それができるのは世界でただ一社、日本にある東陽理化学研究所だ」と回答したという。現在、IT関連製品のボディ製造は、同社売上高の70～80％を占め、中国昆山に3工場を持つまでになった。

金属加工の表面研磨業者が集積し、金属製品製造業の中心地として発展を続けてきた燕市エリアだが、基盤技術を持つ同市事業者にもグローバル化の波が押し寄せており、地場産業が衰退しかねない状況になっている。危機感を感じた職人たちは、横のつながりを強化しはじめ、2003年に燕商工会議所の協力を得て「磨き屋シンジケート」が結成された。中心となったのは、のちに「にいがた県央マイスター」、つまり新潟県が認める匠職人となる3人、古関鐵男氏、田中三男氏、大原實氏だ。「磨きの職人は一匹狼で、自らの技術を他人に公開したりしなかった。しかし、他にまねのできない製品をつくるため、3人の技術を共有することにしたんです」。お互いの技術を連携させ、共同受注をする。それにより全国から受注が舞い込み、ゴルフクラブからジェット機の翼まで、取引先の拡大につながっていった。

受注拡大にともない、もうひとつの難題が発生した。職人不足、後継者の技術育成だ。そこで2007年、燕市は技術者育成、新規開業支援を目的として燕研磨振興協同組合「燕市磨き屋一番館」を創設する。磨き屋一番館では、金属研磨とはどんな作業かを体験できる学習会を開き、研修生の募集をはじめた。給与と奨励金が支給され、3年間かけてトレーニングで匠の技を習得する。「強い熱意と意思がなければ続かない厳しい仕事です。面接ではそのことをきちんと伝え、それでもやりたいと答えてくれた人だけを選びました」。その言葉通り、厳選された9名が参加。今では研修生は「磨き屋」としての技能を高め、金属研磨仕上げ技能競技会で最優秀大賞を獲得するなど活躍しはじめた。また磨き屋一番館には、研修修了者が開業を目指すための貸し工場「開業支援室」も貸与する。「景気がどうだろうと、優れた技術を備えていれば仕事は自ずとついてくる」と彼らは若者に期待している。

磨き屋一番館はオリジナルブランドの開発も手がける。看板商品として3人のマイスターが技術を結集して開発したのが、難易度の高いチタン研磨の技術を駆使した純チタンのビアマグカップだ。きめ細かい泡だちが、ビールをまろやかな味に変える。飲み口が薄いので唇の感触もいい。ここでしかつくれない逸品としてクチコミで評判が広まり、一時は生産が追いつかず納品まで半年から1年待ちだったこともある。彼らは表面研磨だけでなく、磨き屋発の製品開発を大切にしている。「たかが磨き屋、されど磨き屋」の精神だ。江戸時代にさかのぼる伝統芸は、グローバル化の波をも超え、さらなる変革を目指しはじめた。地域の人々の協働によるオンリーワンの価値創造、それを通じたブランドづくりは、これからの日本の大切なテーマとなっていくのではないだろうか。

三方よしの経営が生み出すソーシャル・キャピタル

第4章から第6章までは海外事例、第7章では国内事例に注目し、それぞれソーシャルシフトの3基軸を実践している企業群を紹介してきた。特に第7章においては、日本企業の特質を捉えるため、あえてテクノロジーの活用にこだわらずに優良企業を抽出した。いずれも、社員、顧客、取引先という企業を取り巻くステークホルダーとの緊密な信頼関係を醸成し、そこから独自の価値を創造している。

企業と顧客、企業と社員、企業と取引先。一回の取引だけに注目すればトレードオフの関係だ。できる限り顧客に高く販売し、社員の人件費を圧縮し、取引先への外注コストを下げる。それこそが株主に報いる経営となる。巨額の広告費をつぎ込み、ブランドイメージを維持しながら新規顧客を開拓できた時代には、この戦術も通用しただろう。しかし、世界は透明になった。顧客は不満を、社員は不平を、取引先は怨嗟を訴え、短期的利益のみに固執する企業から人々は離れていく。そして、その非難の声は、彼らの友人を媒介として広く社会に伝わっていく。

ソーシャルシフトの3基軸、三方よしを実践している企業は、あくまで長期的な視点にたち、時間をかけて信頼関係を醸成している。相互信頼は、政治学者ロバート・パットナムが指摘するように、経済的に見ても双方の取引コストを下げる効果がある。特に創造的な業務が中心となった知識社会においては、コラボレーションによるアイデアの創発が、企業にとって死活的に重要になってきた。そのために「信頼」「規範」「ネットワーク」といった社会的仕組み、すなわちソーシャルキャピタルを構築することが経営の最優先課題となってきたのだ。国内外の事例は、その効果を鮮明に物語っている。

一方で、日本企業特有の性質も明らかになった。第3章でも触れたが、日本企業は、もとより相互信頼を重視し、長期的な関係性を大切にしてきた歴史がある。社員の長期雇用を保障する終身雇用制度、取引先との継続的取引関係を前提とした系列化などは、日本独自のものと言ってよいだろう。長期的な雇用や取引によって、業務のスキルやノウハウは効率的に蓄積されていく。一方で人的流動性が少ないため、それらは明文化されず、暗黙知として人の頭脳にとどまってしまう。見方を変えると、グローバル企業が「お金のネットワーク」を核として法治制度を整える傾向にあるのに対して、日本企業は「人のネットワーク」を重視し、あくまで人間関係を核とした人本主義的なシステムを構築する傾向が強い。ソーシャルメディアによって「人のつながり」が深まった今、日本特有の文化を生かした「人中心の持続的なシステム」を構築できるかどうか。我々は、世界からその真価を問われている。

経営は、回り続けるコマの如く

東京商工リサーチが行った企業調査によると、２０１１年に倒産した企業の平均寿命は23年だった。これは企業調査が入るような一定規模以上の法人を対象としたものであり、個人事業や店舗を含めると大幅に低くなるはずだ。国民生活金融公庫研究所の調査では、２００１年に開業した2181社の、2005年廃業率は17・3%だった。ただし約3割は創業来の赤字運営を続けているという。特に廃業率の高い業種は飲食業24・1%としており、さらに細分化された業種では、個人教授所（カルチャー教室、語学教室、フィットネスなど）34・5%、酒場・ビアホール28・9%、自動車小売業27・0%をあげている。

企業規模にかかわらず、経営は難しい。コマが回り続けるのは、外部に向かう力（遠心力）と、内部に向かう力（求心力）のダイナミックなバランスが絶妙に保たれている寸刻だ。初期には不安定な立ち上がりをするコマだが、ぶれながらも中心軸を得ると澄んだ回転となり安定する。そして軸の摩擦や空気抵抗により、またも不安定となり、最後は倒れてしまう。経営も同様、企業哲学という基軸が芯となり、顧客や社会に対する貢献力と、企業や経営者に対する社員のロイヤルティが力強く均衡している時に、最も美しく安定するものだ。

北海道国際航空、通称エア・ドゥは、1996年に参入規制を打破し、道民主導により地域活性化を目指す新興航空会社として注目された。しかしながら半額運賃の理念が先行し、コストに見合う運賃設計ができていなかった。また座席管理システムなどのバックエンドも簡易的なもので、かつ大手旅行会社のパッケージツアーにほとんど組み込まれないなど営業力不足も目立った。さらには、大手航空会社が事前購入割引などにより猛追したことで経営は迷走、2002年に民事再生法が適用された。行き過ぎた顧客志向が招いた破綻と言えるだろう。

リーバイ・ストラウスは、社員や社会貢献を大切にし、社会的意識の高いことで著名なブランドだ。1990年にはジーンズ・シェア30％を誇り、当該分野のブランドビルダー企業として君臨していた。しかしながら、価値観、企業文化、プロセス・リエンジニアリングといった自社内への過度なフォーカスにより、市場の動向を見失った。例えばある時、「仕事と家庭」をテーマとする社内プロジェクトでは、2万人近い社員に対して25ページにも及ぶ質問票を配布し、綿密な調査を続けていたという。元CEOのジョージ・ジェームズは、「全員の賛同を得ない限り決定を下す権限がなかった。素早い対応などおよそ難しかった」と語っている。1996年に71億ドルだった売上高は現在60％程度となっている。企業文化主義も、行き過ぎればバランスを崩すということだ。

老舗企業も、経営の均衡を失えば、驚くほど脆く崩壊してしまう。私利私欲を追い求め、食品衛生法違反行為で営業禁止処分を受けた赤福、自社製品の不具合とそれによる事故を隠蔽し続け、幹部の刑事訴追に発展したパロマ、ガリ版発明で一世を風靡しながら、市場変化に対応できずに倒産したホリイなど、創業100年を超える企業も決して例外ではない。

売り手よし、買い手よし、世間よし。このバランスを崩せば、不安定なコマの如く、企業はたちまち失速する。三方を見渡しながら、伝統と革新のバランスをとりながら、いい塩梅の意思決定を行う。日本では古くより創業家や大番頭がその役割を担ってきた。そして知恵や極意は、一子相伝、あうんの呼吸の中で伝承されてきた。

しかしながら、透明化、少子高齢化、消費動向の変化、そしてテクノロジーによる絶え間ない革新の時代において、暗黙の継承は早晩通用しなくなるだろう。直感に頼るのではなく、自社の経営状態を可視化し、危機を未然に察知する仕組みが重要だ。日本企業の素晴らしさ、老舗企業の遺伝子をいかに汎用化し、明日の世代に引き継げばよいのか。我々は、新たな知恵を求められている。

続く第3部では、この第2部で考察した「ソーシャルシフトの3基軸」、それに基づく国内外の事例からエッセンスを抽出し、透明でオープンな時代に、我々はどのような企業像を目指すべきかを深掘りしていきたい。さらに、この章で明らかになった日本企業のマネジメント特性や外部環境も考慮した上で、具体的にどのような考え方でソーシャルシフトを実現していけばよいか、実践的かつシステマティックな視点から方法論を考察していきたい。

COLUMN 7

店舗や顧客サービスでのブランド体験
――ドミノ・ピザ、モートンズ・ステーキハウス

ネガティブ事例――ドミノ・ピザ

2009年4月、米国ドミノ・ピザ店舗内で深刻な問題が発生した。悪ふざけしていた男性社員がチーズやサラミなどのピザの材料を極めて不衛生に扱い、それを女性社員が高笑いしながらビデオを撮影したのだ。「宅配用ボックスに住所と名前を貼りますね。どれにしましょうか。ピザには鼻くそが入ってるわ。5分以内にこのピザは配達されて、誰かがこれを食べることになるのよ」。このおぞましい動画はユーチューブに投稿され、ソーシャルメディア上を不快感が駆け巡る。まもなくグーグルで"Domino"を検索するとトップページに動画へのリンクが5件も掲示されるようになり、多くのニュース・メディアに飛び火した。動画の閲覧回数だけで100万回を超え、世にも不愉快なイタズラを世界の人々が閲覧することになった。事件後にHCDリサーチが行った調査によると、既存利用者の65%が動画を見た後に注文をためらうようになったと回答している。

ポジティブ事例――モートンズ・ステーキハウス

2011年8月。ピーター・シャンクマンが、行きつけのモートンズ・ステーキハウス宛てにいたずら心でツイートした。「これから2時間後にニューアーク空港に着くんだけど、ポーターハウスを持ってきてくれない?」。無事空港に到着して駐車場に向かうと、待っていたドライバーが声をかける。「シャンクマンさん、あなたにサ

プライズがあります」。24オンスのポーターハウス・ステーキ、大きなエビ、サイドポテト、パン、2枚のナプキンとナイフとフォークを手渡された彼は、喜びのあまり「床にひっくり返りそうだ！」と叫び、帰宅直後にブログを書く。「同社の社員は自分のツイートを見て、私が常連客かどうかを調べ、社内決済をとり、40キロ離れた最寄り店舗に連絡し、オーダーを出し、調理し、包装し、車にサーバーをセットし、空港まで車を走らせ、その間にどのフライトでどこに着陸するかを調べ、私がセキュリティを通った先に待っていたんだ」。彼の感激はソーシャルメディアを駆け巡り、1万件以上の「いいね！」、5000件近いリツイート、200件以上のコメントによって、同社のホスピタリティは瞬く間に世界に広まった。シャンクマンはITベンチャーの創業者で、インフルエンサーだ。店舗もそれを意識したのかもしれないが、いずれにしても現場のワクワク感や一体感が伝わってくる素敵な話だ。シャンクマンは後日、自身のブログでこう語った。「企業がどれほどすごいかを人々に伝えることはもう重要ではない。素晴らしい瞬間を生み出して、その体験を顧客に広めてもらうことが大事なんだ。ある商品がどれほど素晴らしいかを語る広告と友達、君はどちらを信用する？」。

ドミノ・ピザやモートンズ・ステーキハウスの事例を通じてわかることは、社員のモラルの低さがこれからの企業にとって最大のリスクとなること。逆に現場の人間は顧客の感動を創造できる。アルバイトにいたるまで、そのような心配りができる組織に変革できれば、極めて強力な差別化手段となる。そのためにはブランドの哲学を共有し、協調してそれにしたがった行動をすることが大切だ。ただし社員が自らの会社やブランドを愛していることが前提となるだろう。会社と社員との絆をつくること。短期的な損得に基づく関係性ではなく、社員との人間的な信頼関係がこれまで以上に重要になってくる。ソーシャルメディアが対話プラットフォームになった今、感動を促すブランド体験こそ、最高の広告となるだろう。

総じて言えることは、「社員の人間的な振る舞い」が生活者の評価に大きく響くということだ。センターコントロールが利かない、その場、その時の出来事だ。現場の社員一人ひとりが、その場でいかに判断し、行動するか。その積み重ねがブランド価値を醸成していく時代になったのだ。ソーシャルメディアは、顔が見えない会社から、社員の個性を重んじる開かれた会社への変革を求めている。

第　3　部

社員と顧客に愛される5つのシフト

第8章

インサイド アウト・イノベーション

インサイド・アウトとは、自分自身の内面（インサイド）を変えることから始めるということであり、自分自身の根本的なパラダイム、人格、動機などを変えることから始めるということである。（中略）

すべての経験を通じて、私は一度たりとも、外（アウトサイド）からもたらされた永続的な問題解決や幸福あるいは成功といったものを、目にしたことはない。

——スティーブン・R・コヴィー

（『7つの習慣』ジェームス・J・スキナー、川西茂訳　キングベアー出版）

アウトサイドインから、インサイドアウトへ

価値観と情報を共有して、社員が自律的に行動できる環境を創造すること。顧客とのエンゲージメントを築き、事前期待を上回る体験を提供すること。そして、取引先とのパートナーシップを深め、イノベーションを創出すること。これらソーシャルシフトの3基軸は、いずれも「人間同士の信頼関係」を深めることで価値を創造する点が共通している。信頼関係は、金銭的な動機づけや、恐怖や統制による管理手法の対極にあるものであり、社員や顧客、取引先の社員を「人間として尊重する」ことを基点としたものだ。

これまで、多くの企業ではアウトサイドイン、つまり結果に対する目標値から施策をブレイクダウンするアプローチがとられていた。経営陣は、株主から高い評価を得るために、売り上げや利益をビジョンとして掲げる。それが各事業部に分解され、現場の目標値となり、その数値への貢献が社員の評価となる。予算内で、いかに効率的に新規見込客を開拓し、売り上げに結びつけていくか。巧みな契約やサービス体系で取引期間を継続させるか。人件費や外注費を圧縮するか。それらによって自らの昇進や報酬の多寡が決まる。自ずと社員も管理職も経営者の顔色を窺うようになり、関心が顧客への価値創造から上司の評価に移っていく。

アウトサイドインのアプローチが継続的に成功するためには3つの前提がある。ひとつは成長し続ける市場が存在すること。2つ目に手続き的な業務が中心で、創造性を必要としないこと。3つ目に情報の非対称性、つまり社員や顧客に十分な情報が与えられていないことだ。これらを前提とした環境においては、アウトサイドインのアプローチは効率の良い経営手法となる。日本の高度成長期からバブル期にかけては、まさにスリーカードが揃っていた。そのため、経営幹部の多くはアウトサイドインによる成功体験を持っており、その考え方を背景とした統制型の管理手法が脈々と続いている。

しかしながら時代は変わった。現代は「低成長」「創造性」、そして「透明性」の時代だ。困難な数値目標から入り、社員や取引先を疲弊させ、顧客に失望を与えるアウトサイドインのアプローチは、すでに非効率な手法となっている。優秀な社員は退職し、優良な顧客や取引先は離れ、悪い評判だけが拡散する。そして求人や販売促進の投資効果が悪化し、業績が低迷しはじめる。ひとたび生活者にブラックなブランドイメージが定着すると、それをリカバーすることは困難であり、負の連鎖が続いていく。

中間の考え方に、「顧客の声」を最重視する、準アウトサイドインとも言える顧客至上主義がある。この顧客至上主義は、顧客サービスを最優先するあまり、社員に対する過剰な労働強制や、限界を超えた取引先への値下げ圧力につながりかねない。近年では「感情労働」という言葉で、感情の抑圧や忍耐などを強制する仕事の問題点も指摘されるようになった。同じ数値目標でも、「組織から強制されるノルマ」と「自発的に設定した目標」が全く異なるように、同じスマイルでも、「強制された笑顔」なのか「自発的な笑顔」なのかで意味合いは大きく異なる。規律ではなく自律が、義務や強制からではなく内発的な動機づけが重要なのだ。また、経営はバランスが命であり、顧客の声のみに力点を置く経営手法は持続性につながりにくいだろう。

アウトサイドインがいわば対症療法に相当するのに対して、インサイドアウト、つまり内面から変革していく取り組みは根治療法を目指すものだ。「心が変われば行動が変わる。行動が変われば習慣が変わる。習慣が変われば人格が変わる。人格が変われば運命が変わる」という言葉がある。これこそがインサイドアウトのアプローチだ。ビジネスにおいて、心にあたるのは「使命や価値観」であり、行動にあたるのは「業務遂行による価値創造」、習慣にあたるのは「社内の風土」、人格にあたるのは「ブランド・パーソナリティ」、運命にあたるのが「社会との共生とビジョンの実現」だ。

ソーシャルメディアにより、企業は言動を一致させなくてはいけない時代になった。大資本を投入してブランドイメージをつくり込んでも、社員一人ひとりの行動がそれと乖離していれば生活者の共感は得られない。真摯で誠実な企業姿勢を基礎とし、持続的に社会に貢献すること。そのために、共通の使命や価値観を共有し、オープンな組織と情報共有で社員の自律的行動を促し、社会に貢献するビジネスモデルを構築し、顧客の事前期待を上回る価値を創造することだ。このインサイドアウトのアプローチこそが持続的な事業成果を生み出す源泉となる。そして時間とともに社風やブランドが醸成され、長期的なビジョン実現に結びつくのだ。この章では、ビジネスをインサイドから変革し、社員、顧客、取引先との関係性を深めていくための具体的な道標を提示していく。そのために、まず企業のインサイドを構造化することからはじめたい。

ソーシャルシフトを構成する5つのレイヤー

ソーシャルシフトの概念を体系化すると、インサイドからアウトサイドへ、5つのパラダイムシフトで構成される。企業の中核となる「理念」は「規律から自律へ」。その原動力となる「組織」は「統制から透明へ」。社会に貢献するための「事業」は「競争から共創へ」。生み出される顧客への「価値」は「機能から情緒へ」。そして、その事業成果を測定する「目標」は「利益から持続へ」。インサイドからアウトサイドへ、それぞれの原則がシフトしていく。

そして、この5つの原則を具体的なレイヤーに落とし込んだものが219ページの図だ。最も中核に位置づけられるのは、企業の理念となる「ブランド哲学」だ。これはミッション、ビジョン、コアバリューの3要素で構成された企業経営の根幹であり、社員の考え方や行動の拠りどころとなるものだ。次のレイヤーは、その理念を実行するための「社員協働メカニズム」だ。これは社員で構成される組織、そして情報共有やコミュニケーションのためのプラットフォームを指している。第3のレイヤーは、社会に貢献するための「ビジネスモデル」、すなわちパートナー協業によるバリューチェーンを基礎とした事業戦略と収益構造の仕組みを指している。続く第4のレイヤーは、事業により創造される「顧客経験価値」だ。そして最後のレイヤーは、顧客が価値への対価を支払うことによって生み出される「事業成果」だ。この成果が事業活動にフィードバックされることで、企業の持続的な成長が可能となっていく。ソーシャルシフトの3基軸は、「社員エンパワーメントの革新」が「社員協働メカニズム」に、「パートナー・コラボレーションの革新」が「ビジネスモデル」に、「顧客エンゲージメントの革新」が「顧客経験価値」に、それぞれが各レイヤーと一意に対応している。

以下の節では、この5つのレイヤーをいかに変革するべきか、それぞれ具体的なアプローチを提言していきたい。

ブランド哲学
――ミッション、ビジョン、コアバリュー

最初のレイヤーは、企業やブランドの中核となるべき哲学、人間でいえば「心」のあり方をひもとくことからはじめたい。ここで最も重要なことは、中核に置くものを「社員の規律を促

ソーシャルシフトの5レイヤー

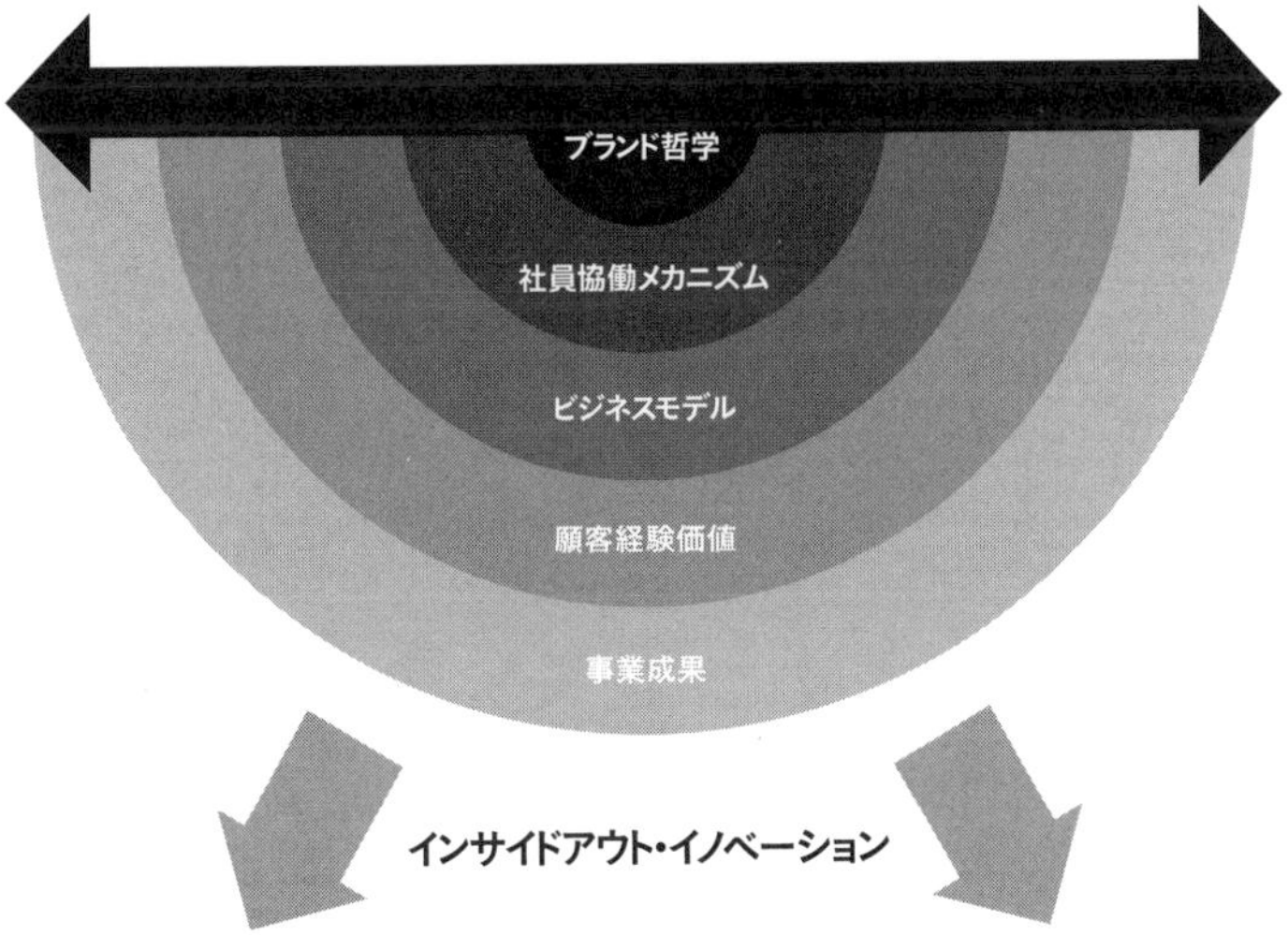

すためのルールブック」ではなく、「社員が自律的に行動するための使命、目標、価値観」に置き換えるという点だ。この「規律から自律へ」のパラダイムシフトは、組織、ビジネスモデル、顧客サービス、そして事業成果すべてを変革する核心をなすものだ。

ブランドの哲学を考える際に、それを共有する組織の単位を検討することは重要だ。例えばBMWには、会社全体の企業ブランドとともに、3シリーズ、5シリーズ、7シリーズなど個別の製品ブランドがある。多くの大企業で採用しているのは、BMWのように「コーポレートブランド」と「プロダクトブランド」、2階層のブランド体系だ。このコーポレートブランドとプロダクトブランドの関連性をどう持つかによって、企業におけるブランド体系が異なってくる。BMWのように企業を中

ソーシャルシフト、5つのパラダイムシフト

理念 「規律から自律へ」… ブランド哲学

組織 「統制から透明へ」… 社員協働メカニズム ⇔ 社員エンパワーメントの革新

事業 「競争から共創へ」… ビジネスモデル ⇔ パートナー・コラボレーションの革新

価値 「機能から情緒へ」… 顧客経験価値 ⇔ 顧客エンゲージメントの革新

目標 「利益から持続へ」… 事業成果

心とするマスターブランド・タイプ、P&Gのように製品を中心とするマルチブランド・タイプ、アップルのように企業と製品をともに前面に出すパラレルブランド・タイプがある。まず、哲学を共有すべきブランドと組織のあり方を整理することが第一歩となる。

ブランドの本質は、「生活者との約束」だ。それを守り続けることで信頼感が醸成され、ブランドのアイデンティティが確立されていく。顧客とのコミュニケーション、社員とのコミュニケーション、さらには取引先や株主、地域住民とのコミュニケーション、すべてに一貫性を持つことが重要だ。したがってブランドごとに「ブランド哲学」を持ち、それを社内外に浸透させる必要が生まれてくる。今までのブランディング施策は、長期的な競争優位を確立する目的で、社外へのブランド戦略を重視することが多かった。透明性の時代においては、社員こそがブランドの体現者であり、歩く広告塔となる。そのため、企業の内面からブランド哲学を浸透させるインナー・ブランディングの重要性がより増していくだろう。

ミッション、ビジョン、コアバリューの策定

ブランドの哲学は、「ミッション」「ビジョン」「コアバリュー」に構造化することができる。「ミッション」とは、そのブランドが何のために存在するのかという「ブランドの存在意義」であり、ブランドの持続可能性を決定づけるものだ。それに対して「ビジョン」とは、未来をつくり出すもので、「ブランドにとって望ましい未来像」を描き出したものだ。そしてもうひ

とつ、「コアバリュー」とは、企業における核心的な価値、「そのブランドは何を大切にしているか」をあらわすもので、社員にとっては精神的な行動規範に通ずるものだ。

ブランドビルダーとして名高い米国家庭用化成品メーカー、S・C・ジョンソンのブランド哲学を紹介しておこう。同社は「ミッション」を「コミュニティの幸福に貢献するとともに環境の維持・保護に努める」とし、地球環境の維持を明示することで持続可能性を使命に組み込んでいる。また、「ビジョン」は「持続可能性の原則にしたがって、人々のニーズを満たす革新的なソリューションを提供することで世界のリーダーとなる」とし、創業以来120年を超える同社の継続的な成長を支えてきた。また持続可能性の分野における同社の実績を広報するために毎年パブリックレポートを発表している。さらに、「コアバリュー」は「我々は経済的価値を創造する」「我々は環境の健全さを追求する」「我々は社会の進歩を推進する」とし、経済的成長とともに、環境の保持や社会への貢献に対する価値を創造することを宣言している。

S・C・ジョンソンはメーカーであるため、コアバリューを比較的シンプルにしているが、属人的な顧客接点が多いサービス業では、より実践的なコアバリューを創り上げることが大切になるだろう。例えば高品質な顧客サービスで名高いリッツ・カールトンでは、同社の価値観と理念を結集したゴールド スタンダードを配布（8面4折の名刺大カード）している。社員は肌身離さずこのカードを身につけ、サービスを提供する際の規範としている。

多くの企業は経営理念を持っている。理念、社是、社訓など名称はまちまちだが、まずは、その理念が「ミッション」「ビジョン」「コアバリュー」の内容を含んでいるかを検証することからはじめたい。歴史ある企業ほど、過去の理念が加筆するかたちで積み上げられ、社員が記憶できないほど複雑化していることも多い。また、高邁すぎて社員の行動規範となりにくいケース、あまりに汎用的で行動に結びつきにくいケースも散見させる。ブランドの哲学を創造する際のポイントをいくつかあげておきたい。

まず「ミッション」は、何をもって社会と生活者に貢献するのかをシンプルに表現した「持続可能な存在意義」だ。企業の最も根幹をなす理念と言ってもよいだろう。「何によって世界をより良くするか?」「持続可能な

ブランド哲学「ミッション」「ビジョン」「コアバリュー」

Why	What	How
ミッション	**ビジョン**	**コアバリュー**
持続可能な存在意義	**未来へ導く羅針盤**	**組織としての共有価値観**
・何によって世界をより良くするか？ ・持続可能な使命か？ ・事業に独創性があるか？	・どんな会社、組織になりたいか？ ・独りよがりではなく、三方よしか？ ・社員が実現可能性を感じる未来像か？	・使命遂行にあたっての独自の価値は？ ・社員の行動を導く内容か？ ・社員を幸せにするか？
・社会のどんな課題や需要に対して、持続的に、どんな価値を創造するか？	・社員が夢を感じ、ともに歩みたいと心から願う未来像になっているか？	・社員の創造性や協働を促進し、独自の価値創造につながる必要十分な内容か？

使命か？」「事業に独創性があるか？」といった点を深慮して練り上げたい。第６章で言及したマイケル・Ｅ・ポーターの提唱するＣＳＶ（Creating Shared Value 社会との共通価値の創造）、社会的価値を創出することで経済的価値を享受するという考え方を「ミッション」に盛り込むことは、企業のサステナビリティを確保するためにも重要だ。また、ミッション創造の背景に、生活者が共感する真実のストーリーがあるとさらに効果的に浸透しやすい。

次に「ビジョン」は、自社がこれからどのような企業像、ブランド像を目指していくかをシンプルに表現した「未来に導く羅針盤」だ。「どんな会社、組織になりたいか？」「独りよがりではなく、三方よしか？」「社員が実現可能性を感じる未来像か？」といった点を考慮したい。ビジョンは経営者だけでなく、社員にとっても夢となるものだ。社員が可能性を感じ、ともに歩みたいと心から願う未来像になっていることが肝要だろう。また事業計画の目指す先には、この「ビジョン」の実現がなくてはならない。単なる数値目標ではなく、その意味を社員が共有し、全社一丸となって目標に向かうためにも「ビジョン」の浸透が重要となる。

最後に「コアバリュー」だが、ミッションやビジョンを実現するために企業やブランドが共有すべき「組織としての共有価値観」だ。「使命遂行にあたっての独自の価値は？」「社員の行動を導く内容か？」「社員を幸せにするか？」といった点を考慮したい。特に社員の創造性や協働を促進するとともに、顧客に対する独自の価値創造につながる必要十分な内容かどうか、また具体的な行動に結びつく親しみやすい内容になっているかを意識して練りあげたい。

一般的に、「ミッション」は創業者ないし経営者が練り上げ、「ビジョン」は経営陣が原案を創り、社員の賛同を広く得ることが望ましい。それに対して「コアバリュー」は社員の日常行動につながるものなので、全社参加型でじっくり創り上げられるとベストだろう。例えば、ザッポスのコアバリューは「ザッポスらしさってなんだろう?」というトニー・シェイのメールでの問いかけをきっかけとし、ザッポス社員らしさってなんだろう、1年もの期間をかけ、全社員が参加してつくり上げた価値の高いものだ。そのため社員にとって「自分ごと」となり、社内浸透にも大いにプラスとなった。

ブランド哲学の浸透

ブランド哲学は、創案もさることながら、それをいかに社内に浸透させるかがより重要で難易度も高い。第4章のホールマーク・カーズやザッポスの事例にもあるように、多くのブランドビルダー企業においては、入社の採用基準にはじまり、新入社員教育、リーダー教育から社員の人事評価にいたるまで、あらゆる局面で使命や価値観を共有するための仕組みが組み込まれている。

近年、ゲームの仕組みを活用するゲーミフィケーションと呼ばれる手法が注目されているが(一2一ページのコラム4参照)、日本のベンチャー企業シンクスマイルや当社ループス・コミュニケーションズにおいては、社内ソーシャルネットワークを活用して、楽しみながらコアバリューの浸透を図る仕組みを導入している。

リッツ・カールトンの「ゴールド スタンダード」

ゴールド スタンダードはザ・リッツ・カールトン
ホテル カンパニー L.L.C.の根幹を成しています。
当ホテルの価値観と理念が結集された
ゴールド スタンダードには次の種類があります。

●クレド
●モットー
●サービスの3ステップ
●サービス・バリューズ
●第六のダイヤモンド
●従業員への約束

●クレド

リッツ・カールトンはお客様への心のこもったおもてなしと快適さを提供することをもっとも大切な使命とこころえています。
私たちは、お客様に心あたたまる、くつろいだそして洗練された雰囲気を常にお楽しみいただくために最高のパーソナル・サービスと施設を提供することをお約束します。
リッツ・カールトンでお客様が経験されるもの、それは感覚を満たすここちよさ、満ち足りた幸福感そしてお客様が言葉にされない願望やニーズをも先読みしておこたえするサービスの心です。

●モットー

ザ・リッツ・カールトン ホテル カンパニー L.L.C. では「紳士淑女をおもてなしする私たちもまた紳士淑女です」をモットーとしています。この言葉には、すべてのスタッフが常に最高レベルのサービスを提供するという当ホテルの姿勢が表れています。

出典：リッツ・カールトンのホームページ
http://corporate.ritzcarlton.com/ja/About/GoldStandards.htm

●サービスの3ステップ

1. あたたかい、心からのごあいさつを。お客様をお名前でお呼びします。
2. 一人一人のお客様のニーズを先読みし、おこたえします。
3. 感じのよいお見送りを。さようならのごあいさつは心をこめて。お客様のお名前をそえます。

●サービス・バリューズ： 私はリッツ・カールトンの一員であることを誇りに思います。

1. 私は、強い人間関係を築き、生涯のリッツ・カールトン・ゲストを獲得します。
2. 私は、お客様の願望やニーズには、言葉にされるものも、されないものも、常におこたえします。
3. 私には、ユニークな、思い出に残る、パーソナルな経験をお客様にもたらすため、エンパワーメントが与えられています。
4. 私は、「成功への要因」を達成し、リッツ・カールトン・ミスティークを作るという自分の役割を理解します。
5. 私は、お客様のリッツ・カールトンでの経験にイノベーション（革新）をもたらし、よりよいものにする機会を常に求めます。
6. 私は、お客様の問題を自分のものとして受け止め、直ちに解決します。
7. 私は、お客様や従業員同士のニーズを満たすよう、チームワークとラテラル・サービスを実践する職場環境を築きます。
8. 私には、絶えず学び、成長する機会があります。
9. 私は、自分に関係する仕事のプランニングに参画します。
10. 私は、自分のプロフェッショナルな身だしなみ、言葉づかい、ふるまいに誇りを持ちます。
11. 私は、お客様、職場の仲間、そして会社の機密情報および資産について、プライバシーとセキュリティを守ります。
12. 私には、妥協のない清潔さを保ち、安全で事故のない環境を築く責任があります。

●第六のダイヤモンド

ミスティーク
エモーショナルエンゲージメント
機能的

●従業員への約束

リッツ・カールトンではお客様へお約束したサービスを提供する上で紳士・淑女こそがもっとも大切な資源です。

信頼、誠実、尊敬、高潔、決意を原則とし、私たちは、個人と会社のためになるよう持てる才能を育成し、最大限に伸ばします。

多様性を尊重し、充実した生活を深め、個人のこころざしを実現し、リッツ・カールトン・ミスティークを高める…リッツ・カールトンは、このような職場環境をはぐくみます。

ループス・コミュニケーションズでは、7つのコアバリューそれぞれに対してメダルを割り当て、社内ソーシャルネットワークで社員同士が褒め合う仕組みを導入している。社員を褒める際には、該当するコアバリューのメダルを付与しながら感謝のコメントを残す。それが全社で共有されることによって、自然にコアバリューが浸透するとともに、褒め合う文化が醸成される。その結果、オフィスの雰囲気が明るくなるとともに、社員同士のコラボレーションがすすむ。また、さまざまな目立ちにくい貢献活動が可視化され、社員の認知欲求を満たす効果もある。

社内外にブランドの哲学を浸透させ、それが生活者の持つ価値観に共鳴すると、その心の中に確固たるポジションが築かれる。ブランドの哲学を経営の中心に据えること。これこそ、インサイドアウトの中核をなすものであり、企業の持続性や成長性を決定づける根幹だ。松下幸之助翁も宣《のたま》っている。「経営理念は、まず経営者が考えて考え抜いて、自身で心の底から、これだ、と思えるもの、さらに従業員も株主も納得できるもの、広く世間の人々が賛成してくれるもの、そして天地自然の理にかなっているものでなければならない」（松下幸之助述、江口克彦記『松翁論語』ＰＨＰ研究所）。

ケーススタディ
ライフネット生命のブランド哲学

開業わずか4年弱で東京証券所マザーズ市場に公開した「ライフネット生命保険」は、国内において74年ぶりとなる親会社に保険会社を持たない独立系の生命保険会社だ。日本生命を退社した出口治明社長が還暦で興したベンチャー企業ということでも話題になった。あえて独立系という茨の道を選んだのは、「保険料を半額にしたい」「保険金の不払いをゼロにしたい」「生保商品の比較情報を発展させたい」という創業時のビジョンが生保業界にとって破壊的なイノベーションとなるため、同業者が株主となっては実現困難だと判断したからだ。アクチュアリー（保険料率算出などの専門職）や医師の派遣、情報システム構築などの面で親会社を持つことは大いなる優位性となる。それにもかかわらずゼロスタートを選択した背景には、旧来の常識にとらわれない理想の生保会社像を目指す強い意志が感じられる。「自分に正直に、理想の会社をつくったら、こうなりました」。出口社長の語り口は穏やかだが、正直さゆえに染み入るような説得力がある。その結果、徹底的に生活者視線で、社員が活き活き働く、まさに「ソーシャルシフト」を体現した稀有な上場企業となっている。

この第8章では概念的な内容が中心になるため、各節においてライフネット生命を具体的な事例とし、「ブランド哲学」「社員協働のメカニズム」「ビジネスモデル」「顧客経験価値」「事業成果の評価」がどう実践されているか、現場のリアリティを挿入した。企業規模、業種業態、企業文化などによってシフトの方法は多様だが、現実の企業においてどうインサイドアウト・イノベーションを導入すればよいのかをライフネット生命の歩みで体感してほしい。なお、同社の創業物語は、出口社長による『直球勝負の会社』（ダイヤモンド社）に詳しく書かれている。

●ミッション

「若い世代の保険料を半分にして、安心して子どもを産み育てることができる社会を作りたい」

世帯年収が10年前と比較し低下傾向（1世帯あたりの平均所得が12・3％減少。厚生労働省「平成22年国民生活基礎調査の概況」より）であるにもかかわらず、保険料は1家族あたり年間41・6万円（生命保険文化センター「平成24年度 生命保険に関する全国実態調査〈速報版〉」より）と高止まりしている。そのために、若い世代の人たちは子どもが欲しくても収入に不安があるために躊躇してしまう。ライフネット生命は、この社会的な課題を解決するために創業された。安価でシンプルな保険を提供し、それによって子育て世代をバックアップしていくこと。これが同社のミッションである。

●ビジョン

「正直に経営し、わかりやすくて、安くて、便利な保険商品・サービスを提供する」

同社は現時点で、保険料の内訳もすべて公開する唯一の保険会社だ。コストを抑えるため販売員も実店舗も持たず、「コア商品」と「ネット直販」に経営資源を集中することで、サービスの質とコスト競争力を高め続けている。保険サービスはミッションに基づき、子育て世代のコア・ニーズである死亡保障・医療保障を基本とし、国内生保では初となる就業不能保険「働く人への保険」も開始した。また創業以来、業績を月次で開示し、株主総会も事前に資料を配布した上で週末に開催するなど、株主に対する透明性を大切にしている。

●コアバリュー

「ライフネットの生命保険マニフェスト」（233ページ参照）

ビジョンを実現するためには、生命保険をわかりやすくすることがとても大切だと同社は考えている。そこでコアバリューにあたる同社マニフェストにおいて『生命保険はむずかしい』そう言われる時代は、もう、終わりにさせたい」と宣言し、実現のための24の約束事をつくった。このマニフェストは、お客様に対する宣言であると同時に、社員の行動指針、行動を規範するルールでもある。コアバリューを業務単位まで落とし込んでいるため、社員が自律的に判断して行動するための具体的な指針となっている点に特徴がある。このコアバリューは、出口社長と岩瀬大輔副社長との対談をもとに、コピーライター小野田隆雄氏が書き起こしたものだ。当初はシンプルなコンセプトにまとめる予定だったが、2人の熱い言葉に感じ入った同氏が「要約するのはもったいない」として、「正直な経営・わかりやすさ・

安さ・便利さ」という経営方針にそって4章にまとめたものだ。

同社の中田華寿子常務は、ブランド哲学の大切さを次のように話す。「生命保険は数多くあります。今まで生活者は機能や価格で商品を選択していましたが、これからは『なぜ買うのか』という理由がなくては購買に結びつきにくい。商品のもととなる想い、真実のストーリーが大切です。それはインナー・ブランディングにおいても同様で、たった100名で大企業と対峙するには社員一人ひとりが120%の力を出せる環境づくりが必須です。自らが自分の持ち場で考えられる集団となること。特に中途採用が多い当社では、その基礎となる価値観の共有がとても大切だと考えています。まだ100名ほどの体制なので、経営陣、特に社長の出口との直接の会話を通じて浸透しています。ただし、これからは社業拡大に備えて、多面的に制度化することを検討しはじめています」。

ライフネットの生命保険マニフェスト

「生命保険はむずかしい」
そう言われる時代は、もう、終わりにさせたい

第1章 私たちの行動指針

(1) 私たちは、生命保険を原点に戻す。生命保険は生活者の「ころばぬ先の杖が欲しい」という希望から生れてきたもので、生命保険会社という、制度が先にあったのではないという、原点に。
(2) 一人一人のお客さまの、利益と利便性を最優先させる。私たちもお客さまも、同じ生活者であることを忘れない。
(3) 私たちは、自分たちの友人や家族に自信をもってすすめられる商品しか作らない、売らない。
(4) 顔の見える会社にする。経営情報も、商品情報も、職場も、すべてウェブサイトで公開する。
(5) 私たちの会社は、学歴フリー、年齢フリー、国籍フリーで人材を採用する。そして子育てを重視する会社にしていく。働くひとがすべての束縛からフリーであることが、ヒューマンな生命保険サービスにつながると確信する。
(6) 私たちは、個人情報の保護をはじめとしてコンプライアンスを遵守し、よき地球市民であることを誓う。あくまでも誠実に行動し、倫理を大切にする。

第2章 生命保険を、もっと、わかりやすく

(1) 初めてのひとが、私たちのウェブサイトを見れば理解できるような、簡単な商品構成とする。例えば、最初は、複雑な仕組みの「特約」を捨て、「単品」のみにした。
(2) お客さまが、自分に合った商品を自分の判断で、納得して買えるようにしたい。そのための情報はすべて開示する。
例えば、私たちの最初の商品は、生命保険が生れた時代の商品のように、内容がシンプルで、コストも安く作られている。そのかわり、配当や解約返戻金や特約はない。保険料の支払いも月払いのみである。このような保険の内容も、つつみ隠さず知ってもらう。
(3) すべて、「納得いくまで」、「腑に落ちるまで」説明できる体制をととのえていく。
わからないことは、いつでも、コンタクトセンターへ。またウェブサイト上に、音声や動画などを使用して、わかりやすく、退屈させないで説明できる工夫も、十分にしていく。
(4) 私たちのウェブサイトは、生命保険購入のためのみに機能するものではなく、「生命保険がわかる」ウェブサイトとする。
(5) 生命保険は形のない商品である。だから「約款」(保険契約書)の内容が商品内容である。普通のひとが読んで「むずかしい、わからない」では商品として重大な欠陥となる。誰でも読んで理解でき、納得できる「約款」にする。私たちは、約款作成にこだわりを持ち、全社員が意見をだしあって誠意をもって約款を作成した。
(6) 生命保険は、リスク管理のための金融商品である。その内容について、お客さまが冷静に合理的に判断できる情報の提供が不可欠である。

出典:ライフネット生命保険ホームページ
http://www.lifenet-seimei.co.jp/profile/manifesto/

第3章 生命保険料を、安くする

(1) 私たちは生命保険料は、必要最小限以上、払うべきではないと考える。このため、さまざまな工夫を行う。
(2) 私たちの生命保険商品は、私たち自身で作り私たちの手から、お客さまに販売する。だからその分、保険料を安くできる。
(3) 保障金額を、過剰に高く設定しない。適正な金額とする。したがって、毎月の保険料そのものが割安となる。
私たちのシミュレーションモデルは、残された家族が働く前提で作られている。「すべてのひとは、働くことが自然である」と考えるから。そのために、いざという場合の保険金額も、従来の水準よりも低く設定されている。
(4) 確かな備えを、適正な価格で。私たちの最初の商品は、シンプルな内容の「単品」のみである。良い保険の商品とは、わかりやすく、適正な価格で、いつでもフレンドリーなサービスがあり、支払うときも、あやまりなく、スピーディーであるかが、問われると考える。それゆえに、あれこれ約束ごとを含む、複雑な特約とのセット販売は行わない。
(5) 事務コストを抑える。そのために、紙の使用量を極力制限する。インターネット経由で、契約内容を確かめられるようにする。
(6) 生命保険は、住宅の次に高い買物であると言われている。毎月の少しずつの節約が、長い人生を通してみると大きな差になることを、実証したい。
(7) 生命保険料の支払いを少なくして、その分をお客さまの人生の楽しみに使える時代にしたいと考える。

第4章 生命保険を、もっと、手軽で便利に

(1) 私たちの生命保険の商品は、インターネットで、24時間×週7日、いつでもどこでも、申し込める。
(2) 印鑑は使わなくてもよくした。法令上必要な書類はお客さまに郵送し、内容確認の上、サインして返送していただく。したがって、銀行振替申込書以外、押印は不要となる。
(3) 満年齢方式を採用した。誕生日を起点に、一年中いつでも同じ保険料で加入できるように。
(4) 私たちの商品の支払い事由は、死亡、高度障害、入院、手術のように、明確に定められている。この定められた事由により、正確に誠実に、遅滞なく支払いを実行する。
手術の定義も、国の医療点数表に合わせた。この定義の採用は、日本ではまだ少ない。わかりやすくなり、「手術か、そうでないか」の議論の余地が少なくなる。なお、従来の生命保険では、88項目の制限列挙方式が主だった。
(5) 私たちは「少ない書類で請求」と「一日でも早い支払い」を実現させたい。そのために、保険金などの代理請求制度を、すべての商品に付加した。また、お客さまからコンタクトセンターにお電話いただければ、ただちに必要書類をお送りできる体制にした。そして、保険請求時の必要書類そのものを最小限に抑えた。このようなことが可能になるのも、生命保険の原点に戻った、シンプルな商品構成だからである。
このマニフェストを宣言で、終らせません。行動の指針とします。
私たちの出発を、見つめていてください。

ライフネット生命保険株式会社

社員協働メカニズム

第2レイヤー「社員協働メカニズム」とは、協働の成果を最大化するための組織構造、情報共有の仕組み、動機づけの設計をまとめたものだ。第3章で詳説したIBM調査においても、価値創造の源泉として最も重視されていたのは「人的資本」だった。社員が本来持っている力を結集するためのメカニズムは、かねてより最大の経営課題といっても過言ではないだろう。パラダイムシフトの核となるのは、組織を動かす原動力が「統制」から「透明」に変わっていくこと。第9章に「透明の力」としてまとめたが、これを梃子としたオープンで自律的な組織体を創り上げることが鍵となるだろう。

この節では、「組織編成と意思決定システム」「コラボレーション・プラットフォーム」「協働のエンパワーメント設計」の3点について、第4章「社員エンパワーメントの革新」での考察をもとにまとめたい。一貫して重要なのは、社員を単なる経営資源として見るのではなく「心を持った人間」として尊重することだ。

組織変革における課題

組織とは、複数の人間が協働するためのシステムだ。第4章において、組織には「機械的組織」と「有機的組織」があり、テクノロジーの進歩や創造的業務の増大などから「有機的組織」がより効果的となるケースが増えてきたことを述べた（99ページを参照）。一般的に経営幹部や管理層は、自らの地位を失う恐怖が先にたち、古いメンタルモデルに固執しがちだ。しかしながら、有機的組織、すなわち職務権限が柔軟で、情報が組織内のあらゆる場所に分散し、水平的なネットワーク型の伝達構造を持つ分散型組織を目指すことは、管理層のポジションを奪うことではない。むしろ、担当部門における「ビジョンの策定」「現場に対する献身的な支援」「経営資源の最適配分に対する支援」「秩序を維持するための評価システムの考案と実施」など、より創造性の高い重要な任務に専念することができる。そして管理職にとって最大の悩みだった「人の管理」から開放され、ストレスも低減されるだろう。最も恐ろしいことは、所属する企業が、環境変化に対応できずに衰退し、いつの間にか自らの地位や報酬を失うことだ。そのリスクを回避するために、経営幹部や管理職は、すでに起きている現実を直視し、会社を蘇らせる牽引役となるべきだろう。

組織編成と意思決定システム

そのチーム内で貢献の成果を実感できるような、完結した業務を担当するチームを組織の基本単位とする。ソーシャルネットワーク上では、人間関係にいくつかの階層があることがわかっている。この人数は組織構成にも応用可能だ。先進的な組織構造を持つ企業においては、チーム構成の人数は5~15人程度に抑えていることが多い。事業や地域、製品などでまとめられたチームの集合体も150人以下とし、一人ひとりの顔や個性がわかる職場を意図的に設計している。第2章に記したように、社内における人間関係と業務効率の相関性は実証されており、コネクテッド・エコノミーにおいては、あらゆる局面でこのような人間的配慮が重要になるだろう。

組織づくりの研究をすすめるMIT教授、アレックス・サンディ・ペントランドの研究から、生産性の高いチームには共通点があることもわかってきた。彼は、チームの成果を左右するのは、個人の資質や能力ではなく、各メンバーのコミュニケーションの特性、「コミュニケーションへの熱意」「チーム全体への関与」「外界へ向かう探索」の3点にあるとした。具体的には次のような特性だ。

・チーム全員が平等に話したり聞いたりする機会がある。また簡潔に話をすることを心がけている。

・メンバー同士が顔を向き合わせてコミュニ

ソーシャルネットワークにおける人間関係の階層

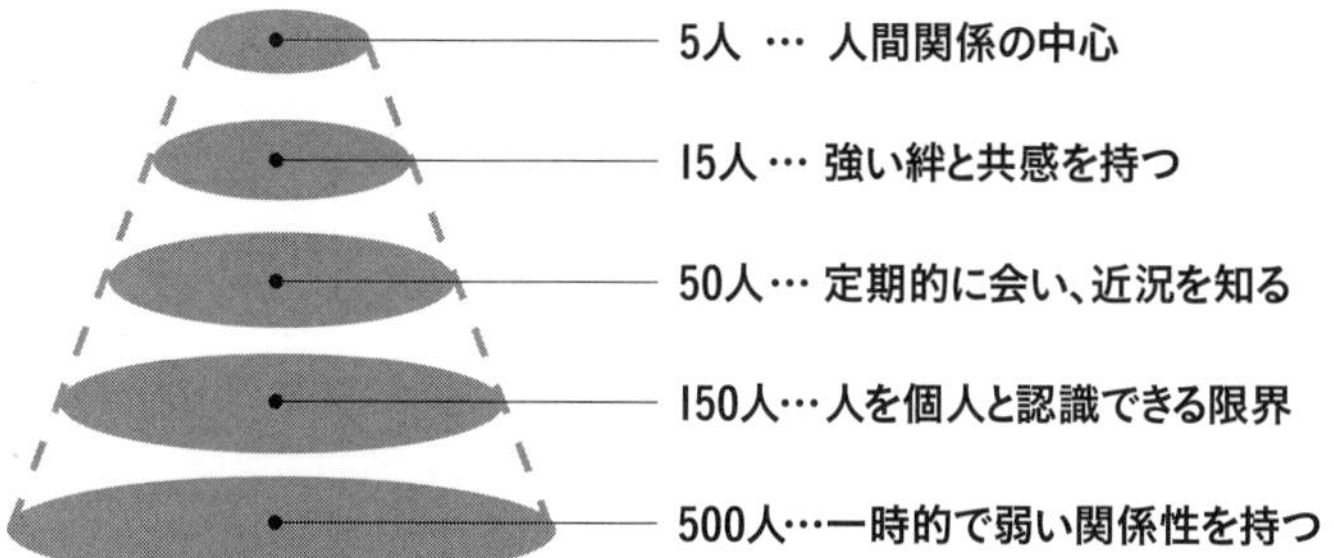

出典：『ウェブはグループで進化する』（ポール・アダムス著、小林啓倫訳 日経BP社）68ページをもとに著者作成

ケーションをし、会話や身振りに熱意がある。
・各人が、チーム・リーダーを通してだけではなく、他のメンバーとも直接つながりがある。
・秘密事項や内輪話をチーム外に漏らさない。
・折に触れてチーム活動を中断し、チーム外の情報を持ち帰ってくる。
（『DIAMONDハーバード・ビジネス・レビュー2012年9月号最強チームをつくる』ダイヤモンド社）

これらを醸成するには後述の「協働のエンパワーメント設計」による社員のモラルアップが前提となるが、交流の場づくりや会議の進め方、簡潔に話す習慣づくりに気を配ることも生産性向上につながるだろう。またメンバー全員と手短ながら熱心に言葉を交して仲介役となる「コネクター型社員」が多いほど生産性が上がることも明らかになった。

有機的組織への移行においては、管理部門や管理職の意識改革が決定的に重要となる。機械型組織における管理職の役割は上意下達、指示と情報の伝達だった。有機的組織においては、指示より自律的行動が優先され、情報は広く共有される。第4章においては、有機的な組織を変革するための6つのステップとして、組織抵抗の少ない順に具体的な事例とともに掲示しているので、参考にしてほしい。

1. 全社を横断するアイデア・プラットフォーム（オレンジ）
2. イノベーションを創造する仕組み（ワールプール）
3. バランスのとれた業績評価（ERM）
4. 組織フラット化と情報共有（シスコシステムズ）
5. 性善説で成果志向な職場環境（ベストバイ、ジェットブルー航空）
6. 価値観を共有し、社員が自律的に行動する組織（ホールフーズ・マーケット）

これらにしたがい、どの程度、現場への権限委譲をすすめるかは経営判断だ。シスコでは、既存の組織体系をある程度維持しながら、収益機会の規模をベースに社内を「カウンシル」「ボード」「作業グループ」という3階層に集約し、現場への大胆な権限委譲を行った。経営幹部の意識変革に4年の歳月をかけたというこの組織改革は、多くの大企業で参考になるだろう。また中堅以下の規模であれば、ホールフーズ・マーケットのような理想の有機的組織を目指すことも視野に入れるべきだ。中央集権型組織構造からの変革は大きな困難が予想されるが、この経営イノベーションが実現できれば、持続性の高い事業基盤が実現できるだろう。

コラボレーション・プラットフォーム

有機的組織への変革は「コラボレーション・プラットフォーム」、すなわち社内でクローズしたソーシャルネットワーク環境ないしそれに準じた情報共有システムの構築が前提となる。

社内に透明性があり、オープンに情報が共有されることで、はじめて社内に信頼関係が醸成され、社員の協働とイノベーションが促進されるからだ。シスコは、この点でも最もすすんだ企業のひとつだろう。同社では、「コネクト＝人と人とを結びつける」「コミュニケート＝効果的・効率的な情報伝達」「コラボレート＝内部・外部との協業・協調」「ラーン＝情報共有・学習」という4つの基軸で独自のコラボレーション・フレームワークを構築し、外部パートナーを含めた人々が、このオンライン空間で協働している。また、これによりオフィス外でも仕事ができる環境を提供し、大幅な生産性向上とコスト削減を実現した。

ただし、一般企業においてこれほどの投資は不要だろう。まずシンプルに企業内でクローズしたソーシャルネットワークを導入し、社内をオープン化することをすすめたい。このコラボレーションの活性化にはノウハウが必要だ。まず意識の高い少数有志が実験的に導入し、徐々に社内に広めていくこと。プロジェクト単位での活用を基本として、コミュニケーションの場をメールからシフトすること。活性化してきたら横断的なアイデア投稿の場をつくること。そして、経営者自らが関心を持ち、社員の意見にフランクでポジティブなコメントを寄せること。オープンな場での説教や指示はご法度だ。そして定期的に社内アイデアコンテストを開催し、社員の参画、さらには現場からのイノベーション創発を促進していく。また、このプラットフォームに集まった情報を選択して、フェイスブックなどの社外向けパブリック・ソーシャルネットワークに投稿するのも効果的だ。あわせて、前節でも紹介したが、「コアバリュー」と連動した社員同士の褒め合う仕組みは、社内活性化に効果的なのでおすすめしたい。

協働のエンパワーメント設計

社員エンパワーメントにおいて重要なポイントは、社員視点にたって、社員の幸せを実現しようとする強い使命感だ。ホールフーズ・マーケットのジョン・マッケイ、ザッポスのトニー・シェイらは、マズローの5段階欲求を基礎として自社の経営スタイルを確立したことで知られている。彼らは社員に対しても顧客に対しても、その欲求を満たすことを真摯に追求し続けている。社員の幸せを実現するには、報酬や福利厚生だけでは不十分であり、その上位に位置する所属と愛の要求、承認と尊重の欲求、自己実現欲求を、低いレベルから高いレベルへ満たすべく真摯に努力を続ける必要がある。以下にマズローの5段階欲求をベースにした、社員の幸せを創造する「社員協働のピラミッド」を提示したい。

最もベースになる階層は「生理的欲求」に相当するもの、これは主として「生活を支える報酬」を指す。第2の階層「安全の欲求」は、やはり安全を維持するための収入とともに「雇用に対する安心感」「適正な労働時間」とそれによる「ワークライフ・バランス」などがあげられる。第3の階層「所属と愛の欲求」は、職場内におけるエンゲージメント、すなわち「チームワーク」「仲間意識」「情報共有による一体感」が重要になる。第4の階層「承認と尊重の欲求」においては、社員の認知欲求を満足させることが大切だ。「褒賞制度」「意見の尊重」「経営参画意識」「貢献へのフィードバック」といった施策がポイントと考えられる。特に重要なのは貢献に対するリアルタイムでポジティブなフィードバックだ。ここで、ポジティブな評価をネガティブな指摘の少なくとも3倍、理想的には6倍とすることが重要だ。第5の階層「自

社員協働のピラミッド

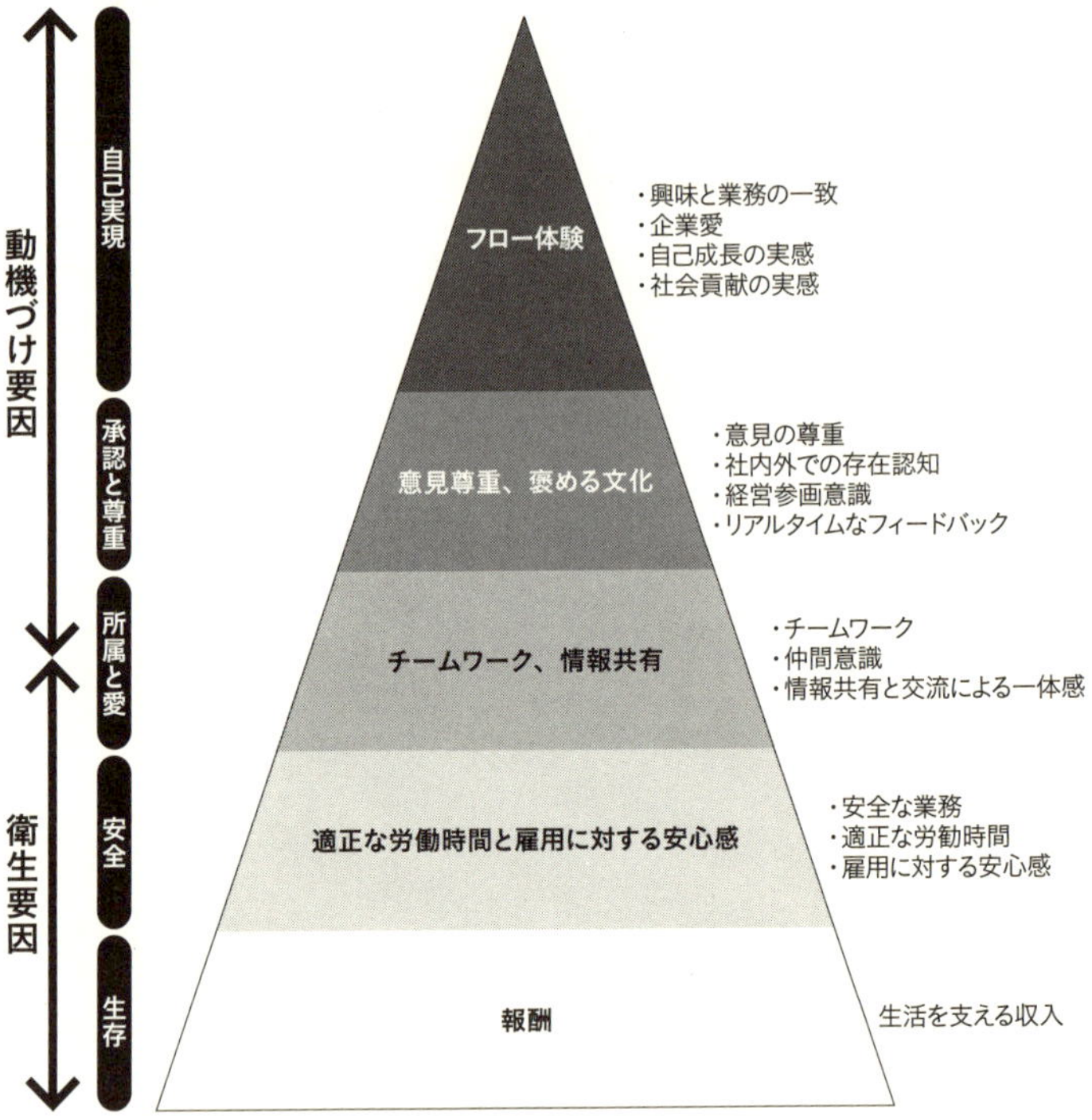

(1) There are at least five sets of goals, which we may call basic needs. These are briefly physiological, safety, love, 'esteem, and self-actualization. In addition, we are motivated by the desire to achieve or maintain the various conditions upon which these basic
satisfactions rest and by certain more intellectual desires.

(2) These basic goals are related to each other, being arranged in a hierarchy of prepotency. This means that the most prepotent goal will monopolize consciousness and will tend of itself to organize the recruitment of the various capacities of the organism. The less prepotent needs are minimized, even forgotten or denied. But when a need is fairly well satisfied, the next prepotent ('higher') need emerges, in turn to dominate the conscious life and to serve as the center of organization of behavior, since gratified needs are not active motivators.

出典：A Theory of Human Motivation　A. H. Maslow (1943)　Originally Published in Psychological Review, 50, 370-396.　Summary より前半部抜粋

己実現の欲求」においては、第2章で詳説した心理的エネルギーが100％発揮される「フロー体験」を実現できる環境を提供することだ。なお「フロー体験」を実現するための環境については第2章で詳細を記載しているので参考にしてほしい。また「好きなことに専念できる環境」「自己成長の実感」「企業への愛情」などもこの階層に相当する（ここで「自己実現」とした最上位階層の体験は、第2章で言及したように「ピーク体験」「フロー体験」の概念に近い）。

米国の心理学者フレデリック・ハーズバーグは、給与や作業条件などは不足すると不満足を起こす「衛生要因」であり、逆に承認と尊重の欲求や自己実現欲求などは満たされると満足感を覚える「動機づけ要因」であるとして二要因理論を提唱した。前ページの図内であらわしたように、このピラミッドで言うと「報酬」や「適正な労働時間」「雇用に対する安心感」、さらに「チームワーク、情報共有」の一部までが「衛生要因」にあたり、それ以上の階層が「動機づけ要因」と考えてよいだろう。

企業は、報酬や福利厚生、労働時間などの衛生要因のみならず、社内エンゲージメント、ポジティブ・フィードバック、さらにはフロー体験などの動機づけ要因が実現される職環境をいかに社員に提供するかを追求し、それを下から一つずつ実現すべきだ。それによって社員の自社に対する愛情が強まり、彼らの潜在能力が引き出され、生産性や創造性が向上していく。これらの施策においては、従来は経営と敵対関係とみなされがちだった労働組合とも率直に話し合い、協働してすすめることも検討すべきだろう。実際に、第9章で紹介するセムコは、労働組合とも協働しながら極めて民主的な組織運営を実現している。

満足と不満足の要因差

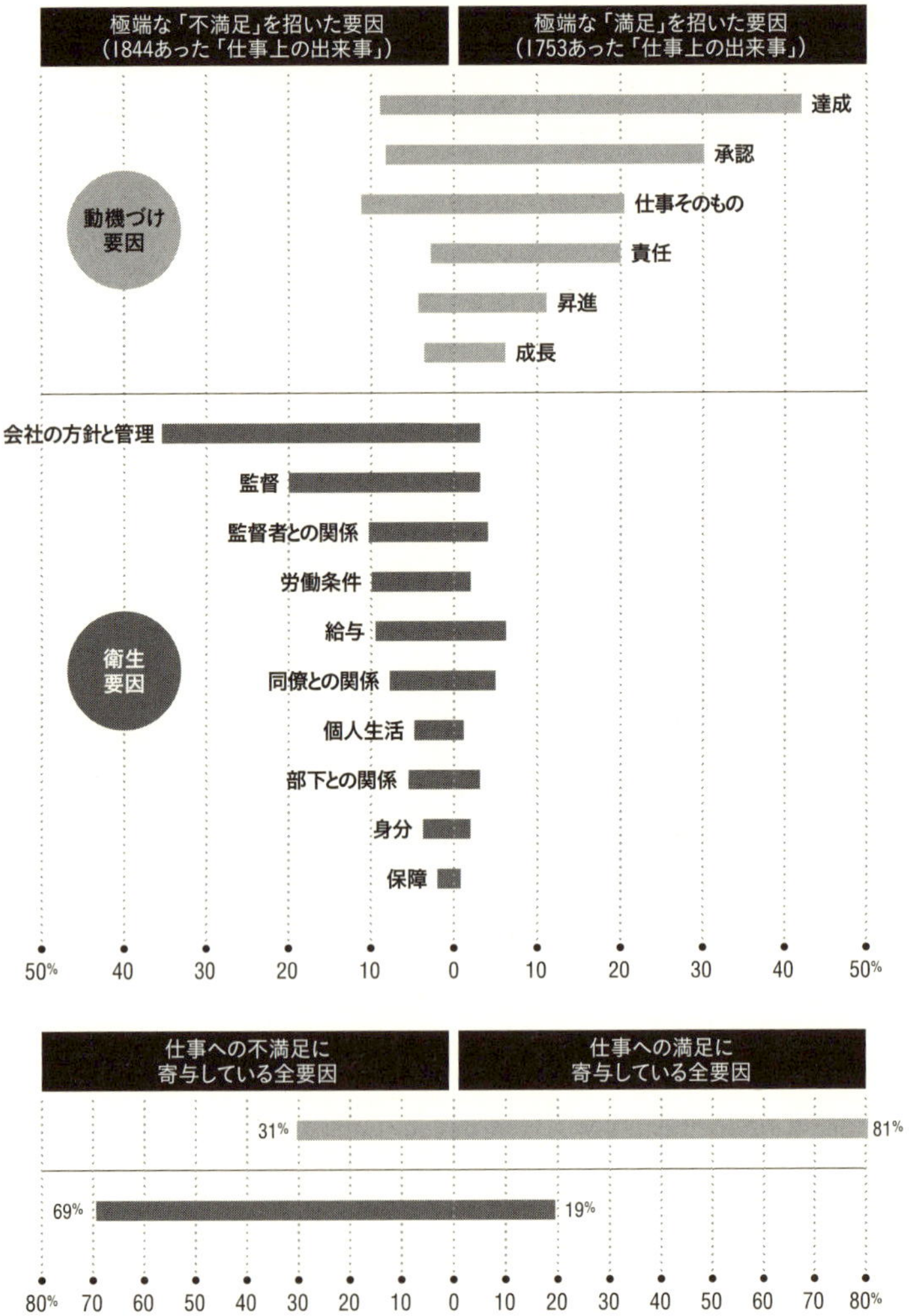

出典：『動機づける力』（DIAMOND ハーバード・ビジネス・レビュー編集部編・訳 ダイヤモンド社）17ページ

ケーススタディ
ライフネット生命の社員協働のメカニズム

同社では、改善とチャレンジをし続けるしなやかで強い組織づくりを心がけている。全部門が幅広く「お客様」と接し、ふれあいフェア（契約者とのコミュニケーションの場）やサイトアクセス分析を通して得られた知見や情報を徹底的に分析する。そのデータとマニフェストに基づき、スピーディな意思決定を行う。そのためにはオープンでフラットな組織であることが不可欠だ。社員の人事考課表もマニフェストが基準となっており、文字通り行動規範となっている。効果的な改善とチャレンジを続けることで、同社は先行者優位性を築いている。

このようなフラットな組織を実現できるのは、社内SNSによって常に情報が共有されていること、それにマニフェストがあるため管理や指示が最小限ですむためだろう。特にユニークなのは、経営陣も、お客様と直接交流するために全国行脚や書籍出版をするとともに、ブログやツイッターを通じて積極的に対話していることだ。リアルとネットにかかわらず、経営陣自らが率先して生活者と対話する姿勢こそ、ライフネット生命の真骨頂と言えるだろう。また、人材採用においては、社員の持つバックグラウンドの多様性を重視し、新卒は30歳まで、学歴、性別、国籍フリーというユニークな採用方針をとっている。また同社には定年もない。そして日系生保では唯一となる女性の常勤取締役がいるなど、偏った常識にとらわれない公正な人事施策を推進している。

お客様と直接ふれあうオープン・フラットな組織

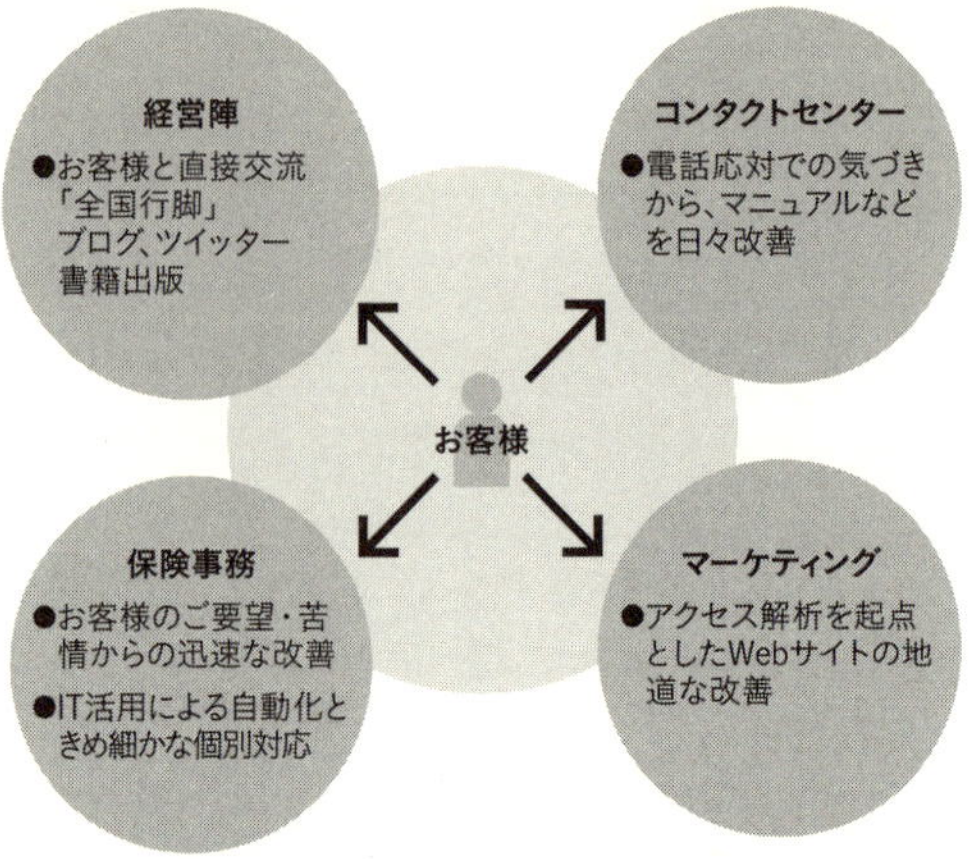

ライフネット生命保険、社員協働のピラミッド

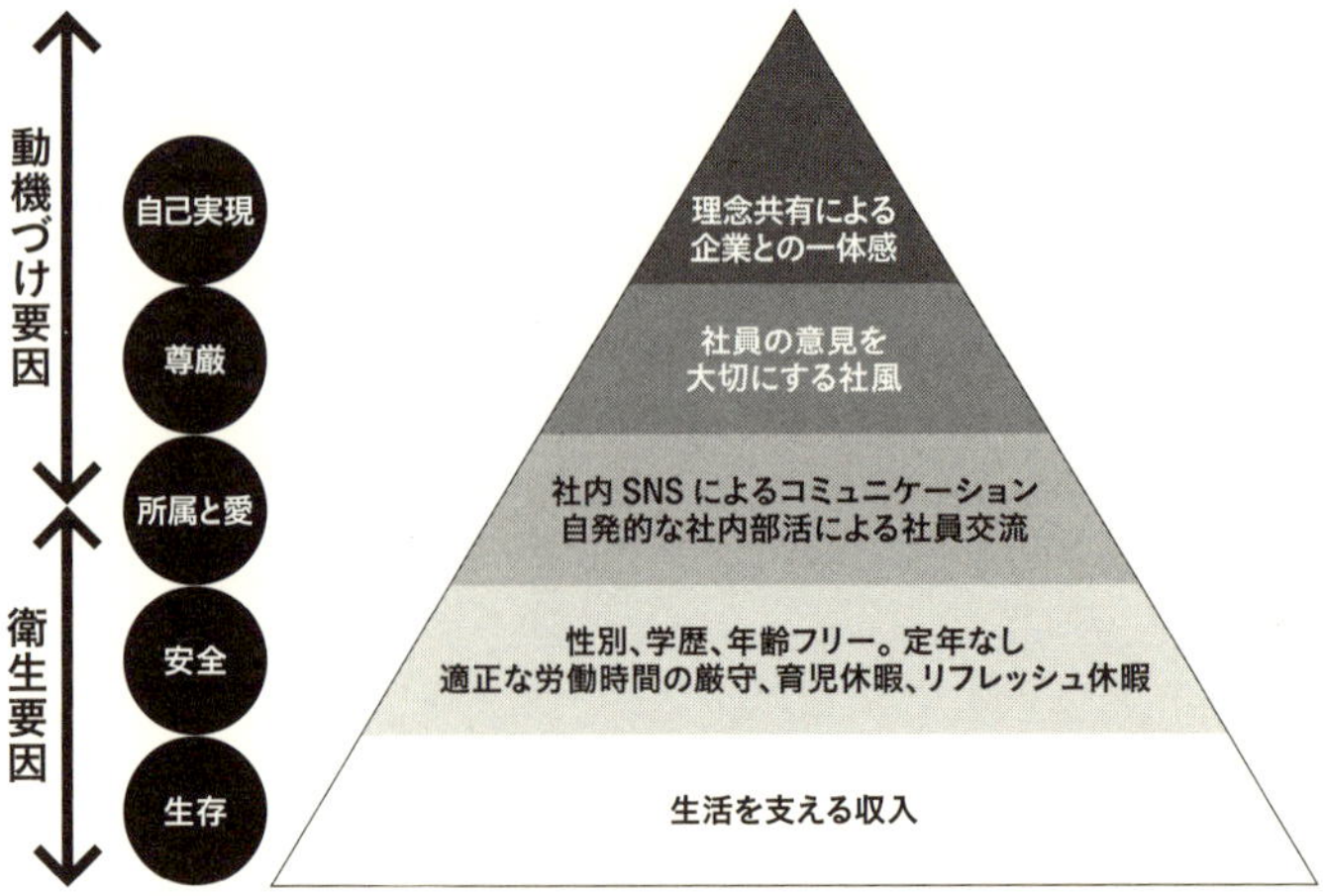

ビジネスモデル

第3レイヤー「ビジネスモデル」は、ミッションに基づいた事業活動をいかに構想し、バリューチェーンを構築し、推進していくかという事業の全体像の構築をあらわしている。ここでのパラダイムシフトの核となるのは、ビジネスモデルを「競争」の戦略視点から一歩広げ、パートナーや地域社会との「共創」関係を構築し、イノベーションを主導していくことだ。ビジネスモデルのレイヤーは「社会との共通価値の設定」「ビジネスモデルの策定」、そして「ビジネスモデルの進化」で構成される。なお、この節はソーシャルシフトの3基軸のうち「パートナー・コラボレーションの革新」と連携している。

社会との共通価値の設定

まず、自社の「ミッション」と「社会の課題」に基づいて「社会との共通価値」を設定することが起点となる。世界には極めて多数の企業が存在し、地域ごとに解決しなければならない多くの社会的な課題が存在している。その中で、自社は、自らの「ミッション」に基づき、社会のどの問題を対象に、どんな価値を提供することで解決しようとするのか。その価値を提供することで自社にどのような経済的な価値が還元されるのか。さまざまな競合サービスが存在する中で、持続的な事業にできる可能性はあるのか。可能性を考慮し、事業の根幹となる「社会との共通価値」を設定する。既存の事業に関しても、あらためて見直すことで自社の存在意義が見えてくるだろう。ここで設定された「社会との共通価値」に基づき、ビジネスモデルが構築され、持続的な事業となっていく(249ページの上図を参照)。社会に貢献しない投機的な活動、環境を破壊する活動、生活者を不幸にする活動などは持続的なビジネスとはなりえない。あくまで企業の使命「何をもって世界をより良くしていくか」を基点とし、課題が発生するつど原点に戻る、ぶれない姿勢が肝要だ。

ビジネスモデルの策定

設定された社会との共通価値を創造するために、どのようなビジネスモデルが最適だろうか。ここでビジネスモデルの定義は、早稲田大学IT戦略研究所所長、根来龍之教授による「どのような事業活動をしているか、あるいは構想するかを表現する事業構造のモデル」に準じ、戦略・オペレーション・収益構造を含むものとする。ビジネスモデルを策定するためには、「外部環境」と「顧客ニーズ」を分析した上で、自社の「コアバリュー」と照らし合わせて検討することが重要だ。外部環境分析においては「SWOT分析」など既存の手法を用いることを想定している。顧客ニーズ分析に関しては、顧客の欲求に基づく「顧客経験価値のピラミッド」の活用を提唱したい。こちらは次節で詳細を記しているので参考にしてほしい。また、ライフネット生命のマニフェストのように業務レベルまでブレイクダウンした「コアバリュー」を策定する場合は、ビジネスモデルに準じてつくり上げていくのが現実的だ。

バリューチェーン構築にあたっては重要なポイントがある。バリューチェーンにインプット

共通価値の設定とビジネスモデルの策定

1. ミッションと社会の課題に基づき、社会との共通価値を設定
2. コアバリュー・外部環境・顧客ニーズから、
個性的なビジネスモデルを策定

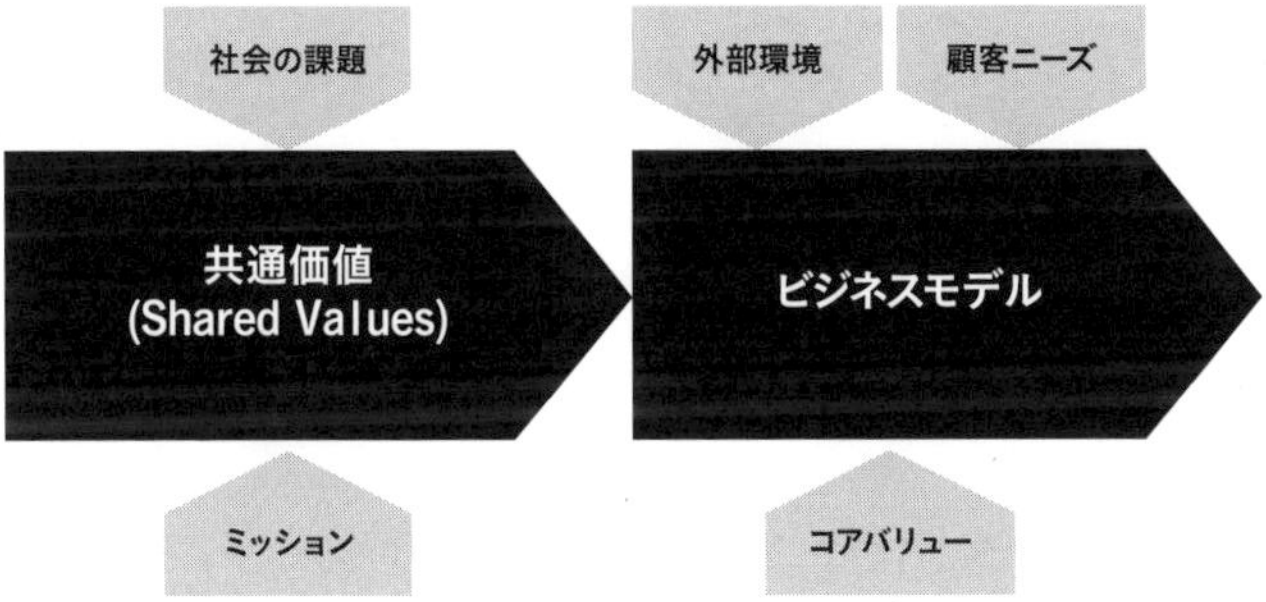

ビジネスモデルにおけるバリューチェーンの構築

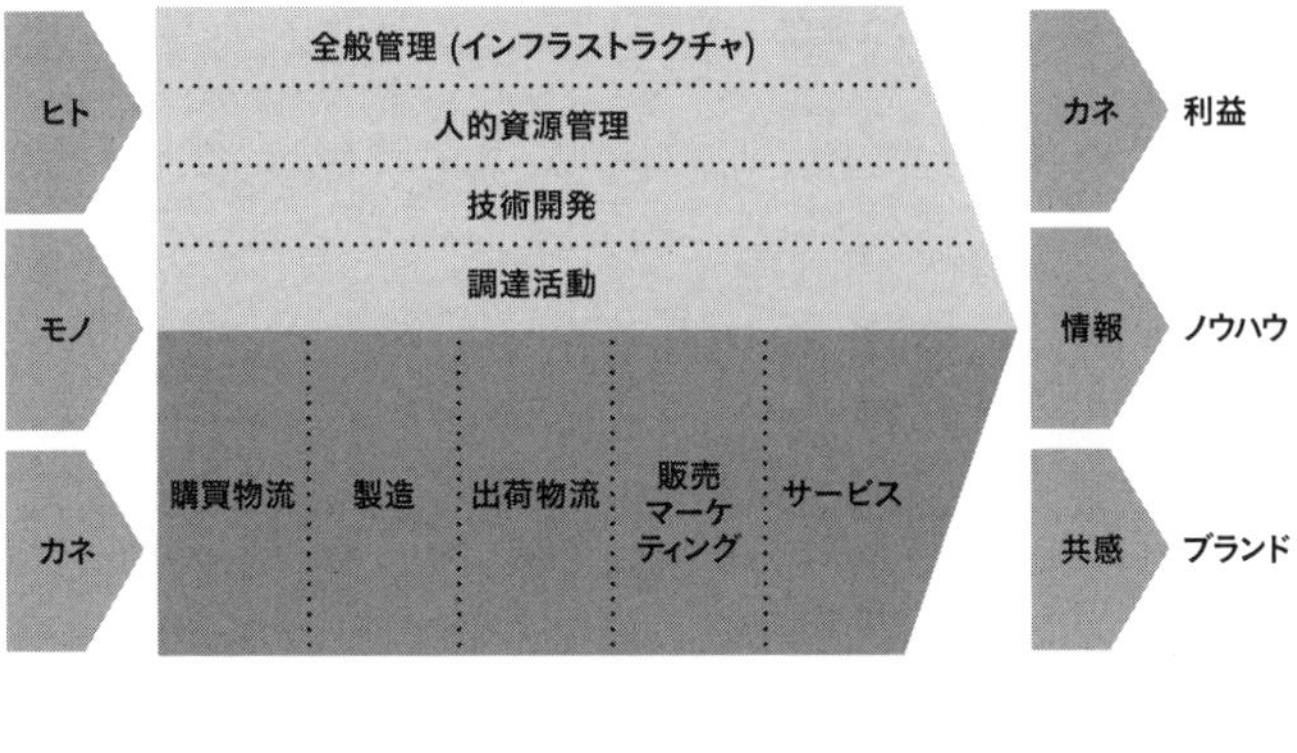

される経営資源は「ヒト」「モノ」「カネ」であり、それが業務プロセスにより顧客経験価値となり、アウトプットが生み出される。アウトプットとして財務諸表で識別できるものは「カネ」だけだが、実際にはノウハウとして内部に蓄積される「情報」、そしてブランドとして外部に蓄積される「生活者の共感」がある。この「カネ」をも凌ぐ価値を持つ2つの無形資産が生み出されることを忘れてはいけない。特にソーシャルメディアによって「生活者の共感」価値はこれからさらに高まっていく。これら目に見えない資産の創造も認識した上で、長期的な視野でパートナーを選定することが肝要だ。第6章で紹介したイケアやパタゴニアは、初期に使命や価値観を共有できるパートナーを厳選し、金融や教育的支援も交えながら、バリューチェーン全体を最適化する戦略をとっている。また、同じく第6章のＩＴＣや、第7章で紹介したふくやのように、地域社会と密着し持ちつ持たれつのパートナーとして、地域におけるエコシステムを構築するビジネス・スタイルも時代の要請と言えるだろう。

ビジネスモデルの進化

ビジネスモデルは、現実の市場に揉まれながら進化していく。その進化を促すメカニズムは、初期段階と成熟段階で全く異なってくる。新規事業として新しいビジネスモデルを世に出す場合には、エリック・リースが提唱し、米国ベンチャー企業に熱烈に支持されている「リーン・スタートアップ方式」を推薦したい。これはトヨタのリーン生産方式を基礎としたもので、「仮説検証」→「学び」→「新しい仮説」というフィードバックサイクルを極めて合理的かつ高速

リーン・スタートアップ方式

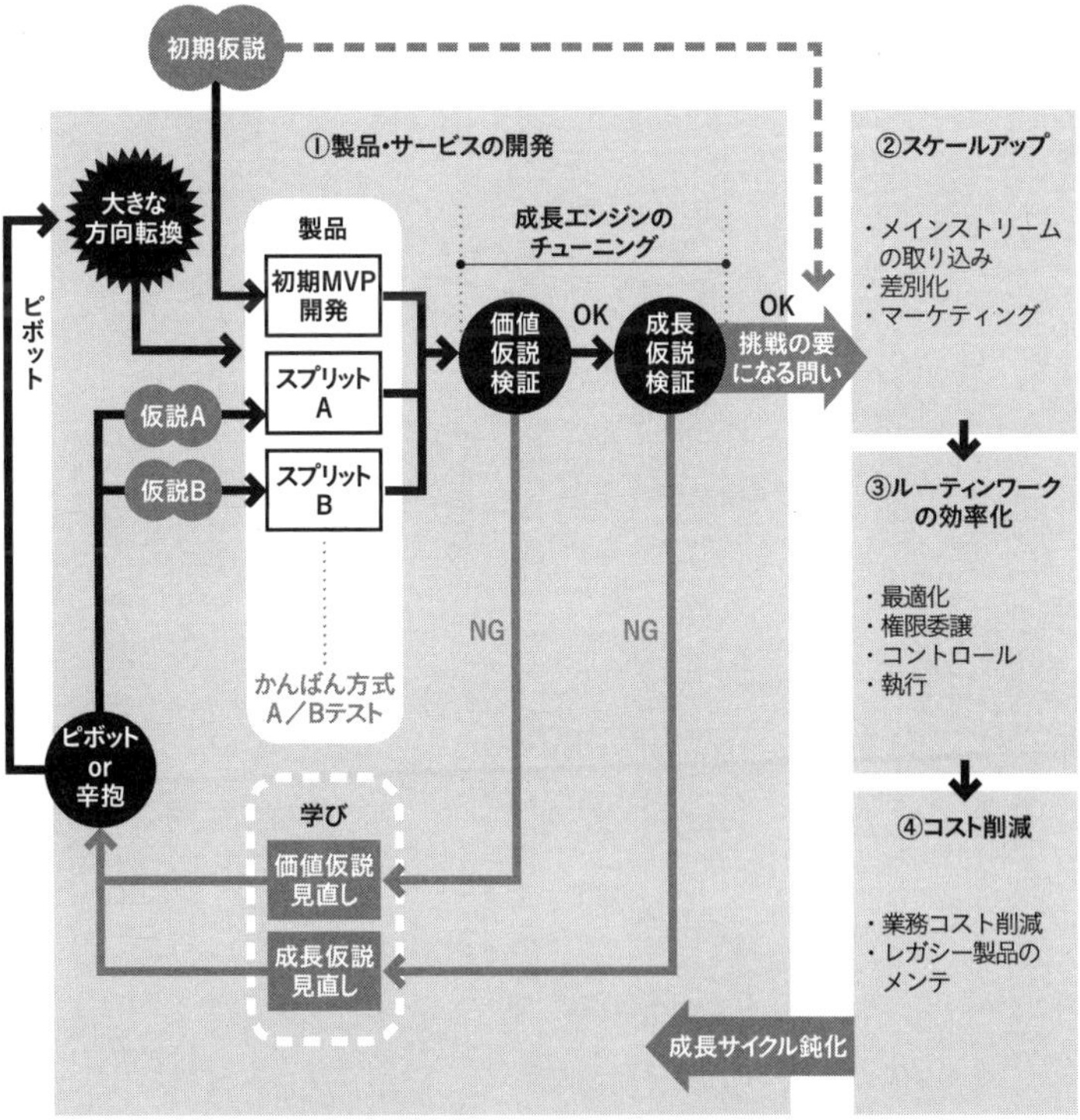

出典：『リーン・スタートアップ』
（エリック・リース著、伊藤穣一（MITメディアラボ所長）解説、井口耕二訳 日経BP社）
の内容をもとに、ループス・コミュニケーションズ許直人が図式化で行う方式だ。今までのように企画や事前調査に多くの時間を割いても、市場は常に揺れて変化しており意味がない。それよりも合理的なフィードバックループを高速でまわし、市場と対話しながら道筋を見つけていくという手法だ。仮説には価値仮説（想定価値を提供できているか）と成長仮説（想定通りに利用者が広がっているか）があり、それぞれの観点から合理的な目標値を設定し、その達成状況を短サイクルで検証し、チューニングしながらすすめていく。当然、この新規事業を担当するチームは、権限を大胆に委譲された少数精鋭チームであることが必須だろう。

一方で、既存ビジネスモデルを進化させる、ないし新規ビジネスが一定の規模に成長した場合には、より本格的な組織体制で、より多様化した製品サービスを提供する必要性が生じてくる。顧客にとって、自社の製品が唯一の選択肢となるようにするためにはどうすればよいか。他社の追随を許さないような独占状態を確立するために「ホールプロダクト」戦略という考え方が生まれてきた。ハーバード大学教授セオドア・レビットは、これを「コアプロダクト」「期待プロダクト」「拡張プロダクト」「理想プロダクト」の4つのプロセスであらわした。「コアプロダクト」とは説明書通りの機能を持つ製品、「期待プロダクト」とは顧客がこうあるはずと事前に期待している製品、「拡張プロダクト」とは付属品やサービスで補完した顧客の購入目的を最大限満たす製品、「理想プロダクト」とは理論的上限のプロダクトをあらわす。バリューチェーンは、これらの製品サービスのレベルを継続的に高め、多様化していく必要があり、一定規模の組織と確立されたバリューチェーンが必要となる。特に拡張プロダクト以降は、生活者のニーズをいかに高感度に商品に反映させるかが勝負となってくる。そのため、このホールプロダクト戦略においては、バリューチェーンの構築とともに、社員、取引先、顧客の声を傾聴し、改善アイデアを共有できるコラボレーション・プラットフォームの構築が成功の鍵となってくる。ただし、外部の人々が企業に協力するか否かは、深い関係性が構築できているかどうかに依存する。具体的な施策としては、第6章におけるP&Gの事例を参照いただきたい。

ケーススタディ
ライフネット生命のビジネスモデル

ライフネット生命保険は、独立系としては戦後初の生命保険会社だ。ゼロベースでフレッシュな視点から顧客志向を徹底できる点を強みとし、既存の生命保険会社とは一線を画した新しいビジネスモデルを展開している。

同社における社会との共通価値（Shared Values）は、「若い世代に対して、従来より格段に安い生命保険を提供すること」だ。その背景にある社会的な課題は、20～30代の世帯年収が低いことが少子高齢化の根本原因となっていること。生命保険は、人生において住宅に次ぐ高額商品だ。これを半額にすることは生活者にとって大いなる価値となり、少子化という先進国最大の難問解決にもつながる。ライフネット生命は、生命保険を商品として利益をあげるためだけに存在している会社ではない。このような社会的意義が根幹にあり、その理念が組織内に浸透していることが、同社のブランドを際立たせている源となっている。

共通価値を実現するためのビジネスモデルもユニークだ。1996年、50年ぶりに保険業法の全面改正が行われる。この規制緩和（販売チャネル、商品、保険料決定）において、世帯年収が低下しているにもかかわらず保険料は高止まりしている外部環境を、同社は参入機会として捉えた。また生命保険への加入チャネルの多様化がすすみ、インターネット通販による加入意向も年々増加していたため、他社に先駆けてネット専業のビジネスモデルを構築することに狙いを定める。その上で、競合優位性を維持するためのコアバリューを次の3点に定め、マニフェストというかたちで明文化した。

1．ネット直販とペーパーレスによる事務効率の向上によりコストを抑制
2．シンプルでわかりやすい商品ラインナップとし、オペレーションの複雑化の抑制
3．独創的なマーケティングと新領域へのチャレンジを通じて、ユニークなポジショニングを確保

新規参入の独立系生命保険会社にとって、最大の課題はブランド認知や信頼性の獲得にある。そのため、スターバックスやGABAでブランディング責任者だった中田華寿子氏をマーケティング責任者に迎え、まずは「10万人に愛されるブランド」になるためのユニークなマーケティング活動を展開した。まず応援者を拡大するために出口社長自らが10人以上集まれば全国どこでも行脚するというミニ集会活動を開始、あわせて出版やソーシャルメディアを通じて同社の理念を、経営陣が中心となって広く伝えた。さらに認知度の底上げを図るため、マス広告の効率的投下と戦略的な話題づくりを組み合わせる。その結果、マイボイスコム調査において、民間生保でトップの支持度（インターネット調査「生命保険会社のイメージ」第7回　2010年12月1日～12月5日）を獲得するまでになった。ただし、その背景には同社が理念にそった真摯な経営をしている点を忘れてはいけない。テクニック論もさることながら、同社の発信するメッセージが真実のストーリーだからこそ、生活者の心に響き、

結果的に広く伝わったのだ。言動の一致する倫理性の高い企業のみができるブランディングと言えるだろう。

顧客経験価値

第4レイヤー「顧客経験価値」は、機能や品質といった商品やサービスそのものの価値を超えて、商品サービスの購入や使用から得られる経験そのものの価値を指す言葉で、「カスタマー・エクスペリエンス」とも呼ばれる。顧客経験価値におけるパラダイムシフトは「機能」価値から「情緒」価値へ。それも商品で完結するのではなく、いかに顧客体験にエモーショナルな付加価値を創出できるかがポイントとなる。この節においては、企業の顧客接点における顧客経験価値を最大化するために「顧客接点の全方位化」「顧客経験価値の設計」「顧客の声のフィードバックループの構築」に関して論じたい。なお、この節は3基軸のうち「顧客エンゲージメントの革新」と密接に関係している。

顧客接点の全方位化

企業の顧客接点にテクノロジーによる新たなイノベーションが訪れようとしている。「オムニチャネル・リテーリング」だ。オムニとは「すべて、全方位」といったことをあらわす接頭語で、全方位化した顧客接点を持つ小売業態をあらわしている。Webサイト、ソーシャルメディア、リアル店舗、キオスク、カタログ、コンタクトセンター。さらには、モバイル端末、テレビ端末、ゲーム端末、ネットワーク家電、さまざまな在宅サービスにいたるまで、顧客接点となりうる、あらゆるチャネルに店舗を出店させ、同一した顧客体験を提供する。あわせてソーシャルテクノロジーを駆使し、あらゆる接点で企業と顧客、さらには顧客同士が相互交流できるような小売戦略を指している。第5章「顧客エンゲージメントの革新」で紹介したマガジーニ・ルイーザ、エッツィ、コムキャストなどは、オムニチャネル・リテーリングを目指す先進事例と言ってよいだろう。

258ページの図にあるように、販売チャネルはテクノロジーの進化とともに高度化してきた。「マルチチャネル」時代にはチャネルごとに独立した販売接点となっていたが、「クロスチャネル」化により、各販売チャネルで情報が横断するようになった。例えばニッセンのコマースサイトでは、その商品を購入した顧客のみが商品コメントを書き込める仕様になっているが、これは電話やFAX、ネットとあらゆる販売チャネルからの顧客データや購買データが統合されているからこそ可能になるものだ。セブン-イレブンネットでは、ネットで購入した商品を手数料無料、送料無料、店頭での代金引換で商品が受け取れる。ヨドバシカメラではネットや店舗でポイントが共通して使用できる。これらもすべて基幹となる情報システムがクロスチャネル化しているからこそ実現できるものだ。

チャネルの進化とオムニチャネル・リテーリング

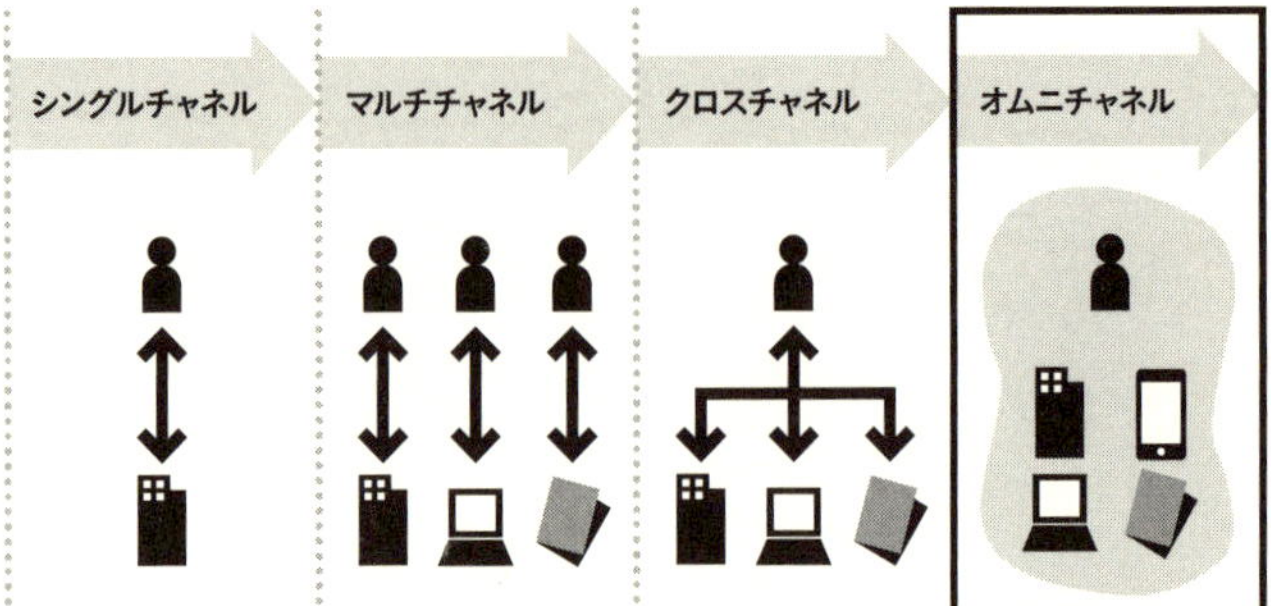

	シングルチャネル	マルチチャネル	クロスチャネル	オムニチャネル
顧客	単一の接点を経験する	チャネルごとに独立した複数の接点を経験する	同一ブランドの一部として複数の接点を持つ	個々のチャネルではなく、ひとつのブランドとして体験できる
小売店	単一接点を持つ	専門的かつ機能的だが孤立した情報と運営のチャネルしかない	同一顧客を特定できるが、孤立した専門的な運営しかできない	顧客情報を統合的・戦略的に活用できる
	時代遅れ	**現実**	**目標**	**財務の視点**

リアル店舗のメリット

- よく調整された品揃え
- 親切で行き届いた接客
- イベントや買い物体験
- 商品サービスの仮体験
- その場で持ち帰り可能
- 初期設定や修理が可能
- 返品が容易

どちらかの選択から、いいとこ取りの融合へ

オムニチャネル・リテーリング

ネット店舗のメリット

- 圧倒的な品揃え
- 「いつでも」「どこでも」の利便性
- 豊富な商品情報
- 便利な検索機能
- 価格比較や特典
- 第三者レビューの閲覧
- しがらみがない買い物

リアル店舗　PC　カタログ　スマートフォン

出典：シングルチャネルからオムニチャネルまでの説明図は、
NRF Mobile Retail INITIATIVE、"Mobile Retailing Blueprint V2.0.0"をもとに著者作成。
その他の部分は『DIAMOND ハーバード・ビジネス・レビュー2012年7月号
小売業は復活できるか』（ダイヤモンド社）をもとに著者作成

では、これがオムニチャネルに進化すると何が変わるのか。まず顧客にとって、どこで買うかは問題にならなくなる。図には顧客から見たリアル店舗のメリットとネット店舗のメリットを記載したが、これらのいいとこ取りができるのがオムニチャネルだ。店舗でもネットでも携帯電話でも商品在庫は統一されており、支払いや受け取りも顧客が希望するものを選択できる。店舗にいながら類似商品を検索したり、利用者の使用感を閲覧できたり、ソーシャルメディアに投稿して友人の感想を聞いたりできる。ネットで購入する際にも必要な時に店員がチャットで親切に案内してくれる。さらにそう遠くない将来、ビッグデータの活用により、個人に購買意欲が訪れる瞬間を察知し、過去に購入した商品との組み合わせなども考慮して、最適な商品サービスを提案するようになるだろう。

ソーシャルメディアの台頭、販売チャネルのオムニ化、ビッグデータの活用。そんな先進テクノロジーの中で、顧客接点にいる社員に求められるものは、顧客ごとのきめ細かな情報を駆使しながら、より人間的な、温かみのある、親切なおもてなしをすること、そしてワクワクするようなショッピング体験を提供することだ。では、実際に顧客はどのような体験を望んでいるのだろうか。

顧客経験価値の設計

第5章で、ザッポスが10年という歳月をかけて、その顧客経験価値をステップバイステップで進化させてきた様子を考察した。顧客に幸せを届けるためには、ベースとして素晴らしい商品や品揃え、顧客サービスが、競合他社を上回るレベルで実現されている必要があるのは当然のことだ。顧客に対する価値創造にはステップがあり、低いレベルから高いレベルへ積み上げていく必要があるのだ。このステップは、社員エンパワーメントと同様に、マズローの5段階欲求、「生理的欲求」「安全の欲求」「所属と愛の欲求」「承認と尊重の欲求」「自己実現の欲求」に当てはめることができる。参考まで、ザッポスにおける「顧客経験価値のピラミッド」は次ページの図になる。

ピラミッド内に記載されているのはザッポスにおける顧客経験価値、その右に書かれているテキストは、一般企業で考えた場合の典型的施策だ。社員協働のピラミッドは多くの企業ではぼ類似したものとなるのに対して、この顧客経験価値のピラミッドは競争優位の源泉そのものであり、エクセレントカンパニーほど、競合他社と差別化された特徴を持っている。その独自性こそが、事前期待を上回る顧客体験を創造し、ソーシャルメディア上にポジティブなクチコミを拡散させるドライバーとなる。特に、商品のコモディティ化がすすみ、競合他社との差別化が困難な時代において、上位3レイヤー、つまり顧客のエモーションに訴える情緒価値、親切で温かい人間性を感じさせるサービスがキーとなるだろう。

顧客の声のフィードバックループの構築

生活者は企業に対して積極的に物申すようになってきた。なぜならソーシャルメディアでその声に共感が集まると広く伝わる、つまり自分の声を届ける力を持ったことを実感しはじめた

ザッポスにおける「顧客経験価値のピラミッド」

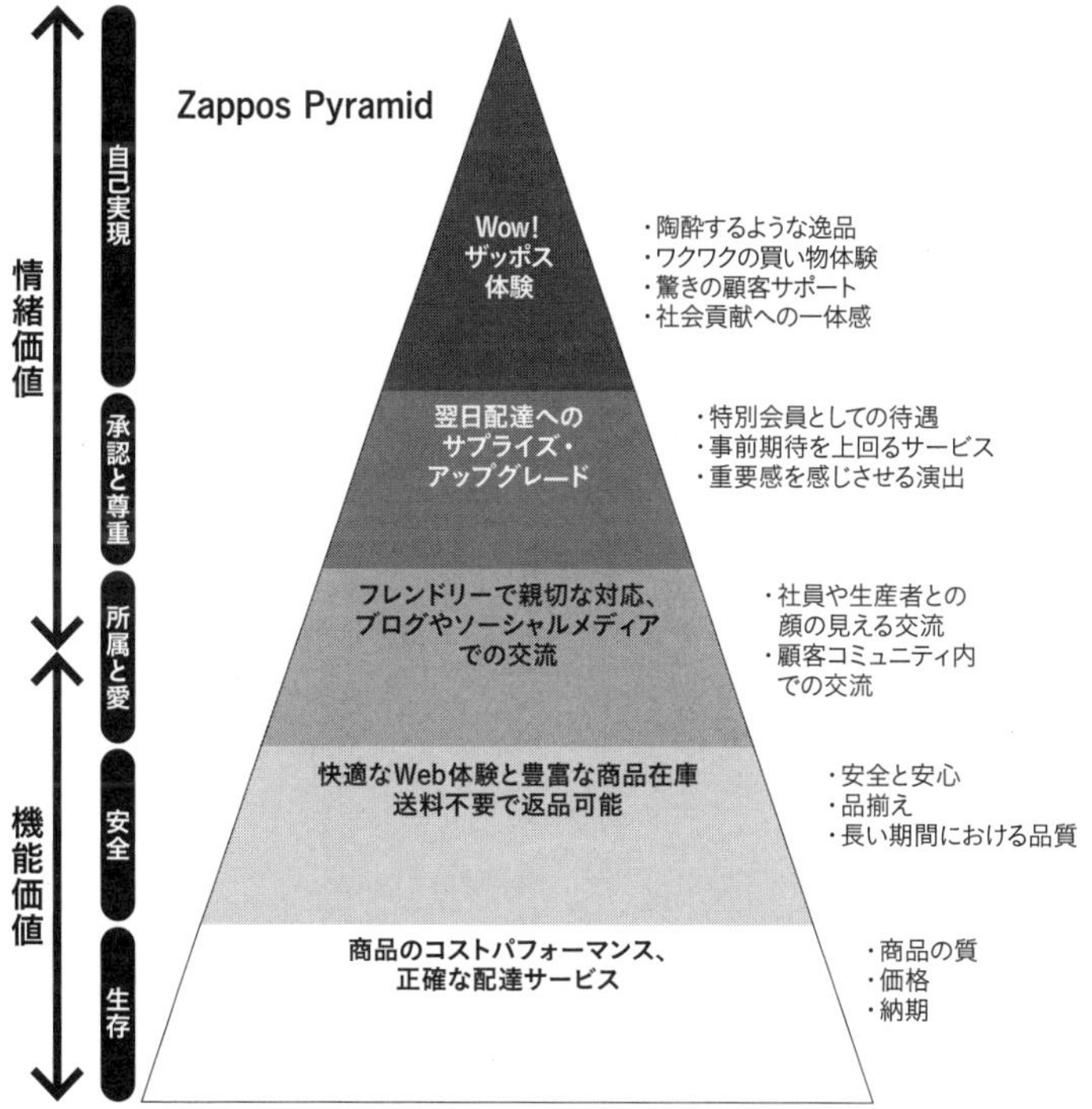

(I) There are at least five sets of goals, which we may call basic needs. These are briefly physiological, safety, love, 'esteem, and self-actualization. In addition, we are motivated by the desire to achieve or maintain the various conditions upon which these basic
satisfactions rest and by certain more intellectual desires.

(2) These basic goals are related to each other, being arranged in a hierarchy of prepotency. This means that the most prepotent goal will monopolize consciousness and will tend of itself to organize the recruitment of the various capacities of the organism. The less prepotent needs are minimized, even forgotten or denied. But when a need is fairly well satisfied, the next prepotent ('higher') need emerges, in turn to dominate the conscious life and to serve as the center of organization of behavior, since gratified needs are not active motivators.

出典：A Theory of Human Motivation　A. H. Maslow (1943)　Originally Published in Psychological Review, 50, 370-396.　Summary より前半部抜粋

からだ。これからの企業は、今までよりはるかに真摯に顧客の声一つひとつに耳を傾ける必要にせまられるはずだ。ソーシャルメディアを通じて届くサイレントマジョリティの生の声、店舗やカスタマーサービスに毎日報告される顧客の声。企業は、それら顧客接点における顧客の声をデジタルデータとして蓄積するとともに、経営の中核として捉え、全社を巻き込んで改善のフィードバックループを構築することが強く求められている。

263ページの表にあるような顧客の声の特性を理解した上で、それらをリアルタイムに集約し、関係部門に配布する。顧客の声に対する責任部門を設置し、その部門でプライバシーや重複などでフィルターをかけた後に、その声を全社にフィードバックする。過剰なセンターコントロールは不要だ。責任部門は部門横断的に解決する必要のある重要問題のみを担当し、それ以外の改善は各部門にまかせるのがよい。統制の代わりに透明の力を使う。つまり、顧客の声に対する各部門の改善策と実施状況について、オープンなプラットフォームで共有し、それらを社員誰もがいつでも見られるようにする。あわせて、定期的に顧客の声の分析を行い、時系列でまとめて全社にフィードバックする。改善の実感を全社員で感じる仕組みが大切なのだ。

顧客の声を全社活用している企業事例として、サントリーホールディングスの取り組みを紹介したい。同社の顧客の声に対する取り組みは古く、1976年の消費者室開設にさかのぼる。1999年には社員一人ひとりがお客様満足を意識して行動するための「お客様満足のための基本方針」、2002年にはお客様からの連絡窓口となるお客様センターの「行動指針」を制定し、そ

顧客接点における「顧客の声」の特性

	ソーシャルメディア	店頭・営業	顧客サポート
発言者のタイプ	サイレント・マジョリティを含む生活者	顧客・見込客	困っている顧客
対応の緊急性	内容によって優先度を振り分け	優先度は高い	緊急対応が必要
声の特徴	ちょっとしたこと 日常的な本音が多い	店舗で気になったこと 営業に言うべきこと	問題を解決してほしい クレームが多い
配布時の選別	運用担当者が抽出 10〜20%を配布	店舗内で解決できないものを本社にて配布	全件を配布
主たる発言内容			
商品・サービス	●	●	●
店頭・営業の接客	●	●	
会社、広告など	●		

注：単純な問い合わせや質問を除く。

の実践をセンター全担当者に徹底している。さらに2012年からはお客様リレーション本部で、電話やメールに加え、ソーシャルメディアに対するリスニングも本格的に開始した。

お客様センターに入る電話やメールは年間12・5万件、それに対してソーシャルメディアの声はボリュームが多い。ツイッターやブログをあわせると年間1000万件程度にもなると推定されるという。「電話やメールでのお問い合わせは関心度の高いお客様がわざわざ手間をかけて届けてくださった貴重な声として、またソーシャルメディアで収集した声はお客様の率直な思いとして、それぞれの特性を考えて受け止めています」と同本部の亀田敦課長は語る。集められた生の声は、サントリーのブランドをベースに数十種類に分類され、社内ポータルで公開されている。

さらに顧客の声は、テキスト分析ツールを使って、社員が自ら独自に分析できるようになっている。現在は、同本部で分析結果や特徴ある顧客の声をレポートにまとめて配布し、社内各部署が活用することが多いが、ゆくゆくは各社員が自律的に検索・分析活用するようにしていく方針だ。例えば販売店や問い合わせセンターでいただいた声が一般的なものかをリアルタイムで確認するなど、従来はマーケット調査でカバーしていた業務での活用も増えてきた。また、同本部以外に広報分野でのリスク管理においてもソーシャルメディアの声を注視しているという。

集められた膨大な声の中で、全社で改善していくべき課題をお客様リレーション本部が集約、優先順位をつけて解決していく。このVOC（Voice Of Customer）活動において、同社は5つのアクションをポイントとし、商品開発担当者やマーケティング担当者にとって「単なる参考意見に終わらせない」ように課題解決に向けた具体的なアクションを提案することを心がけているという。その結果、商品やサービスの改善として反映され、その一部がホームページで公開されている。
メーカーの場合、お客様と直接接する機会が少ないため、ややもすると内向きになりやすい。そのような中で顧客志向の社内風土をさらに醸成しようと、お客様視点で考えることの大切さを学ぶ「お客様視点気づき講座」や、お客様からの電話応対を一日体験する「お客様視点体感プログラム」も用意されている。工場への出張研修も実施しており、2011年は、2430名が参加したという。体感プログラムへの参加は、未経験社員にとっては勇気がいることだが、自ら志願した社員の声は総じてポジティブだ。「サントリーへ寄せられる信頼を知り、お客様をより大切にしていきたいと思った」「お客様の食への安心・安全への関心の高さ、サントリー社員としての責任の重さを感じた」など、一様に大きな収穫を体感する感激を味わっているようだ。役員も参加するこのプログラムは、顧客の声エバンジェリストを社内に育成する大切な役目を担っていると言えるだろう。

このフィードバックで集約された顧客の声、改善結果、ハッピーストーリー、顧客ロイヤルティ調査などは大変貴重な情報だ。これを定期的に社内外に告知することは、社内の顧客志向意識を高め、社外に傾聴姿勢をアピールできるため、ブランディングにとって一石二鳥となるだろう。

サントリー お客様の満足のための基本方針と行動指針

お客様満足のための基本方針（1999年制定）

私たちは、社会のよき一員としての役割を果たすため、様々な活動を通じてあらゆるお客様の更なる満足の確保、維持、向上に努めます。
お客様とのコミュニケーションを大切にし、お客様に信頼され、喜んでいただける安心・安全な製品、サービス、情報の提供を行うとともに、お客様の声を企業活動に反映させていきます。

お客様センターの行動指針（2002年制定）

1 **お客様からのお問い合わせ・ご指摘等に対して、迅速かつ適切に、真摯に対応してまいります。また、公平、公正であるように努めてまいります。**

2 **お客様に信頼され、喜んでいただけるさまざまな情報を、お客様に積極的に提供いたします。**

3 **お客様のご意見・ご要望や社会の求めるものを、社内に適切に反映させてまいります。**

4 **お客様の権利を保護するため、消費者保護に関する法規および社内の自主基準を遵守いたします。**

出典：サントリーのホームページ
http://www.suntory.co.jp/customer/satisfaction.html

VOC活動における5つのアクション

VOC活動では5つのアクションがポイントになる

アクション1 お客様情報の受付と記録
お客様対応方針を社内外へ表明し、お客様情報を受け付け、情報システムへの記入を行います。

アクション2 お客様情報の共有化
週報や定期レポートなど、伝える目的や対象者に応じて分析・加工・標準化して発信することでお客様情報を社内で共有化します。

アクション3 お客様の課題（CS課題）の解決
リスク上の課題やマーケティング上の課題として、関連部門と解決の方向性や具体的なアクションを検討する時間と場をもち、活動を進めます。

アクション4 お客様へ向けての情報発信
実際の商品のリニューアルや表示の変更などの改善事例をホームページなどでお客様にフィードバックします。これができてはじめて、お客様から電話を受けたときに「関連部門に伝えます」と伝えた約束を果たしたことになるわけです。

アクション5 全社への働きかけ
お客様からご指摘やご意見を受けてから気づくだけでなく、たえずお客様視点で行動できる企業を目指す。そのために社内へのCS（お客様満足）マインドの浸透を行うための勉強会を実施します。

出典：『サントリーがお客様の声を生かせる理由』
（近藤康子・松尾正二郎著 中経出版）P.175～176

ケーススタディ
ライフネット生命の顧客経験価値

同社における社会との共通価値（Shared Values）は、「若い世代に対して、従来より格段に安い生命保険を提供すること」であり、その意味で商品の差別化を基軸に置く企業だ。また、ネット専業の生命保険であり、リアルの顧客接点は一般生保と比較してはるかに少ない。それにもかかわらず、リアルの顧客接点を非常に大切にしている点が同社の特徴と言えるだろう。ネットとリアルとに分けて、同社が大切にする顧客経験価値をまとめると次のようになる。

●ネットの顧客経験価値

・24時間いつでも自分のペースで保険の見積り、申し込みが可能
・PC、スマートフォン、フューチャーフォンすべての端末に対応
・情報格差をなくすため、自社商品のことだけでなく保険知識を高めるコンテンツを提供
・他社比較が容易な外部サイトへの誘導
・会社やセールスパーソンとのしがらみのない保険選択
・ブログ、フェイスブックを通じた顔が見える会社づくり
・ツイッターなどによるアクティブサポート

●リアルの顧客経験価値

・平日22時、土曜18時まで電話相談可能なコンタクトセンターの開設
・カスタマイズ見積り提案付きのパンフレット送付
・10名以上集まればどこにでも行く経営陣の全国行脚（セミナー講演）
・ほぼ四半期ごとに開催される契約者とのふれあいフェア

さらに2012年10月、同社はリアルでの顧客接点を強化するために、新たに提携保険プランナーの公募を開始した。同社理念や商品コンセプトへの共感が前提となっている点や人数を30名と限定している点が特徴的だ。また募集にあたっては、顧客に対する透明性を担保するために、国内業界初となる「代理店手数料率」の開示を行った。

これらを顧客経験価値のピラミッドにまとめると次ページの図のようになる。ただし「生命保険料を半額にする」というビジョンが根幹にあるため、通常は最下層となる「商品のコストパフォーマンス」の重みが非常に大きく、強力な差別化手段となっている点に特に注意したい。

ライフネット生命保険、顧客経験価値のピラミッド

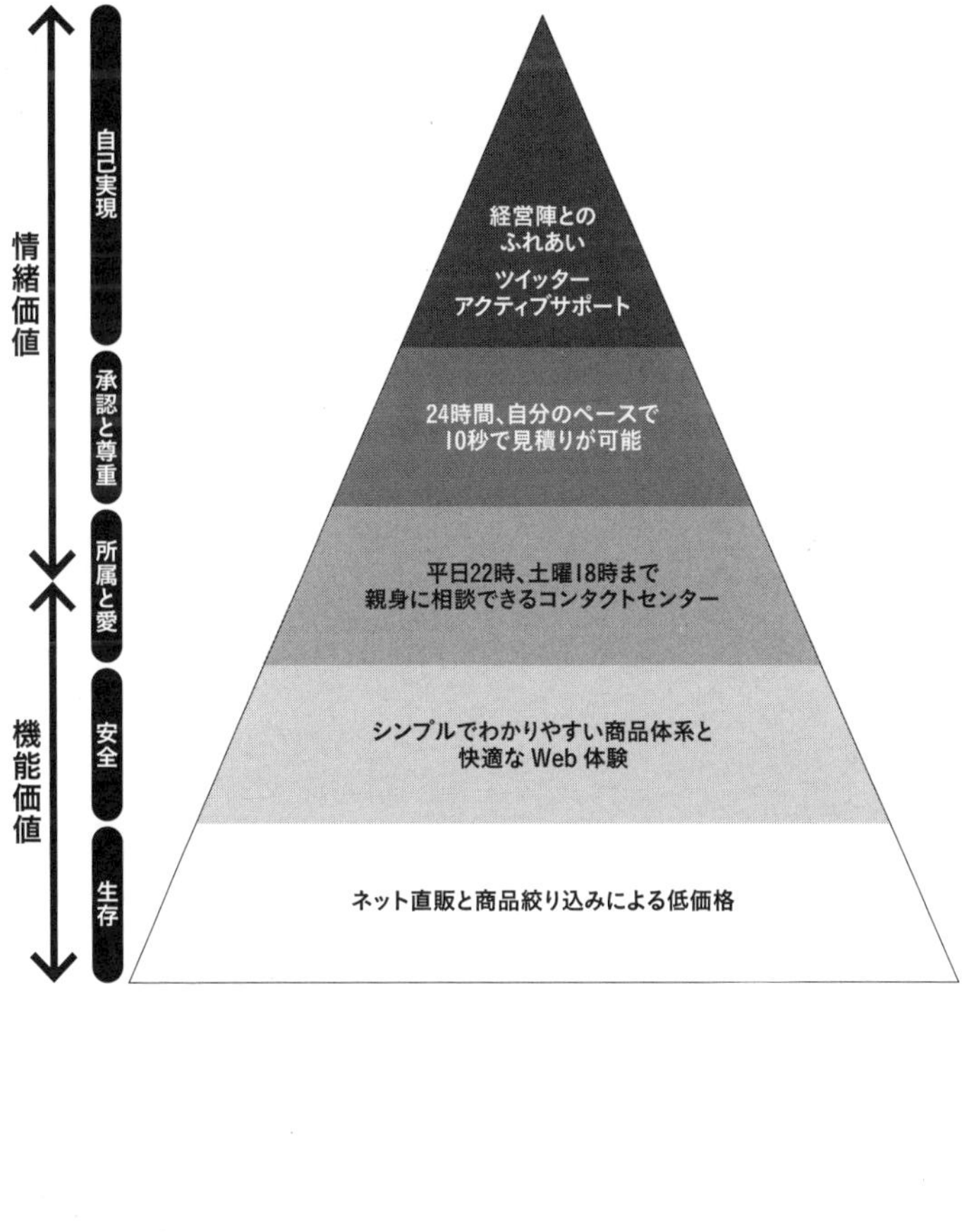

事業成果の評価

第5レイヤー「事業成果」は、企業が顧客への価値創造を提供した結果、事業成果として得られるものを評価するものだ。ここでは「利益」から「持続」へのパラダイムシフトが重要なポイントとなる。企業が売り上げや利益至上主義に傾いた一因に、バランスシートに計上されない知的資産、ブランド価値、企業文化、長期的な事業投資などを適正評価できなかったことがある。バリューチェーンで見えないアウトプットとした「ノウハウ」や「ブランド」はまさにこの無形資産にあたる。この節においては、ロバート・S・キャプランとデビッド・ノートンが開発したバランス・スコアカード（Balanced Scorecard 以下BSC）の考え方を基本フレームとして採用したい。BSCは、従来からの「財務の視点（過去）」に加えて、「顧客の視点（外部）」「業務プロセスの視点（内部）」「学習・成長の視点（未来）」をプラスすることでバランスのとれた指標とし、有形資産のみならず、無形資産や未来への投資を含めた企業の現在を総合的に評価する業績評価システムだ。

インサイドアウトの観点で捉えると、BSCの4つの視点は、ソーシャルシフトのレイヤー「社員協働メカニズム」「ビジネスモデル」「顧客経験価値」「事業成果」とそれぞれ一意に対応している。つまりBSCの仕組みを活用し、この4つのレイヤーそれぞれの進捗や成果を可視化し、全社でオープンに共有することを目論むものだ。

小売業を想定したバランス・スコアカードの指標例

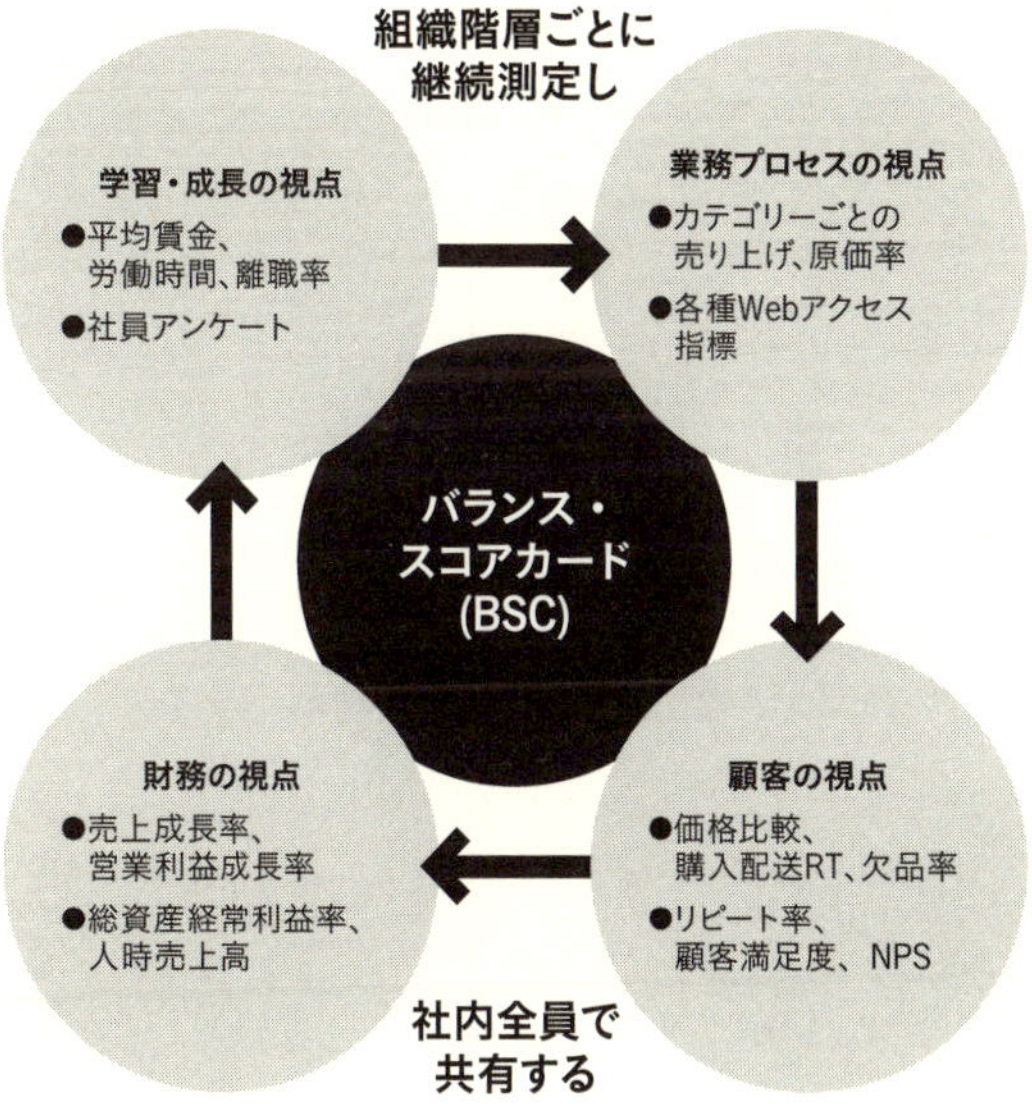

学習・成長の視点……組織や社員、情報システムなど企業の基本的な構造基盤を評価するための視点で、「社員協働メカニズム」の評価指標と位置づけられる。また、ノウハウの蓄積を可視化できる指標があればさらによい。

業務プロセスの視点……企業内部における業務プロセスを評価する視点で、「ビジネスモデル」の評価指標と位置づけられる。特に、新規事業の初期段階のリーン・スタートアップ方式における指標設定は最重要なポイントのひとつと言える。

顧客の視点……顧客に対する価値創造を評価する視点で、「顧客経験価値」の評価指標と位置づけられる。ブランド好感度やNPS（276ページ参照）もこの視点に含まれる。なお、リーン・スタートアップにおける「価値仮説」はこの顧客の視点とも言える。

財務の視点……従来のある事業の業績を評価する視点で、財務指標のうち、時系列で評価すべき重要な指標が選定される。

具体的な指標は各社各様となるが、一般的な小売業を想定して、具体的な指標例を記載したものが271ページの図だ。

財務の視点、そして業務プロセスの視点は、該当組織で従来から活用されている指標をベースとすればよい。また新規事業の導入期は、リーン・スタートアップ方式の指標を検討すればよいだろう。ここでポイントとなるのは、一般企業ではあまり指標化していない「学習・成長の視点」と「顧客の視点」だ。その2点については、それぞれこの章で紹介した「社員協働の

社員協働のピラミッドにおける指標例

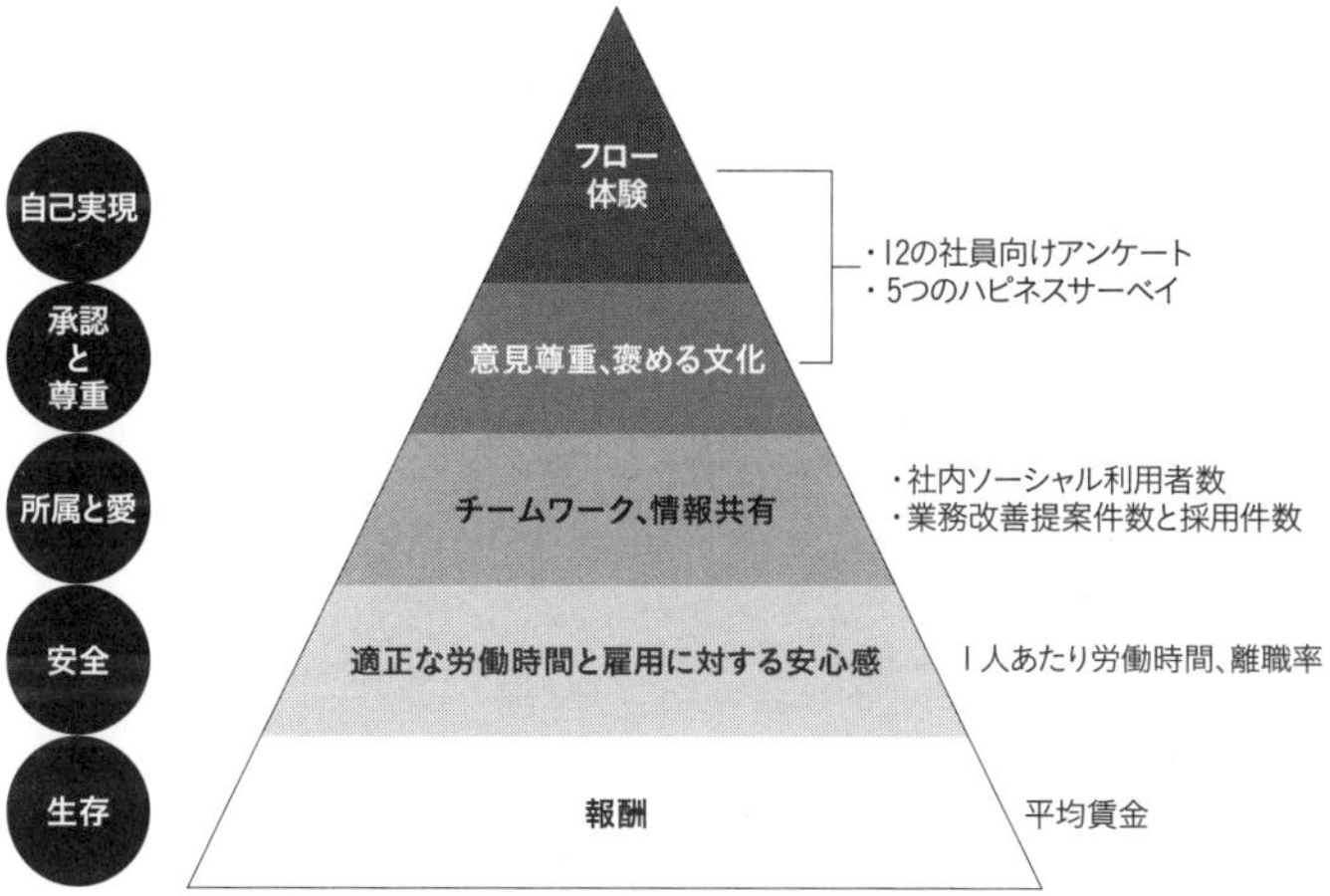

顧客経験価値のピラミッドにおける指標例

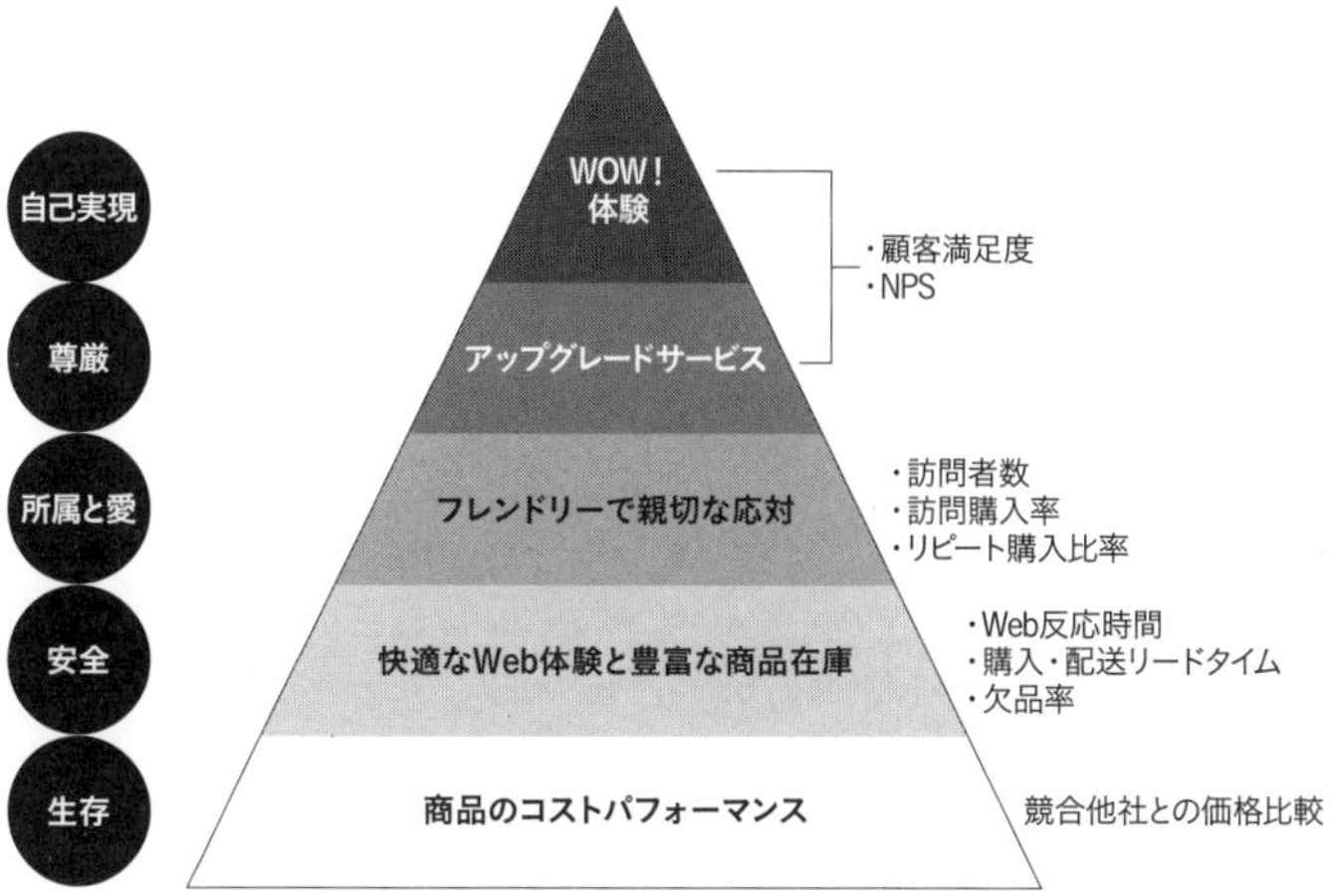

ピラミッド」「顧客経験価値のピラミッド」と連携させ、それぞれの施策の効果を時系列で測定することが重要だ。273ページの図の右側にそれぞれの施策に対する指標例をあげてみた。

なお、それぞれのピラミッドにおいて上位2階層については、人間としての主観的な判断を基礎として考える必要があるため、物理的な指標化は困難なケースが多い。その場合、アンケート調査が中心になってくるだろう。275、276ページの図にそれぞれ社員満足、顧客満足を測定する指標を記したので参考にしてほしい。

ここで共有する評価指標は、チームや社員を管理するためのものではなく、彼らが自律的に意思決定し、行動するために共有するものだ。そのためにポイントとなるのは次の5点だ。

1. 組織階層（全社、事業部、店舗、チームなど）ごとに測定すること
2. できる限り人手をかけないで簡潔に実行できるような仕組みをつくること
3. できる限りリアルタイムに近いかたちで、関連部門でオープンに共有すること
4. あくまで現場が意思決定の参考とするためのもので、ノルマは設定しないこと
5. 財務諸表を含む指標の読み方を社員教育に組み込むこと

これまで、ごく一部の経営幹部が独占していた情報を社内に開放することで、チームや社員は常にバランスのとれたコンパスを持つことになる。そして、経営参画意識を持ちながらチーム

社員満足を測定するアンケート例

Q1 米国ギャラップ社による「組織の生産性と強い関連のある質問事項」

1. 私は、仕事の上で何を期待されているかがわかっている
2. 私は、仕事を正確に進行するために必要な、設備・資源を持っている
3. 私は、仕事をする上で、自分のもっとも得意とすることを行う機会が毎日ある
4. 最近、1週間でいい仕事をしたことを、ほめられたり認められたりしている
5. 上司または職場の人間の誰かは、自分をひとりの人間として気遣ってくれている
6. 仕事上で、自分の成長を励ましてくれる人がいる
7. 仕事上で、自分の意見が考慮されているように思われる
8. 自分の会社の信念や目標は、自分の仕事を重要なものと感じさせてくれている
9. 自分の同僚は、質の高い仕事をすることに精通している
10. 仕事上で、最高の友人と呼べる人がいる
11. この半年の間に、職場の誰かが自分の進歩について話してくれた
12. 私はこの1年の間で、仕事上で学び、成長する機会を持っている

注：『さあ、才能に目覚めよう』（マーカス・バッキンガム、ドナルド・O・クリフトン著、谷口俊樹訳　日本経済新聞出版社）をもとに金井壽宏氏作成

出典：『人勢塾』（金井壽宏著 小学館）

Q2 ザッポスの5秒間でできる「ハピネスサーベイ」

1. ザッポスは、利益を超えた意義を真剣に追求している会社だと思う。
2. ザッポスにおける私の役割は、ただの「仕事」を超えた意義あるものである。
3. 私には、自分のキャリアの方向性を選び、決定する自由がある。
   ザッポス・ファミリーの一員として、私は仕事面でも、個人的にも成長している。
4. 私の同僚は、私にとって家族や友人のようなものだ。
5. 仕事において私はとても幸せである。

出典：『ザッポスの奇跡［改訂版］』（石塚しのぶ著　廣済堂出版）

Q3 ディーナーらによる「人生満足尺度（Satisfaction with Life Scale）」

1. ほとんどの面で、私の人生は私の理想に近い。
2. 私の人生は、とてもすばらしい状態だ。
3. 私は自分の人生に満足している。
4. 私はこれまで、自分の人生に求める大切なものを得てきた。
5. もう一度人生をやり直せるとしても、ほとんど何も変えないだろう。

出典：『幸せを科学する』（大石繁宏著 新曜社）

顧客満足を測定するアンケート例

NPS (Net Promoter Score)

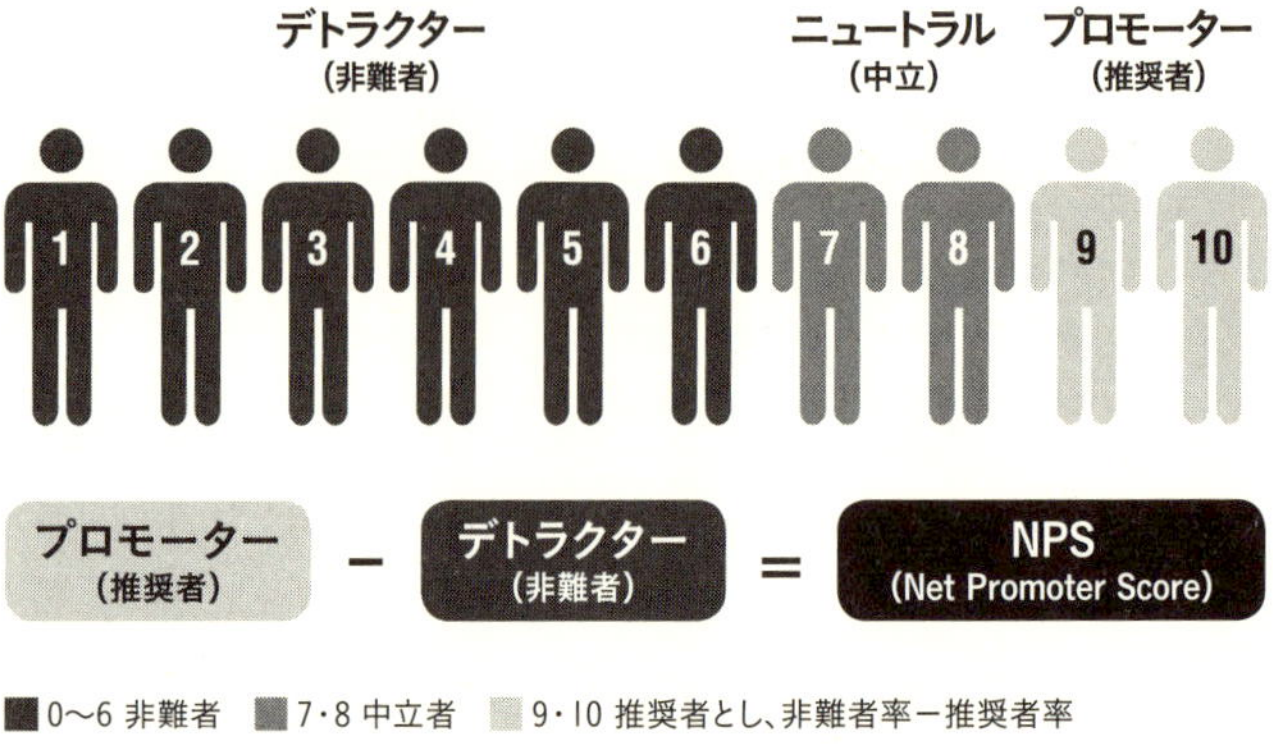

NPS（Net Promoter Score）とは、
顧客ロイヤルティを測定するための究極の質問と言われる
「ブランドXを友人や同僚にすすめる可能性はどれくらいありますか?」
という問いに対する回答を調査する方法。回答は0〜10の11段階とし、
10〜9をプロモーター（推奨者）、8〜7をニュートラル（中立）、
6以下をデトラクター（非難者）と分類。プロモーターが占める%比率から
デトラクターが占める%比率を差し引いた%数値をNPS指標とする。
例えばプロモーターが30%、デトラクターが10%の場合、NPSは20%となる。
米国のコンサルティング会社ベイン&カンパニー（Bain & Company）の
フレデリック・ライクヘルドなどが考案したものだが、ソーシャルメディア時代に
最も適合した顧客ロイヤルティ測定方法であり、
かつ調査集計の手間が軽いことから、米国では広く大手企業に採用されている。

出典：Net Promoter ScoreのCheck Makerをもとに著者作成

内で協働し、それぞれの業務を最適化できるようになる。自律的に組織を運営し、持続的な成長を実現するために、バランスのとれた指標の共有化は欠かせない要素と言えるだろう。

CASE STUDY❺

ケーススタディ
ライフネット生命の事業成果の評価

「ビジネスは国語ではなく数学で考えなくてはならない」と、出口治明社長は言う。その持論通り、出口社長は数字、ファクト、ロジックを大切にする。当然、事業成果の評価も重視される。月に一度、社内横断的なKPI（Key Performance Indicator 重要業績評価指標）会議がある。参加するのは、マーケティング、コンタクトセンター、お客さまサービス（査定）部、経理部、企画部、数理部、システム部のメンバーだ。それぞれの部門がKPIを定点観測しながら、KPIの関連性も見る。数値は各部門で情報共有されている。同社の経営状況を把握するための経営指標を、BSCの基準にしたがって整理すると次のようになるだろう。

学習成長の視点

・Great Place to Work® Institute Japanによる働きがいのある会社調査2年連続（2011年、2012年）でベストカンパニー（従業員25〜249名分野）を受賞

業務の視点

・部門横断型のＫＰＩ

顧客の視点

・アクセス解析、コンタクトセンターへの入電数

・定期的な定量、定性アンケート調査を通じたお客様ニーズ・評価

財務の視点

・株式公開企業のため、金融商品取引法に基づいて財務情報を公開

・一般的な四半期決算を超え、月次で財務情報を開示

最後に、出口社長の言葉から、ライフネット生命が大切にしていることをまとめたい。「社員一人ひとりが、元気で明るく伸び伸びと働けるような職場をつくっていくことが、社長である私の一番大切な仕事だと思っています。社員全員がライフネット生命で働くことが心底楽しい、朝起きたら早く会社に行きたいと心から思うようになれば、成功はなかば約束されたも同然だと思うのです。働くことはパンのためですが、『人はパンのためのみにて生くるにあらず』の言葉がいみじくも示しているように、私たちのやっている仕事が、世のため、人のために役立っているという確信が芽生えた時、本当に心の底から明るく元気に楽しく働

けるのではないでしょうか。ライフネット生命の場合、その確信の形が、私たちのあるべき姿を要約したマニフェストだと思っています。そしてもうひとつ大切に思っていることがあります。それは、お客様を筆頭に、株主、ビジネスパートナーなどライフネット生命すべてのステークホルダーとの間に強い絆を創っていくことです。一言でいえば、共助の輪です。『正直に経営し、わかりやすく安くて便利な生命保険商品・サービスを提供する』というライフネット生命のマニフェストを基軸にして、私たちの応援団を広げていくことが何よりも大切です。そんな皆さまに支援されて、ライフネット生命を100年続く会社にすることが私の目標です」。まさに出口社長は、つながりによる価値創造を目指す「三方よし」経営の実践者と言えるだろう。

実際に企業内においてソーシャルシフトを推進していく手順については、前著『ソーシャルシフト』においても6つのステップとして例示している。この章に含まれていない内容として「社内でのソーシャルシフト・ムーブメントのおこし方」「顧客接点の現状を調査する方法」「社内外でソーシャルメディアを運用するための組織とノウハウ」などを記載しているので、興味のある方は参考にしていただきたい。

COLUMN 8

最新のビジネスソーシャル・プラットフォーム
——セールスフォース・ドットコム

この章の本文において、有機的組織への変革は「コラボレーション・プラットフォーム」、すなわち社内でクローズしたソーシャルネットワーク環境ないしそれに準じた情報共有システムの構築が前提となると記した。現在、グーグル、マイクロソフト、オラクル、IBM、シスコシステムズなど多くのベンダーがこの分野に参入意向を示しており、そう遠くない将来、エンタープライズITにおける重要なソリューションとなると予想されている。このコラムでは、該当分野において世界で最もすすんでいるセールスフォース統合型クラウド・ソリューションにフォーカスし、コラボレーション・プラットフォームがどのような機能を持ち、どう進化していくのかについて考察したい。なお、この内容は、米国セールスフォース・ドットコムが2012年9月19日に開催した世界最大級のイベント「ドリームフォース」での発表内容をベースに記したものである。

1. プロダクトラインの全体像

セールスフォース・ドットコムは、"Business is Social"というスローガンのもとで、すべてのソリューションをソーシャル化しはじめている。その目的は「社員・顧客・パートナー・製品」の関係性を深めることだ。同社のプラットフォームは6つの製品群を持ち、それぞれが緊密に連携する。

●Sales Cloud

カスタマイズ可能な顧客データベースにより、きめ細かな顧客応対と営業効率の向上を実現する、世界で最も普及する営業支援ソリューションだ。今後、この基幹サービスをソーシャルメディアと多様に連携させる方針だ。

●Service Cloud

カスタマーサービスを支援するアプリケーションで、コールセンター、コミュニティ、ソーシャルメディアの連携により、顧客満足度の向上とCS業務効率の向上を実現する。なお、デルやスターバックスで利用されているアイデア・コミュニティはこの機能群に含まれている。

●Marketing Cloud

ソーシャルメディアをモニタリングして会話に参加できるツールだ。ベースとなっているのは買収したRadian6とBuddy Mediaで、①ソーシャルサイトとブログから顧客の声を傾聴＝Radian6、②ソーシャルメディアで交わされる会話を多面的に分析＝Radian6/Buddy Media、③顧客の質問や意見に対してリアルタイムで対話＝Buddy Media、という3つの機能から構成される。

●Salesforce Chatter

企業内におけるコラボレーション・ツールで、機能的にはフェイスブックと類似している。同僚との交流のみならず、プロジェクトやデータをチームでシェアすることで、社内のビジネスプロセスをソーシャル化し、組織や場所を問わないリアルタイム・コラボレーションを実現する。アクセス権限管理を高度化したDropboxとも言うべきChatter Boxという機能も追加された。

●Salesforce Work.com

オープンでリアルタイムな社内評価を実現するクラウドサービスだ。ベースとなっているのは買収したRyppleで、①目標の設定＝個人の目標を会社のゴールとあわせる、②目的の管理＝アドバイザーによるマンツーマンのコーチング、③フィードバックと評価＝リアルタイムのフィードバックや感謝の意で表現する評価、の3機能で構成される。評価においてはカスタムバッジやアマゾンのギフトカードにも対応する。

●Salesforce Platform

Force.com、Heroku、Database.com、Site.com、Chatterおよび ISVforce を統合したアプリケーション・プラットフォームだ。ビジネスのソーシャル化を実現する、カスタマイズされたアプリケーションを開発できる。シングル・サインオンによりアプリケーションを統合した独自サービスも構築可能だ。

2.社員との絆を深める、フェイスブックの活用事例

フェイスブックはWork.comのファーストユーザーで、現在は3900人に及ぶ全社員が利用している。彼らはお互いが日々どのような仕事をしているかを知ることができるし、素晴らしいことをした人に光をあてることができるようになった。フェイスブックのCIOであるティム・キャンポスは、「組織の構造や階層とは関係なく、人と人がつながる環境をつくることが必要だ。また成績評価の時だけフィードバックするのではなく、常にフィードバックする仕組みも構築したい。そのためにWork.comは重要である」と語っている。

各社員のプロフィールページには、個人の目標、他の社員からのフィードバック、コーチング、業績、報奨が表示され、他の社員も閲覧できる。業績目標は上司やチームと一緒に設定し、それに対して現在の達成状況が共有される。社員同士は日々の業務中にリアルタイムに感謝の気持ちを伝えることができ、オープンに褒め合う文化が醸成される。必要に応じてシステム連携しているアマゾンのギフトカードを送り合うことも可能だ。一方で、コーチングは上司や社員からアドバイスをもらうことができるプライベートな空間だ。これらの業績進捗や社内交流に加え、過去の報奨なども記録されるため、特定の人の評価や印象に左右されず、その社員の職場における真の姿が浮き彫りにされる点がポイントだ。さらに分析ツールでチーム内の好業績の社員を確認し、誰が昇進するにふさわしいか判断材料にすることも可能だ。

Work.comの責任者、ジョン・ウーキー氏は語る。「人事向けソフトウェアは、管理ソリューションであり、企業の成功には関係ないと思っている人も多いだろう。しかし、組織と組織、組織と顧客を結びつけ、組織のモチベーションを上げるという点で、Work.comは当分野における新たなアプリケーションだ」。

3．顧客との絆を深める、ヴァージン・アメリカ航空の活用事例

ソーシャルメディア活用で著名な企業の多い航空業界において、最も愛されているエアライン（米国アンプリケイトの調査において、ポジティブ投稿比率96％）として知られるヴァージン・アメリカ航空は、セールスフォースを多面的に活用して顧客サービスを高めている。イベントでは、彼らの目指す近未来の「ソーシャル革命」として次のようなデモが公開された。ちなみにこの機能はSales Cloud、Chatterをベースに Force.comによってカスタマイズされたものだ。

ヴァージン・アメリカのある便が遅れて、定時に到着できない事態が起きた。その背景では同社社員が顧客管理システムで乗客の情報をチェックしている。同一の画面ではその乗客のソーシャルメディアへの投稿も確認できる。そこで、ひとりの乗客がその日に極めて重要な用事があり、航空便の乗り継ぎを急がないと間に合わないことがわかった。その社員は、空港にいるスタッフに彼の誘導を指示するとともに、乗り継ぎ移動経路の地図を添付した。指示を受けた空港スタッフは、誘導する旨を機内乗客の座席にあるモニターに表示させた。

ヴァージン・アメリカのデビッド・クラッシュCEOは、「伝統的な航空会社は、社員の多くが軍出身者ということもあり、指揮統制を中心とする考えが根強い。しかし、私たちの文化は異なる。グループの垣根を越えたコミュニケーションやコラボレーションを促進していきたいと考えている。それがうまくいけば、私たちは直接お客様との会話に入っていけるだろう」と語り、顧客との絆を深めるために、ヴァージン・グループの開かれたカルチャーがプラスになっていると強調した。ビジネスをソーシャル化する。それはテクノロジーの問題だけではない。企業文化や組織、意思決定のメカニズムまで大胆に変革する必要がある。彼のコメントには、そんな大切なメッセージが含まれていた。

4．パートナーや機械との絆を深めるGEの活用事例

社員、顧客、パートナーのみならず、自社製品である機械との対話をはじめているのが米国GEだ。彼らの開発するエンジンなどはインテリジェンスを持っており、A

PIを経由して人間とコミュニケーションすることが可能だ。つまり、GEは三方よしを超えて「社員・顧客・パートナー、そして機械」との関係性を高めるソーシャル革命を目指しているのだ。イベントでは、Service Cloud、ChatterをSalesforce Platformで連携させることで実現されるデモが公開された。そのシナリオは次の通りだ。

GEの製品であるインテリジェンスな航空エンジンはAPIを持っており、人間のようにChatterにさまざまなステイタスを投稿することができる。その言葉に呼応して自社社員とパートナー、お客様のエンジニアがコラボレーションし、さらにエンドユーザを含めたコミュニケーションを行う。つまり、エンジンの周りに「ソーシャルネットワーク」が生まれるコンセプトだ。これにより、企業の枠を超えて、極めて迅速に最善のカスタマーサービスが実現されるようになる。

GEのCIO、シャーリーン・バークレーは彼らの将来像を語った。「これからはビジネスの方法が変わると思います。私にとってのソーシャルというのは、新しい売り上げ、新しい価値です。非常にシンプルですよ。それは学習を加速化することです。コミュニケーションをよくすることです。正しい人間と正しい情報を正しい時期に正しいデバイスへ、どこにいてもつなぐことです。GEには30万人の社員がいます。インストールベースもたくさんあります。非常に大切なのはコミュニケーションをよくすることです。学習を加速化すること。新しいかたちでお客様にバリューを持つこと。機械はいろいろなデータを持っています。そのデータを早くつかんで、それを本当に意味のある情報、例えば機関車を速く走らせるようにする。飛行機の燃費をよくする。これが素晴らしい価値になるのです」。

第9章

透明の力が未来を創る

わたしの役割として重要なことは、会社の成功のために障害を取り除き、そのための新しい仕組みをつくることです。それはすなわち、社員の自由、民主的な体制、コントロールの排除に関することです。

——セムコCEO リカルド・セムラー
(『奇跡の経営』岩元貴久訳 総合法令出版)

社員参加型の遺伝子を持つ未来組織

世界には、無機的組織や有機的組織の枠を超え、独自の進化を遂げた企業がある。民主主義、自由と自己責任、管理者不在、コントロール不在。彼らに共通するこれらの特徴は、一般的なビジネスパーソンの常識を大きく凌駕したものだ。第8章におけるソーシャルシフトの5つのレイヤーは、既存の組織体を変革することを前提に、インサイドアウトの考え方でロジックを組み立てたものだ。しかしながら、世界は広く、その懐は深い。この第9章においては、その範疇で語れない、いわばソーシャルシフトの先をいく驚くべき未来組織を紹介したい。インドのHCLT(ヒンドゥスタン・コンピューターズ・リミテッド・テクノロジーズ)、米国のモーニング・スター、ブラジルのセムコ、そして米国のW・L・ゴア。コントロールを放棄し、大胆な企業内民主主義で組織を運営し、世界的に注目が集まっている企業群だ。階層型組織を常識と考える大企業において、これらの企業は夢物語のように感じるかもしれない。しかしながら、この中の一社、インドのHCLTは、数万人の社員を抱える巨大企業にもかかわらず、わずか4年間でヒエラルキーを逆転させ、社内を透明化し、売上高・利益とも3倍というパフォーマンスを達成した。思い込みをなくせば、新しい未来は見えてくる。そして、これらの未来組織の経営スタイルに共通することは、社員視点で企業のあり方を根本から見直し、「社員協働のピラミッド」を高次元に体現していることだ。社員の生産性や創造性を最大限に引き出す意味では、実に理にかなった組織体という側面を持っているのだ。

ヒエラルキーを逆転させ、現場社員を主役にした企業——HCLT

2005年、インドの受託系ソフト開発企業、いわゆるSIer（System Integrater）であるHCLTの社長に43歳のヴィニート・ナイアーが就任する。当時のHCLTは社員3万人、世界18カ国に拠点を置く大企業だったが、インド内の厳しい競争下で業績が低迷していた。それからわずか4年のうちに社員5万人、売上高と営業利益は3倍、顧客数は5倍に伸びた。さらに社員の満足度は70％向上し、離職率は半減する。この目覚ましい大躍進は世界を驚かせた。ブルームバーグ、フォーチュン、ビジネスウィークなどからエクセレントカンパニーとして選出され、その成功の背景に注目が集まっている。

ナイアーのとった手法は極めて大胆で、これまでの経営常識を覆すものだった。就任当初、世界中の支社を回わり社員と積極的に対話した彼は、同社が典型的な大企業病にかかっており、その根治治療なくして成長はないと確信。「社員第一、顧客第二」という社内スローガンを掲げ、大胆な変革に取り組みはじめた。

ナイアーがはじめに手がけたのは、「ユー&アイ」と名づけたコラボレーション・プラットフォームの構築だ。CEOと社員が率直にいつでも対話できるオープンな場を提供し、月に400件にものぼる社員からの質問に自らが対応する。また、毎週のように社長から社員への問いかけや投票を行うとともに、自らの考えや構想をブログで組織全体に公開した。さらにテレビ会議やリアルな対話集会も頻繁に開催する。経営トップがリードしたフラットなコミュニケーションの結果、閉塞感に覆われていた社内に少しずつ晴れ間が見えはじめ、社員も変革への期待感を持つようになってきた。

続いて、社員が改善アイデアを自由に提案できる「スマート・サービス・デスク」を開始する。投稿されたアイデアは全社で閲覧でき、関係者による解決プロセスも公開された。その問題が解決されたかどうかは、社内の立場に関係なく、投稿した本人が決定するという点がナイアーのこだわりだ。社員第一主義を実践し、企業内の民主化へ踏み出す宣言と言えるだろう。

社内の透明化を実現したナイアーは、さらに大胆な改革に乗り出す。全社員が社長を評価できるようにし、その結果を社員が閲覧できるようにしたのだ。続いて役員や管理層にもこのシステムを広げていく。強制ではないが、自信のある役員がナイアーに続きはじめ、結果的にはほとんどの管理者が受け入れていった。率先垂範のリーダーシップこそナイアーの真骨頂と言えるだろう。このオープンな360度評価システムは、社員が自分の上司、上司の上司、また業務で関係する管理職3名に対して5段階で評価するもので、その評価は社内で公開される。質問の骨子は次のようなものだ。

・このマネージャーは、あなたが顧客に提供する価値を高める上で助けになっていますか？
・このマネージャーは、あなたが問題を抱えていることを知ると、あなたの問題を明確にし、解決策を見つける上で力になってくれますか？
・あなたがある問題について相談に行くと、このマネージャーはそれに応じて解決策を与えてくれたり、関連する問題を解決してくれますか？
・あなたが自分一人で解決策を見いだせないとき、このマネージャーはあなたが会社の他の部署に支援を求め、解決策に到達できるよう調整を図ってくれますか？

実に見事にマネージャーのあるべき姿をあらわした質問だ。ナイアーはマネージャーの業務を現場社員の監視から支援に切り替えたかった。そのための意識改革を、他に例を見ない公正な360度評価システムを活用して行ったのだ。さらに社員の創造的な力を引き出すために、ソーシャル・ラーニング・プラットフォーム「アンストラクチャー」を開始した。これは企業の壁を乗り越えてさまざまな講師と社員を交流させる仕組みで、中には世界的な思想的指導者も参加しているという。

この改革の本質は「徹底した透明化」と「社内ヒエラルキーの逆転」により現場社員の意欲

を飛躍的に高めるとともに、マネージャーの仕事を大胆に変革したことにあった。ナイアーの著書『社員を大切にする会社』（英治出版）には、彼の意図をあらわす至言がある。「世界中の多くの企業は、新時代のビジネスを何世紀も前の組織構造で行おうとしている。（中略）この組織構造の最大の問題点とは、この構造が、いわゆる『バリューゾーン』と呼ばれる実際に顧客に価値を創出している現場の人たちを支えていないという点にある。（中略）そこで私たちは焦点をこのバリューゾーンに移し、組織を逆さまにした。しかも、ただ逆にするのではなく、経営幹部やマネージャー、バックオフィスの人たちに、価値創造者に対して説明責任を負わせるようにした。このような構造的転換を行わなければ、変革はたとえ不可能ではないにしても、もっと困難なはずである。組織構造に手を加えることによってのみ、変革は継続維持され、それに着手した当のリーダーがいなくなった後も存続できるようになる」。彼の信念に基づく構造改革、ヒエラルキーの逆転が、価値創造を行う現場社員に熱烈に支持され、驚異の成長を遂げる原動力となった。規模や業種に関係なく、トップが断固たる決意を持つことであらゆる組織は変革可能なのだ。そんな希望を感じさせる素晴らしい成果と言えるだろう。

マネージャー不在、社員の自主管理で駆動する会社――モーニング・スター

世界最大のトマト加工業者、モーニング・スターは、社員400名で7億ドルの売り上げをあげる米国の中堅企業だ。各地に散在する工場に、時間あたり数百トンの原材料が運び込まれ、米国におけるトマト年間加工量の約3割を扱っている。CEOであるクリス・ルーファーによ

ると、この20年間で取引量、売上高、利益とも連続して2桁増加を続けてきたという。業界全体の平均成長率は1％程度であることを考えると、極めて高い成長性と言ってよいだろう。モーニング・スターの組織ビジョンには、「全社員が自主管理の達人となり、誰からも指示を受けずに同僚、お客様、サプライヤー、業界関係者とのコミュニケーションや調整を図る会社になる」という一節が記されている。そして、同社はこれを忠実に実行しているのだ。

彼らには、組織も上司もない。なぜ同社の社員は、誰からも指示を受けずに、高度に連携した業務を円滑にこなせるのか。その根底にはミッションの階層化がある。トップの掲げた「業務目標」を下部組織にブレークダウンする企業は多いが、モーニング・スターでは「ミッション」を社員一人ひとりにいたるまでブレークダウンしていくのだ。同社全体のミッションは、「トマト関連の製品やサービスを提供して、品質や対応の面でお客様の期待に確実にお応えする」という実践的なもの。それに対して社員は、その実現に自らはどう貢献するのかを自分のミッション・ステートメントに記す義務を負っている。例えば、工場で働く一社員のミッションは「効率よく環境に優しい方法でトマト・ジュースをつくる」ことであり、その達成に責任を負う。そのために必要な訓練を積み、経営資源や協力を手に入れることも、各社員の自己責任のもとに行われる。

社員は、自分が仕事をする上で大きな影響を持つ同僚たちと相談しながら、ミッションを達成するための業務計画を記した「合意書」を作成する。合意書作成のために、社員は平均で10人の同僚と話し合うという。そこで会社の業務が擦りあわせられ、社員と業務の関係性が確立されていくのだ。合意書には多くの活動分野とそれに対する成果尺度が記載され、すべての社員をあわせると3000件にものぼる業務上の関係性が示されるという。いわば社員全員が独立請負業者となり、合意書が業務契約書の役目を果たしていると言えるだろう。上からおりてきた命令ではなく、自らが考えた使命や目標をもとに自律的に行動する点がポイントだ。ただし、すべての人間にこのシステムがマッチするわけではない。入社時に自主管理に関する集中セミナーが行われるが、階層型組織に長く勤めた社員ではついていけないケースも散見されるようだ。

社内では月に2回、業務進捗や事業部収支が公開され、仕事上の同僚同士によるチェック「ピア・プレッシャー」が管理統制を代替する。社員は自らの裁量で購買や支出が可能だが、その際にはROI（投資利益率）などにより事業上の妥当性を明示する説明責任を負い、同僚を説得する必要がある。万が一、社員間で紛争が起こった場合、従業員6名による委員会によって仲介され、それでも解決できない場合にはCEO判断となる。が、そのようなケースは極めて稀だという。年末には全社員が関係する同僚からフィードバックを受けるほか、合意書でコミットした目標への達成などをもとに、自己評価を作成する。次いで互選で地域ごとに報酬委員が組織化される。そこでは各自の自己評価をもとに、そこから漏れた成果も掘り起こした上で、付加価値にあうよう慎重に一人ひとりの報酬額が決定されていく。管理コストが不要な分、同業他社の同等職より10～15％程度高い報酬となるようだ。

この独創的な自主管理システムは、果たして万能なのか。企業規模や文化の異なる地域でも応用可能なのか。すでに伝統的な組織構造を持った企業にも適用できるのか。ＣＥＯのルーファーは『DIAMONDハーバード・ビジネス・レビュー２０１２年４月号』（ダイヤモンド社）のインタビューに対して、率直にこう語っている。「理念としては90％ぐらい完成していると思うが、実務面としては70％程度でしょう」。何より、既存の組織構造に慣れ親しんだ社員の意識改革は困難を極める可能性が高い。しかしながら、これから創業するベンチャー企業などにとって参考になる斬新な経営スタイルであることは間違いないだろう。

コントロールを放棄した民主主義経営——セムコ

ブラジルに、極めて特殊な経営システムを構築したことで世界的に有名な企業がある。１９５３年に創業され、息子であるリカルド・セムラーが継いだコングロマリット、セムコだ。社員３０００名を超える大組織になった現在でも、コントロールや統制は徹底して排除され、組織ヒエラルキーがなく、経営計画もない。ミッションもビジョンもなく、人事部も経費を承認する機構もない。セムラーの思想はシンプルだ。社員を「立派な大人」として信頼し、多様性を受け入れ、民主主義を企業内に持ち込むことだ。もともとブラジルは多様な人種で構成される社会であり、教育水準や生活水準も一定ではない。モラルの低い社員も多く存在し、工場では盗みも多発する。そんな環境において、セムラーは徹底した性善説を貫き、何度も裏切られながら経営システムを進化させてきた。その結果、同社は6年間で売上高を6倍にしながら、離職率はほぼゼロに近く、ブラジルにおいて学生から最も人気がある企業に成長した。

セムコの組織はサークル型で、系統樹的なヒエラルキーはなく、3つの同心円で構成されている。中心にあるのは5人で構成される「カウンセラー」、その外円を事業部長である「パートナー」が取り囲む。最も外側にあたるのが「アソシエート」と呼ばれる一般社員だ。アソシエートは部下を持たないが、一部はリーダー格となり「コーディネータ」と呼ばれている。社員は自分たちのボスとなるパートナーやコーディネータを自ら選択できる。そして、上司となるパートナーやコーディネータ、経営幹部は、定期的に部下の評価を受け、その内容が公開される。

意思決定の仕組みはシンプルだ。現場判断は「アソシエート」が行う。不安があれば「コーディネータ」に相談する。組織全体で協議すべきと判断したことは毎週開催される会議で「パートナー」に相談する。さらに全社的な意思決定はカウンセラー全員と社員が出席する週次会議にて決定する。最も重要な意思決定は、全社員による投票で決定する。ただしセムコでは、「許可を願うより、許しを請え」というモットーがある。つまり直感にしたがってまず行動し、それから許可を請うスタイルを奨励しているのだ。このように永続的に組織硬直化を避けるための価値観が大切にされているのが同社の特徴だ。

社員の給与は、11の報酬体系（固定給、ボーナス、報奨金、ストックオプションなど）から自らの意思で選択することが可能になっている。ハイリスク・ハイリターンにするか、ローリスク・ローリターンにするか、その中間にするかを自らが選択できるシステムだ。またライフスタイルに応じて給与をコントロールする「変動型給与」も導入した。さらに育児や長期休暇の希望にも柔軟に応えられ、自分の好きなだけ働くことのできる仕組みになっている。同社では「サテライト・プログラム」と呼ばれる社員の独立制度も提供している。これは社員の創業を経営資源の面で支援し、セムコの事業パートナーとして転身を図ってもらうシステムだ。

セムラーの美学は、同社株式の相続にも受け継がれる。彼は同族企業を否定し、彼の死後には株式は財団の資産とすることとしたのだ。しかも財団の管理には21名の理事があたり、理事会はセムラー家以外のセムコ社員と外部理事によって運営されると公言する。このメカニズムにより、同社は彼の死後、セムラー家から完全に独立することになった。実際に、彼はすでにセムコの経営執行から離れつつあり、自ら計画した「人生における行動目標リスト」の実現を一つずつ楽しみながらこなしているという。

民主主義経営のルーツ。独自進化を遂げたイノベーション創造企業――W・L・ゴア

W・L・ゴアは、年商30億ドルを超え、30カ国に9000名を超える社員を擁する米国発のグローバル企業だ。「ゴアテックス」は保温性に優れた消費者向けアウトドア・ウェアだが、それにとどまらず、外科手術用の人工硬膜、縫合系、バイオ素材、デンタルフロス、さまざまな防水・通気性素材など、極めて多様な分野に彼らの素材技術は展開されている。そしてこの多様性を支えているのは、1958年の創業以来続いている、管理職不在の特殊な格子型組織だ。その原点は創業者ビル・ゴアの想いにある。性善説で階層のない組織、誰もが自由に交流でき、自分の興味ある仕事を選べる会社をつくる。それこそが彼の起業の志だった。

同社には4つの事業部門および製品別の事業部があり、それをサポートする本社機構があるが、管理職の層はなく、また組織図もない。社員はアソシエートと呼ばれるが、肩書きは持たず、上司も持たない。ゴアの中心単位は、「利益をあげることを楽しむこと」を目的とした小規模の自己管理チームだ。同社はこのチームを核とし、個人が縦横に直接つながる格子型組織を構築した。彼らは上司ではなく同僚のために仕事をし、定められた手順を通さなくても同僚と協働できる。ゴアの狙いは、大企業にある権威的な公式組織を廃し、その下に隠れた実質的で非公式な組織を表舞台に出すことだ。また施設や工場は200人未満にするよう定められている。これもつながりの希薄化が官僚化を生むという創業者の配慮から来るものだ。

同社では社員の約1割がリーダーという呼称を持つが、これは企業が定めたものではない。同僚からリーダーとして認められた非公式の証なのだ。チームの成功に繰り返し貢献すれば、その社員は自然と支持者を引き寄せるようになる。会議を招集して人が集まってきたらリーダーになるという仕組みだ。ゴアでは「自然に発生するリーダーシップ」という考え方が大切にされているのだ。現CEOであるテリー・ケリーの選任の時も同様だった。取締役会が社員に対して、「自分が喜んでしたがいたい人物は誰か」という調査を部門横断的に行い決定された。そしてリーダーはいかなる時にも、リードされる社員に対して説明責任を負うことになる。これは地位にともなう権力乱用を避ける効果を持っている。

新入社員には、ベテランの「指導係」がつけられる。そして最初の数カ月に数カ所のチームで短期間働き、これがオーディションの代わりとなる。指導係は、新入社員のスキルとチームのニーズをマッチングする手助けを使命としている。新入社員が希望する場合は指導係を選べるし、チームは新入社員を受け入れるか否かを自由に判断できる。社員は、上司ではなくチームに対して責任を負う。これは、「恐怖ではなく信頼で結ばれた組織では、社員をあれこれ監督する必要はない」というゴアの中核原理にしたがったものだ。同社において、現場社員に必要なのは管理監督ではなく、指導され、支援されることなのだ。

ゴアでは、週に半日の「遊びの時間」があり、自分の好きなプロジェクトにあてることができる。そして同社製品のイノベーションの多くは、この「遊びの時間」から派生している。これは3Mの15%ルール、グーグルの20%ルールと同様、既存業務の枠を超えた創造的視点で「破壊的イノベーション」を発明し、育むための仕組みと言えるだろう。ゴアのプロダクト・チャンピオン（新製品や新規事業を開発する能力のある人）たちは、いかに社内から優秀な人材を発掘し、その自由時間を自らのプロジェクトに投入してもらえるかを競い合っている。ゴアのアイデア競争はあくまで公平な土俵で行われる。「プロジェクトに協力してくれる社員を十分集められないのであれば、それは良いアイデアではないだろう」という市場原理が働いているのだ。

新製品開発に際しては、ゴア流の開発手法がある。「本物、勝利、価値」（Ｒｅａｌ、Ｗｉｎ、Ｗｏｒｔｈ）と呼ばれる評価プロセスだ。まず「本物」のステップでは、「この製品で解決される顧客の問題は本当に存在しているか、想定顧客はどのくらいおり、それにいくら払うのか」という点の立証を求められる。続いて「勝利」のステップでは、「自社に技術的優位性があるか、パートナーによる補完すべきスキルはないか、規制上の障害はないか」という質問に対して的確な回答を要求される。最後の「価値」のステップでは、「価格と利益はどのぐらいになるか、利益をあげる業務体制を構築できるか、損益分岐点はどれくらいか」といった問いに対する解決が求められる。競争によって浮かび上がったアイデアは、これらのノウハウを経て世に出されていく。このイノベーション創出の仕組み自体が、同社のコアコンピタンスとなっている。

ゴアでは、仕事を社員に強制的に割り当てることはできない。あくまで自発的に引き受けてもらうしかない。つまり社員同士が任務や責任範囲について同僚と交渉するということだ。そして社員はチームの成功にどれだけ貢献したかで評価され報酬を与えられる。要請を断る自由もある一方で、一度協力を宣言すると神聖な誓約とみなされ、履行できないと報酬に影響してしまう。自己責任で自らの業務を選択し、それが個人や会社の利益にもつながる見事な仕組みが構築されていると言えるだろう。

すべての社員は年に一度、包括的な同僚による「ピア・レビュー」を受ける。少なくとも20人から情報が集められ、同分野で構成される報酬委員会に伝えられる。そこから総合的な貢献度が評価され、すべての社員がランク付けされた上で報酬が決定される。このランキングは非公開だが、相対的な4段階の位置づけは伝えられる。ある意味で成果報酬の一種と言えるが、業務や目標を自らが決定できることが大きな違いと言えるだろう。一方で、運命共同体としての意識を醸成することにも注力しており、すべての社員を株主として、入社1年後からは給与の12%が株式で付与される。同社は非公開企業だが、株式は現金化できる。多くの社員にとってこの株式が最大の金銭資産であり、快適な老後への約束となっている。その結果、同社は「働きやすい企業トップ100」の常連となり、一度たりとも赤字を出すことなく、ほぼ50年間、着実に収益を伸ばしてきた。創業者であるビル・ゴアが死去したのは1986年。それ以降も20年以上も変わらず成長を続けているこの企業の経営システムは、比類なき未来志向であり、民主主義経営のルーツ、ビジネス界における突然変異の遺伝子と言えるだろう。

透明の力がビジネスを変革する

上司が不在で統制がない組織。働く時間も場所も自由な組織。予算がなく目標を自ら決める組織。外注も経費も自らの判断で決められる組織。それも数十人の会社ではない。数千人、数万人の社員が集う大企業なのだ。未来型組織のメカニズムには驚きを感じると同時に、さまざまな疑問も浮かんでくる方も多いだろう。果たして自社に応用できるのだろうか。実際のところ、社内秩序はどう保たれているのか。リスク管理についてはどう考えればよいのか。結局はトップのリーダーシップに依存するのではないか。

ビジネスは資本主義を基礎として、市場の原理が支配しているものだ。そこで待ち受けているものは過酷な生存競争であり、どんな私企業も弱肉強食を逃れることはできない。では、弱肉強食とは何だろうか。地上最強の生物と言えば、ライオンが思い浮かぶ。鋭い牙、強い身体能力を持ち、食物連鎖の最上位に君臨する。ただし連鎖の頂上にいる生物は、環境変化に弱く絶滅しやすいと言われる。一方で、決して強くはないが、環境変化に耐え独自の生き延び方をする生物も存在する。世界中に生息するクマムシは、宇宙空間のような極限環境に対しても耐性があるし、ベニクラゲは若返りの能力を持ち、不老不死の生物とも考えられている。

あなたの会社は何を目指しているのか。ライオンのように、短期決戦で確実に勝利する会社か。それとも、持続可能性を追求したいのか。顧客や社員の笑顔が溢れる会社にしたいのか。

ひとつ言えることは、この章の事例にある企業群は、明らかにライオンを目指していないということだろう。彼らは独自の美学を持って、常識に甘んじることなく、時に挫折を味わいながら、時間をかけて理想とする企業像を築き上げてきた。そこには、経営者の断固たる決意があることを見逃してはいけない。規律と自律はトレードオフであり、いいとこ取りをできるものではない。あくまで選択なのだ。未来型組織を選択した企業には、その志において共通点がある。それは、顧客や社員を資源ではなく「人間」として尊重していること。顧客や社員に強制することなく、相手の立場でものを考え、いかに貢献できるのかを真摯に求め続けていること。そして社員を信じる強い意思を持っていることだ。

もしあなたの会社が彼らと同じ指向性を持ち、その方向に舵取りをするのであれば、「透明の力」の存在を意識する必要がある。これは「統制の力」に代わる新しい組織の原動力であり、自律的な秩序を促す源泉となるものだ。

経済学の父アダム・スミスは、『国富論』で「市場経済において各個人が利益を追求すれば、結果的に社会全体が望ましい状態になる」とし、それを「見えざる手」とした。しかしながら、それより以前に出版された『道徳感情論』においては、経済活動以前に社会の秩序を維持している「見えざる手」について言及している。それは、「人間は利己的だが、他者の視線を意識し、同感を持ったり、持たれたりするように行動する」ことに起因し、そこから公平な観察者として「道徳基準」が生まれてくると説いている。

未来型組織に共通する「透明の力」とは、上司からの統制ではなく、顧客や同僚との信頼関係に基づくものであり、アダム・スミスの言う、もう一つの「神の見えざる手」に通じるものと言えるだろう。人に指示されるまでもなく、人間は同感や評価を得たいと強く願う生き物だ。社内を透明にし、コミュニケーションを活性化させることで相互評価が生まれ、社員は自ずと企業やチームにとってプラスになるになるように動き出すものなのだ。ここで、「透明の力」を実現している未来型組織の特徴をまとめると次の6点に集約されるだろう。

1．トラスト——相互信頼の醸成

社員と組織の間に相互信頼が醸成されるための高い透明性と健全な社風があること。そのためには理念の共有や情報開示、待遇のフラット化、またポジティブで社員の幸せを大切にする社風を構築する必要があること。

2．コラボレーション——情報の共有

個人がいつでも誰とでも交流でき、現場社員が業務上の意思決定に必要な情報を入手できること。また価値の高い知見やノウハウ、新しいアイデア、さらに社員やチームの能力や実績を共有する場、共創する場があること。それを活性化すること。

3．チーム——小さな自律的組織

少人数のチームを最小単位とし、顧客経験価値を創造するために可能な限りの自治権を与えること。上司の監視ではなく、同僚との信頼と相互評価により秩序を保つ仕組みをつくること。

4．ユニファイ——チームの全社調和

チームが全社と調和するために使命と価値観、目標を共有し、社員と顧客に愛される企業となること。経営層の使命は、ビジョンの策定および社内の透明化と民主化を推進すること。管理職や管理部門の使命は、監督ではなく現場の支援に徹すること。

5．イノベーション——革新の誘発

常にイノベーションが孵化、成長するための仕組みを導入すること。優秀な人材がリーダーとなり、優秀なプロジェクトにパワーが集まり、独自の開発ステップを通じて新規事業、新規サービスが生み出される土壌を構築すること。

6．フィードバック——貢献の評価

バランスのとれた評価指標を採用し、階層ごと（チーム、事業部、全社など）に測定する。社員の貢献に対するリアルタイムな評価を可視化し、社員同士で貢献を褒め合う仕組みを促進する。特にポジティブな相互評価を増やすこと。

未来型組織、「6つの特徴」

6つの特徴	未来型組織	中央集権型組織
トラスト	透明性、健全な社風による相互信頼の醸成	性悪説の統制による信頼関係の欠如
コラボレーション	社員の自由闊達な交流、情報共有、共創を促す環境	部門ごとに閉鎖した交流や情報共有
チーム	小さな自律的組織による顧客経験価値の創造	画一的なマニュアルによる均質なサービス
ユニファイ	使命、価値観、目標共有によるチームの全社調和	計画達成のための監視と統制
イノベーション	自律的に全社からイノベーションが孵化する仕組み	専門のR&D部門による戦略立案
フィードバック	バランスのとれた指標、ポジティブな相互評価	財務と業務の指標、目標と賞罰の連動

未来型組織においては、深い相互信頼と徹底した情報共有の実現が前提となる。そこでは、社員は、社内外からの同感と評価、つまりピア・プレッシャーの中で協働するようになる。また全社で目標や情報、価値観を共有することで、部分最適と全体最適が同時に進行するようになる。社員の自律性は、イノベーションを生み出す源泉となる。その成果を可視化し、適切なフィードバック・ループを構築することで、トップのリーダーシップに依存しない持続的に成長可能な経営が実現することになるのだ。

ここに興味深い調査結果がある（309ページの図を参照）。企業の不正事件を調査する国際的機関、公認不正検査士協会（ACFE）による調査“2012 Report to the Nations on Occupational Fraud & Abuse”だ。それによると、2012年に発覚した不正会計事件において、「従業員の不正」は被害金額ベースで見るとわずかに7％にすぎないことがわかった。それに対して「管理職による不正」は20％、「オーナー／経営者の不正」にいたっては63％を占める。つまり権限が大きくなるほど、不正行為で会社に与える損害も大きくなるのだ。管理層は社員と比べて少数であるにもかかわらずだ。取締役こそ、取り締まるより、取り締まられるべき存在と言えるだろう。

この原因はシンプルだ。階層構造が上位になるほど入手できる情報と不正会計に関与できる権限が増し、好きなことができる範囲が広がるクローズされた環境になっていくからだ。管理職の社員が悪いというより、管理職という特権的な立場が人を狂わせていくのだ。これでも既

内部不正の役職別件数の推移

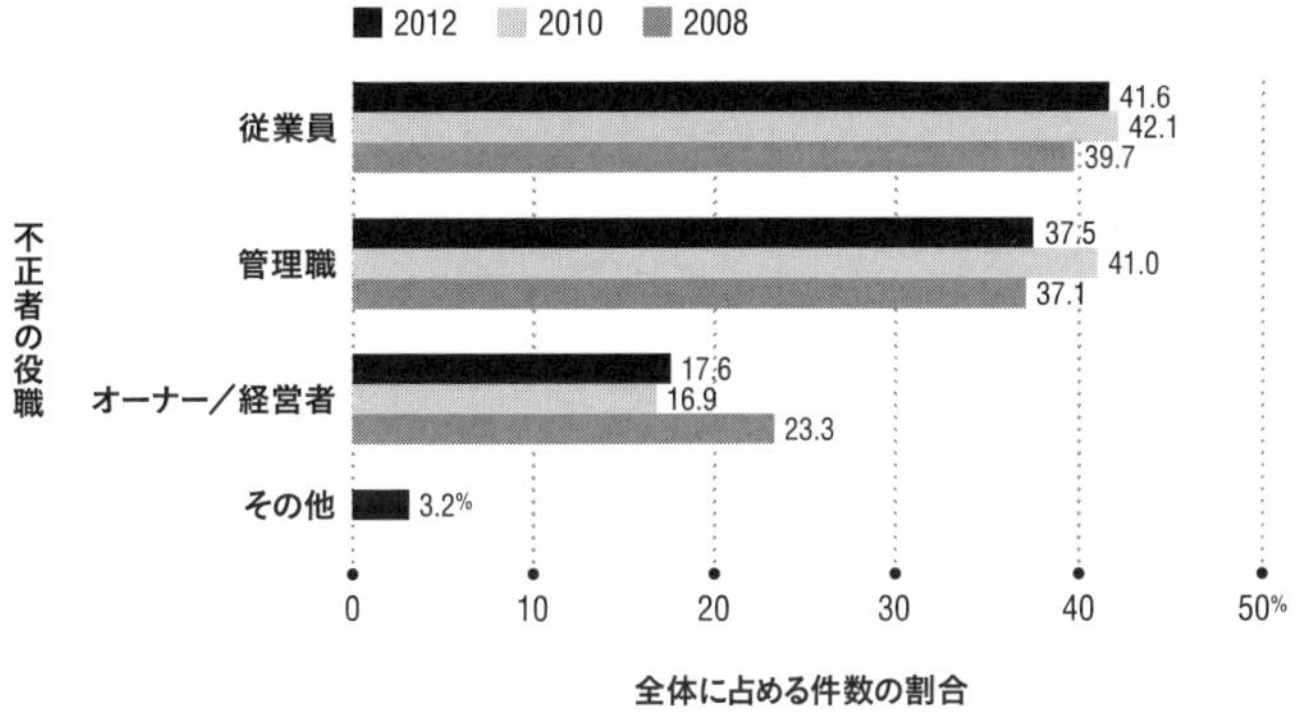

注：その他のカテゴリーは、2008、2010年以前のレポートには含まれていない。

内部不正の役職別被害総額の推移

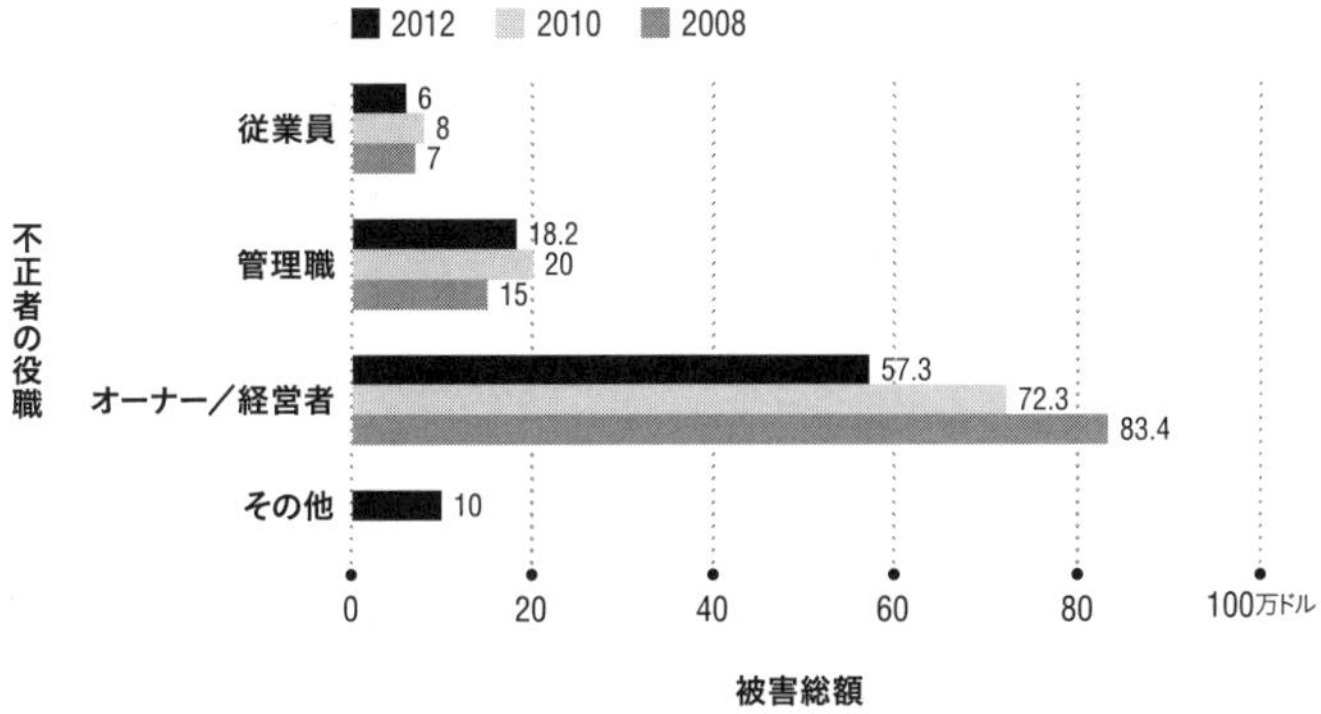

注：その他のカテゴリーは、2010年以前のレポートには含まれていない。

出典：公認不正検査士協会（ACFE）による最新調査
"2012 Report to the Nations on Occupational Fraud & Abuse"をもとに著者作成

存の組織はリスク管理が十分と言えるのだろうか。逆に「透明の力」を十分に活用することで、経営陣や管理職の不正防止にも効果を発揮するのではないだろうか。経営陣や管理職は、一般社員より正しい行動をするはずだ。こんな思い込みを前提とした階層型組織は、別の意味で潜在的なリスクをはらんでいる。透明性が不足していれば、監査役や内部監査も意味をなさないからだ。

ホールフーズ・マーケットが徹底的に情報開示にこだわるのは、それが相互信頼を醸成する唯一の方法だと考えているからだ。多くの企業では、社員を統制するために情報開示を制限するが、ホールフーズ・マーケット経営陣は秘密があったのでは強い信頼で結ばれた組織を築くことができないという信念を持っている。ライフネット生命の出口治明社長は、透明性を極めて真摯に追求する。「私は正直に経営したいと心底思っていますので、社員を含めたすべてのステークホルダーに積極的な情報開示を徹底しています。個人情報の秘匿はもちろん別ですが、一切包み隠すものがない企業風土をつくり上げることが最大のリスク管理になると固く信じているからです。このような観点から業績も毎月開示しています」。

あなたは、自分に真実を話してくれない人を信じることができるだろうか。透明性は、信頼関係を醸成するための基盤となるものだ。透明性があって、社員は経営者を信用し、同僚との協働意識が芽生える。しかしながら、この考え方は「統制」を基本としていた今までの経営マネジメントとは対極の発想と言ってもよく、まさに言うは易く行うは難しだ。未来型組織を目指して消えていった小企業も限りなくあるだろう。「透明の力」を活用し、ポジティブサイクルをいかにつくり出すか。この経営革新こそが、これからの経営者に求められる役割と言えるのではないだろうか。

オネスティ・ペイズ・イン・ザ・ロング・ラン。長い目で見れば、正直者が報われる。シンプルなこの格言に、透明性の時代における企業のあり方が凝縮されている。

COLUMN

進化する企業のリスクマネジメント

ループス・コミュニケーションズ副社長 福田浩至

2012年4月22日の午前2時15分に、三井化学岩国大竹工場で爆発・火災事故が発生した。深夜の事故にもかかわらず、発生からわずか1分後には「うぉ、なんかすげぇ音がした」とツイートされた。2分後には2ちゃんねるでスレッドが立ち、7分後には事故現場の写真が、1時間後には事故発生直後の動画がニコニコ動画にアップされ、主要なニュースサイトも発信を開始している。企業側が工場長の会見を開いたのは事故から5時間後の午前7時と迅速な対応だった。しかし、ソーシャルメディアが拡散するスピードにははるかに及ばない。

２０１０年に発生した尖閣諸島での中国漁船衝突事件では、政府が映像非公開の方針を打ち出している中で、海上保安庁の職員がユーチューブに当の映像を投稿した。マスメディアでも大々的に取り上げられ、国際問題にまで発展する。職員は投稿前に、新聞社などに映像を持ち込んだが、メディアが取り上げなかったために、個人の信念に基づき行動したのだ。これまでマスコミが握りつぶしていたリーク情報も、個人の覚悟があれば、全世界に発信できることが証明された。すでにどんな大企業でも情報の拡散をコントロールすることは不可能であり、企業はこのような状況を前提として対応を講じるほかにない。危機管理の考え方が大きくシフトしようとしている。

リスクマネジメント手法は、組織を取り巻く経営環境の変化にともない、各分野で独自の進化を遂げてきた。最新のリスクマネジメント規格「ＪＩＳ Ｑ ３１０００」は、特定の分野に限定しない汎用的な手法として開発された。

この規格はソーシャルメディアの勃興期にあたる2005年から2009年に策定されたこともあり、生活者が発言力を強めてきた時代背景も随所に考慮されている。その特徴的な考え方を一部紹介しよう。

1. 悪い結果だけでなく、良い結果をもたらす要因もリスク対象である

JIS Q 31000では、リスクを「不確かさが組織の目的に与える影響」と定義している。例えば、企業がソーシャルメディアを運用する場合のリスクを考えてみよう。「悪い結果をもたらす要因」を考えると、誤った情報を配信したり、内部情報を暴露したりすることがあげられる。このような要因だけをリスクとすれば、「運用しない」という結論が導かれるだろう。しかしJIS Q 31000では「メリットを逸失する要因」もリスクと捉える。企業が正しくソーシャルメディアを運用すれば、生活者の企業理解を深め、社員との対話を通じて親近感を持ってもらうことが可能だ。運用しなければ、このような企業の評判を高める機会を失うことになる。当規格において、双方の側面を考えてリスク対策を考えてゆくことを求めている。

2. 社内のコミュニケーションを充実させる

リスクは、すべての社員の、あらゆる業務プロセスに内在している。担当者が自ら業務のリスクを分析し、対策を講じても、部分最適なリスクマネジメントとなりがち

JIS Q 31000 概念図

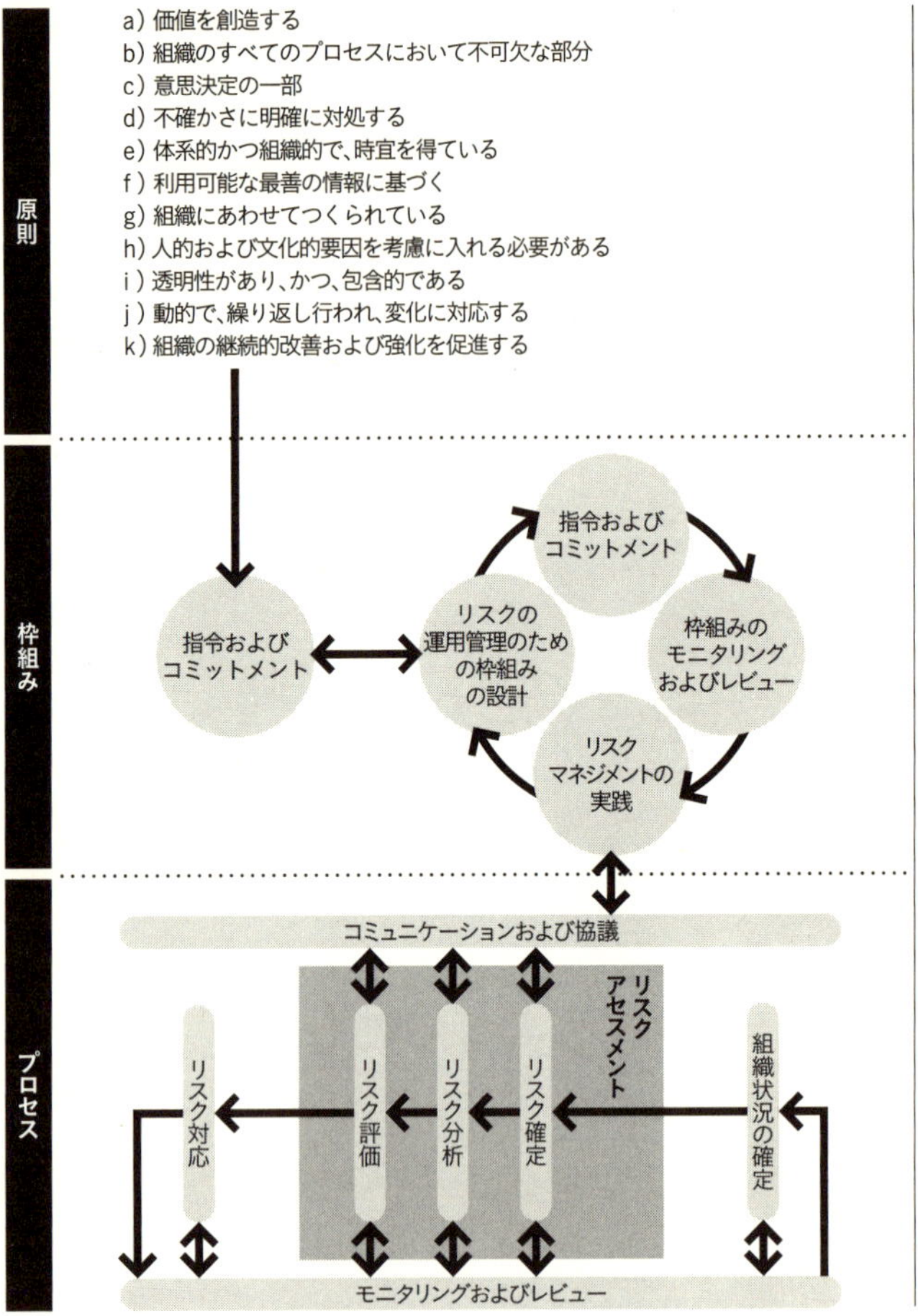

注：JIS Q 31000規格の概念図だ。この規格では、用語や概念を再定義し、リスクマネジメントを効果的に機能させるために、組織が理解すべき理念を「原則」としてまとめている。そして、理念を実践するための組織の環境整備を「枠組み」、実際の活動を「プロセス」として規定している。

出典：日本規格協会

だ。効果を組織全体に最適化させるには、組織的な運用が不可欠となる。そのため、ＪＩＳＱ３１０００では、リスクマネジメントのためだけのシステム構築を否定している点が特徴だ。例えば当規格では、リスクマネジメント会議を開く、報告書を提出するルールを策定するなどを要求していない。リスクマネジメント業務は、日々の業務プロセスに組み込むべきものという考えに基づいているためだ。また、全体最適を図るためには、社員同士のコミュニケーションが重要であるとする点も特徴だ。コミュニケーションをとることで、企業全体のリスクマネジメント方針の理解や他社員の課題の把握がすすむ。また、刻々と変化する状況に対応するためにも、常に社員同士が意思疎通できる環境の整備が求められている。

３．すべてのリスクマネジメントプロセスに外部ステークホルダーの参加を促す

従来、外部ステークホルダーとのコミュニケーションにおいては、「安心させたい」という思いから、なるべくリスクを軽微なものとして伝える傾向にあった。これに対してもＪＩＳＱ３１０００は、「リスクマネジメントは、透明性があり、かつ包含的である」ことを原則として掲げている。状況が刻々と変化する中、リスクマネジメント担当者が常に最善の決定をできるとは限らない。規格では、その時、その場において、最も有効な知見を持つ外部ステークホルダーの協力を得ることを推奨している。そのために、リスクの抽出、分析、対策、対策評価など、すべてのプロセスで外部の

ステークホルダーと対話をすることを推奨している。リスクの内容によっては、外部ステークホルダーが最初に気づくこともあるだろう。日頃から良好な関係が構築できていれば、親身に助言もしてくれるだろう。逆に反感を持っていれば、嘲笑ネタとして、ネット炎上を引き起こすきっかけになるかもしれない。

政府は、福島第一原子力発電所の事故後に「直ちに人体に影響はない」という発言を繰り返し、SPEEDIのデータを国民に公開しなかった。国民に動揺を与えないという意図に基づく行動である。その結果、今も多くの国民が政府に不信感を抱いている。限定的なメンバーが密室で対策方針を決定し、耳ざわりの良い情報だけを外部に公開するリスクマネジメントはもはや通用しない。ソーシャルメディアに反感が滲み出し、多くの人が知るところとなる。その様子を見た人々は、そのような行動をした企業にさらなる反感を抱くことだろう。それよりも、誠実な対話方針を持ち、企業と生活者、社員と生活者、そして社員同士が良好なつながりを持つことに最善を尽くす心構えが大切だ。急がば回れ。この姿勢こそが、リスクを管理するための近道となるのだ。

第10章

イン・ザ・ロング・ラン

「利益だけを考えない経営者が本当にいることがわかった。周りの人々のことを考えることが長く経営できる秘訣だと思った。中国で自分が見た情報を正しく伝えたい」

――復興支援のために仙台の老舗企業を訪れた中国人留学生、高雪さん
（読売新聞2011年5月24日）

大震災をも乗り越えた、老舗企業の遺伝子

1807年、陸前高田の八木澤商店は、初代利兵衛により酒造場として創業された。1944年の企業整備令により酒造を切り離し、味噌醤油の醸造に専念してきた。1994年、先代の長男として八代目を継いだ河野和義氏は、先代から受け継ぐ味噌醤油の味にさらなる磨きをかける。「まっとうなものをまっとうにつくる」。その信念を貫き、輸入品に比べて原価が7～8倍もする県内産の大豆を使い、熟成に2年もの歳月をかける伝統製法を復活させた。まっとうな醤油をつくるためだ。醤油メーカー激戦の中で、流行に逆らい品質にこだわり続ける和義氏に、工場長が辞表を出したこともあったという。その手塩にかけた「生揚醤油」は、口伝えに評判が広まり、今や同社の看板商品となった。2002年、2007年、2009年と三度にわたる農林水産大臣賞が、和義氏のこだわりを雄弁に物語っている。また地域の顔役でもあった和義氏は、地元を「陸前高田株式会社」と呼び、さまざまな誘致活動やイベントに取

り組むかたわら、吉本哲郎氏とともに「高田地元学」を提唱するなど、文字通り陸前高田を愛し、地元の文化保護と地域活性化に心血を注いできた。

そんな中、突如として未曾有の震災が同社を直撃する。


「八木澤は終わった。町もなくなった。何もかも終わった」。ここにあったはずの蔵は影も形もなく、わずかに土台を残しているだけ。屋号の「やません」の文字が入った醤油ラベルが土に半分埋もれている。ほんの数日前まで、僕はここで蔵を見せながら日本古来の発酵調味料、醤油の素晴らしさを伝えていたのに。「醤油はこうやってつくられるんだよ」と工場を案内していたのに。僕の目の前には数日前までここにあったものが、何もない。だから「廃業」とポツンと言った。そしたら息子はそれを許してくれなかった。「再建する、必ず。だから、社員は解雇しない。会社も町も復興する」

——2011年4月12日　八木澤商店ブログ「八代目日記」より

一族が代々手塩をかけて育てあげた八木澤商店は流された。残ったのはトラック2台だけだった。社屋も工場も材料も何もかも。そして社員2人の尊い命も、すべて津波が流し去った。注ぎ込んだ愛情が強いほど、失ったときの哀しみは堪らなく深い。変わり果てた会社の姿を見て呆然と立ちすくむ八代目に、長男の通洋氏は八木澤再建への信念を宣言し、九代目を継いだ。

そして4月1日、市内の自動車学校の一角に仮事務所を設け、八木澤商店の営業は再開される。全社員38名のうち出社可能な30名、さらに新人2名が集まり、新社長による朝礼がはじまった。彼はまず、真新しい封筒におさめられた給料袋をひとりずつに手渡す。それは何よりも社員を大切にするという宣言だった。「生きる」と「共に暮らしを守る」を方針として掲げ、雇用を守り、行方不明者の捜索やボランティア活動も本業と位置づける。その後、通洋氏は金融機関、自治体、そして新たな委託生産先の確保に奔走。すべてを失ってからわずか2カ月足らず、5月2日に営業再開に踏み出した。5月には政府の補助金を活用して、一関市にしょうゆを製造する工場を建設。現在は一関市の廃校につゆ・たれ工場も建設中だ。震災前と比較すると売り上げは半減以下となった。それでも希望を胸に再建が続く。

地域の仲間たちと「地元企業を一社もつぶさない」と語り合うなど、九代目の地元に対する深い愛情は先代譲りだ。変革を恐れぬ先取り気質も、八木澤が受け継いできた血筋だろう。「業に従うと書く従業員という言葉はおかしいと感じています。社員は厳しい状況でも心をひとつにして乗り越えていくパートナーです」。その言葉通り、彼は今、社員とともに理念を考え、ビジョンを描く。さらに同業者や地元の経営者仲間と手を組んで、ともに技術や地域を守っていく活動に取り組みはじめた。栽培した多収穫米で飼料やバイオエタノールを製造し、燃料や消毒薬原料として販売するとともに鶏飼育をビジネス化しようという試みだ。起業志望の学生を受け入れるインターンシップ制度もスタートした。通洋氏の挑戦は尽きることなく続いていく。

「いかに危機的な状況においても、今後経営の最高責任者として社員の意見に耳を傾け協力を仰ぎながら、全責任を背負う覚悟で再建をしていきます。その上で、変えることの出来ない事を受け入れる心の静けさと、変えるべきものを変えていく勇気。その二つを見分ける叡智を養う事を大切にしていきます。その可能性の源泉は、自ら情熱を持ち続ける事。その情熱こそが、絶望の中からかすかな希望を見つけ出す。そして、必ず道は開けていくと信じています。
2011年4月1日　代表取締役　河野通洋」。八木澤商店が復活した4月1日。その日にホームページに書かれた新任のご挨拶に、200年続く伝統の継承と革新への想い、そして経営者としての不退転の決意が込められていた。

伝統とは革新の連続である

八木澤商店九代目、河野通洋氏は、広く社会に対して、老舗を復興させる不撓不屈の決意を表明した。変えることのできないものとは、同社を取り巻く極めて厳しい外部環境。そして変えるべきでないもの、それは代々受け継がれてきた八木澤の哲学。一方で変えるべきものとは、時代にあわせて革新すべき商品、サービス。それを提供するためのビジネスモデルだろう。

「不易流行」という松尾芭蕉の俳諧理念がある。「不易」は詩の基本である永遠性、「流行」はその時々の新風の体。ともに風雅の誠から出るものであるから、根本においては同一であるという。この「不易流行」は、東京の豊島屋本店、京都の兵衛麸、福島の柏屋など多くの歴史ある企業が家訓とする、いわば老舗の遺伝子だ。

1950年、戦後の混乱が続く中、東京の老舗企業が助け合うために創設された「東都のれん会」という組織がある。その機関紙創刊号の巻頭では、次のような表現で老舗の本質が説かれていた。「根の深いものほど幹がふとり、枝葉も茂る。寿命も長い道理である。寿命のない新しさに何の価値があろう。世に太陽ほど古くして、しかも日々新しいものはない。伝統は重んじ磨くことによって、常に新しい光彩を発する。停滞して足踏みをするから古くさくなるのだ。新しい生命の吹きこみを怠ってはならぬ」。伝統とは、まさに革新の連続なのだ。その東都のれん会の代表格とも言える虎屋十七代社長、黒川光博氏は大切なのは、「今」であるとし、Webで次のように想いを綴っている。

大切なのは、「今」

お客様に和菓子を「おいしい」と喜んで召し上がって頂きたい。さらには、「こういう菓子をつくるのはどのような菓子屋なのだろう」、「この会社は一体どのような人で構成されているのだろう」というところにまで思いを馳せて頂けるような会社を目指したい。そのために私たちは、原材料から菓子づくり、店舗でのおもてなしまで、常に質の向上に努め、決して歩みを止めることはありません。
虎屋には長い歴史がありますが、古くからある菓子や技法、心意気に加え、私たちが今の時代に合った感性で絶えず新しさを生み出してこそ、現代に生きる虎屋になると考えています。大切なのは、過去でも未来でもない、「今」という時です。すべては今この時代のお客様においしいと思って頂ける菓子をつくり、お喜び頂けるサービスをするために、お客様や社会、虎屋を取り巻くあらゆるものを見据え、今なすべきことを実践し続けてまいります。

会社とは、確立した個人の集合体であると私は考えます。とすれば虎屋は、力のある個、強い個、個性的な個の集合体でありたい。そうした個人が生き生きと存在することで今の虎屋は表現され、お客様に喜びを感じて頂ける大きな原動力になると信じています。

これからも私たちは、今を感じながら、和菓子づくりの道を歩んでまいります。


今、この時代にふさわしいお客様へのおもてなし。それを実現する個性的な社員たちの協働。その根底にあるものは、創業から一貫して変わらぬ「おいしい和菓子を喜んで召し上がって頂く」という使命に他ならない。「不易」とは企業の理念、哲学、つまりインサイドであり、「流行」とはビジネスモデル、顧客経験価値、すなわちアウトサイドだ。そして、ソーシャルメディアが誘起したパラダイムシフト、その中であるべき企業像は、虎屋が室町時代後期から5世紀もの年月をかけて磨き続けてきた老舗の遺伝子と美しく調和する。

古くて新しい、現実の世界へようこそ

文明比較の大家として知られるフランスの文化人類学者レヴィ＝ストロースによると、古いものを捨てて新しい文化を興す、人類はその歴史を繰り返しており、西洋はもちろんのこと、それは中国やインドにおいても同様だと言う。しかし世界の中で日本だけが違う。神話の時代

から現代にいたるまで、天皇、神社、遺物、すべてが連綿と一貫し、あり続けている。これはいわば奇跡であり、日本が遠い過去と現代が確かな絆を持つ「断絶のない稀有の歴史を持つ国」であるとして感嘆した。

日本企業の長寿性にも、持続志向を大切にする我々の特性が顕著にあらわれている。2008年、韓国銀行の調査によると、世界に創業200年以上の会社は5586社あるが、そのうち3146社、56%が日本に集中しており、続くドイツ837社、オランダ222社、フランス196社。一方で中国はわずか5社、韓国にいたっては2社しかなかったという。「三方よし」は個人と社会、そして「不易流行」は伝統と革新。この対極を矛盾なく取り入れて、見事に調和させる文化。これこそ、我々日本人の礎であり、誇りとすべきことではないだろうか。ここで、今一度、前著と同じ結びの言葉を、ここに書く無粋をお許しいただきたい。なぜなら、これは筆者自身の「不易」であり、変わらぬ想いであり、この書籍の最もインサイドにあるミッションだからだ。

冷静を求める祈り

神よ、
変えることのできるものについて、
それを変えるだけの勇気《カレイジ》をわれらに与えたまえ。

変えることのできないものについては、
それを受けいれるだけの冷静《セレニティ》さを与えたまえ。
そして、
変えることのできるものと、変えることのできないものとを、
識別する知識《ウィズダム》を与えたまえ。

――ラインホールド・ニーバー
（『アメリカ史のアイロニー』大木英夫訳 聖学院大学出版会）

アメリカの神学者、ラインホールド・ニーバーが、マサチューセッツ州西部の小さな教会で1943年の夏に説教した時の祈り。人々の共感を得て、瞬く間に「ニーバーの祈り」として広く世界に伝わったものだ。

新しい時代の潮流は、誰にも止められない。アラブに春が来たように、企業内にも真の民主主義が芽生えるだろう。隠蔽すること、統制すること、放置すること。今まで威力を発揮していたこれらのテクニックは人々の反感を呼び、軌道修正を余儀なくされるだろう。この流れは変えることのできないことなのだ。企業は冷静にこのパラダイムシフトを直視し、そして速やかに受け入れるしかないだろう。ソーシャルメディアによって社内外のボーダーも曖昧になってきた。この流れも変えることはできない。顧客や社員にとって、自社の魅力とは何なのか。いかに外部の知恵をお借りし、自社に足りない技術やスピードを補完するか。それらを真剣に

検討しなくてはいけない。

もう一つ。企業にとって変えられない、いや変えるべきでないものがある。それは企業が創業の時から持っている遺伝子、企業理念だ。経済合理主義、行き過ぎた資本主義のもと、ややもするとお題目になりがちだった企業理念。そしてそれに基づくミッション・ビジョン・コアバリュー。その企業の一員である以上、社員は自社の哲学を共有する必要がある。なぜ我々は世の中に存在しているのか、社会にどのような貢献をすることが我々の使命なのか。我々社員はどのように行動すべきか。そんな問いにいつでも答えられるよう、脳裏に刻んでおくべきだろう。

では、変えられることとは何か。刻々と変化するお客様のニーズに応えるために、常に進化させていくべきシステムやマネジメントスタイルだ。そしてそこから生み出される商品やサービス。お客様はうつろいやすく、そのニーズは時々刻々と変わっていく。企業は終わりなき努力を続け、その変化を先取りし、商品サービスを進化させていかなくてはならない。また年々悪化する環境問題、地球のニーズに応えるため、サステナブルなエコシステム構築の一助とならなくてはいけない。研究開発活動、商品サービスへの改善アイデアなど、広く社外の知恵を傾聴し、オープンにならなくてはいけない。今こそ、既存の常識にとらわれることなく、新しい時代にあわせて、企業そのものを大胆に変革すべき時なのだ。

1999年、日産を救うべく社長に就任したカルロス・ゴーンは、多くのアナリストの悲観的観測を裏切り、日産を短期間でV字復活させた。そんな彼の名言がある。「会社の変革とは、思考方法の変革だ」。彼の改革はあくまで人の変革にフォーカスしたものだった。社員のマインド変革を徹底して行い、日産は生まれ変わったのだ。この著書を通じて一貫してお伝えしたかったことは、今、企業はマインドセットを変えるべきタイミングにあるということだ。原点に回帰すると言った方がよいのかもしれない。企業人として、そして日本人として、原点に戻る時がきたのではないだろうか。

新渡戸稲造の『武士道』は、日本人の持つ美徳をあらわす名著として、さまざまな国で読み継がれてきた。そこに書かれていたのは日本人に共通した美学だった。古くから、宗教教育なしで極めて高い道徳性を持つ日本人に、欧米の人々は驚異の目を向けてきた。日本人は不誠実な言動に強い嫌悪感を持って生きてきた民族だ。

「和をもって貴しとなす」。日本人の原点とも言える言葉。聖徳太子「十七条憲法」の最初に登場する言葉だ。日本人は古くから和を重んじてきた。「あうんの呼吸」で人々の総意が形成されることに西洋人は驚く。我々は昔から、社会と個人のバランスをうまく図りながら生きてきた民族だ。

「おもてなし」という言葉がある。日々接する人々、ふれあう人々に心から感謝し、思いやる優しい心をあらわしている。その「おもてなし」の語源は2つあるという。ひとつは「モノを持って成し遂げる」ということ。そしてもうひとつは「表裏なし」つまり表裏のない心でお客様をお迎えするということ。日本人は、誰に対しても親切で、相手を思いやる優しい心を持ち、人に不快感を与えない距離を保って、余計な気遣いをさせないよう、よい人間関係をつくる。そんなことに特異なほど心をくばる民族だ。

戦後の奇跡的な経済成長、そこで得た自信と成功体験。その後、バブル崩壊以降の失われた10年、そして自信喪失。日本のレゾンデートル（存在意義）が揺れている。今、僕たちに大切なことは、そこから一歩踏み出して、日本の原点に戻り、日本人としての誇りを取り戻すことではないだろうか。これから訪れる新しい時代は、まさに僕たち日本人が理想としていた世界を具現化していくことに他ならない。それをみなが自覚して、力をあわせて、幸せに溢れた新しい日本をかたちづくっていくこと。そして世界をより良くしていくことだ。社内政治はもういらない。お客様のため、社会のため、世界のために、どのように貢献するかを考えよう。

ソーシャルシフトの必要性が広く伝わり、硬直化した日本の組織に風穴を開けたい。それこそ、長く国内経済を覆っている閉塞感を一掃するカンフル剤になりうるように思うからだ。そんな思いで、本書を書かせていただいた。現場からトップまでがひとつの想いでつながり、社員が幸せになり、生活者に幸せが広がる。世界もより良くなっていく。きっと、僕たちの前には明るい未来が広がっている。

COLUMN 10

ソーシャルシフトの現場から
――カスミ・インサイド・ストーリー

「ツイッターやフェイスブックでお客様や社員の声に耳を傾け、対話し、真の顧客志向の経営へと変革する。『ソーシャルシフト』に書かれている事例を知り、カルチャーショックを受けた。何を言ってるんだと思われるかもしれないけれど、それほど立ち遅れていた。地べたに這いつくばって汗水垂らし、お客様に頭を下げていればいいんだと、ずっと思ってやってきたから」(日本経済新聞Web刊 2012年2月22日)。東証一部上場、売上高2140億円。北関東を中心に約150店舗を展開する老舗スーパーチェーンのカスミ。71歳になる小濱裕正会長は日本経済新聞の取材にこう心情を吐露した。

小濱会長は、小売業界では誰もが知る辣腕経営者だ。ダイエーの専務取締役から2000年にカスミに転籍。大胆な事業整理と徹底した顧客志向により同社をV字回復に導いた。そんな老舗企業を力強く復活させた経営者が、今、スーパーチェーンの将来を憂えている。リーマンショック、東日本大震災、生活者のライフスタイルが大きく変わっていく中で、食品スーパーは対応できていないということが問題意識の根底にある。「お客様の声を大事にする」と言いながら、生活者の本音を把握できていない。地域に密着した食品スーパーの使命に立ち戻りつつ、新しいイノベーションを取り入れ、地元生活者との接点のあり方を根本から変革しない限り、食品スーパーの明日はない。

将来への危機感の中で、小濵会長は当社ループスを訪れ、いろいろなお話をしてくださった。驚いたのは、すでに会長は2010年から「共感創造の経営」を標榜し、「いいね!をいっしょに」を企業スローガンとしていたこと。フェイスブックを意識したわけではもちろんない。時代の変化を先取りし、経営方針に掲げていたのだ。そして、お話の最後にこう締めくくられた。「私は今、ビジネスマンとして、そして経営者として集大成の時期を迎えている。これからのカスミを100年続く企業にするためには、今、改革が必要であり、それが私の最後の使命だ。力を借りたい」。そして、カスミのソーシャルシフトははじまった。

小濵裕正会長

同社は、最初の一歩として、2012年3月、ソーシャルメディア・コミュニケーション研究会（略称ソーコミ）を組織化した。マネージャーは元経営企画部の高橋徹氏、システム企画およびCSの経験を持つ大里光廣氏、店舗経験が長い高倉綾子氏の3名だ。「改革の一番の目的は、お客様のことをわかったつもりでいた我々がお客様の生の声に耳を傾け、真摯に対話する、真にお客様志向の経営に変革すること。それにはピラミッド型の組織の壁に断絶された社員同士が交流をはじめ、バラバラになっていた知恵を集めて課題に立ち向かう仕組みづくりも重要だと考えている。新たに専門部署を社内につくったのもそのためだ」。専門部署開設の目的を会長はこう語る。

ソーコミ発足後、小濵会長、藤田社長の両トップが強力に改革を推進しはじめた。まずは全店長が集まる店長会議や、主要取引先が1000名ほど集まるイベントで、同社のソーシャルシフトを宣言。続いて、役員や部門マネージャーなど社内キーマンへのインタビューに基づくSWOT分析を行うとともに、ソーシャルメディア上のクチコミや社員満足度の調査も実施し、同社の現状把握と課題抽出を行った。あわせて社内におけるソーシャルメディアの啓蒙活動も開始する。社内教育は計25回。経営層から管理職、店長、店舗スタッフまで2000名以上にさまざまな研修が行われ、社内のフェイスブックアクティブユーザーは倍増する結果となった。さらに社内でソーシャルシフトに協力的な有志グループを立ち上げて現場とのパイプをつくるとともに、既存組織を横断するお客様の声委員会を発足させた。

ソーコミ・メンバー

改革がはじまって2カ月、2012年5月にはフェイスブックページ「カスミFanページ」を立ち上げた。ただしネット広告や派手なプロモーションは一切行わず、まずは社員、そして店舗に訪問くださるお客様へと、丁寧に共感の輪を広げていった。その結果、ファン数1000名突破時点のエンゲージメント率（いいね！やコメントなどの反応をしたファンの割合）は13％強と、平均値1・27％（Facenavi調査、1000〜4999名のページを対象）の約10倍という緊密なコミュニケーションが実現されている。投稿するコンテンツは、部門横断的なコンテンツ委員会を組織化し、各部門から新鮮な情報が集まるようにした。また新たな取り組みとして、新店舗出店前に地域住民からの生の声を聴くためにフェイスブックグループを立ち上げた。応募いただいたモニターと店長、店員がそこで対話し、地域の要望に声を傾け、愛される店舗をつくっていくためだ。

「小売業では顧客接点の最前線は店舗であり、その象徴的存在は店長です。しかし当初大半の店長はソーシャルシフトに無関心で、勉強会でも表情はお地蔵さまのようでした。その光景は、社員満足度調査で寄せられた『命令に従うばかりでお客様や自分たちの声が届きにくい』『我が子に入社を勧めたい会社ではない』といった意見を裏付けるものでもあり、縦割り組織や過度の部分最適を痛感しました。コミュニケーションの壁を打ち破り、社員同士が言いたいことを言える、知恵を出し合うための仕組みづくりがソーコミの使命だと思っています」。ソーコミをリードしてきた高橋氏は、半年の苦労をこう語る。

カスミは、以前から地域や社会貢献にも力を入れている企業だ。特に東日本大震災以降は、小濱会長自ら陸前高田に何度も足を運び、被災地に貢献してきた。地元の人たちと緊密に連携、チャリティ活動を行い、伝統だった七夕まつりの復興を導く。「うごく七夕」「けんか七夕」それぞれの山車が蘇り、2012年の夏は祭りも盛大に行われた。老若男女がひとつになって楽しむ陸前高田の七夕祭りには、数百年の歴史がある。お囃子の太鼓や笛は、親から子へ、子から孫へ受け継がれる伝統行事であり、山車に乗る大人たちの勇姿は子どもたちの憧れだった。潰《つい》えかけた歴史が蘇り、カスミの本社がある茨城県つくば市でも祭りが行われることになった。そして陸前高田では、今年から同社の新入社員の研修も行われるようになった。

「社内の空気が変わったのは陸前高田との交流がきっかけでした。津波で流された山車を復元しようと支援活動がはじまり、2012年8月には出店エリアの子どもや当社の新入社員など総勢130名で陸前高田を訪れ、地元の人たちと一緒に復活した七夕まつりに参加しました。また、交流はビジネスにも発展しました。『けんか七夕』の河野和義会長は、陸前高田で200年以上続く味噌と醤油の老舗、八木澤商店の経営者です。津波で蔵ごと流されましたが、それでも雇用を守り再起を目指す姿に心を動かされ、『商品を通じた支援を』という思いからカスミの店舗で販売がはじまりました。復興にかける人々の心意気、現地の人々とともに山車を引く子どもたちや新入社員、そして支援に対する感謝。その一つひとつを我々は現地で体験すると同時に、フェイスブックでお客様や社員と共有しました。遠く離れた岩手と茨城ですが、人と人がつながることの喜びを再確認しました。誰かの役に立ちたい、そして自分も成長したいと願うのは人間の自然な気持ちなのだと思います」。やはり陸前高田の活動を中心的に支援したソーコミ マネージャーの高橋氏は、目をうるませながら語った。

陸前高田にて

ソーシャルシフトを開始して半年、カスミは少しずつ変わりはじめている。ただし臨時社員を含めると1万人を超える同社にとって、真の改革への道のりは遠く険しい。ソーコミが立案したソーシャルシフト基本計画を、２０１３年からの3カ年中期経営計画の骨子として盛り込む準備もはじまった。販売統括本部、商品本部、開発・ロジスティックサービス本部、業務企画本部、さらに人事からコンプライアンスまで全社をあげて、生活者に真に愛される小売業へ進化するために。カスミは力強い第一歩を踏み出している。

「日本にチェーンストアが誕生して50年余になるが、旧来のシステムを一度完全に壊さないと、自己革新ができないと私は思っている。従来型ではない思想や仕組みのもとで、生活者や地域社会とのつながりを再構築しない限り、スーパーマーケットは真のお客様満足を実現できない。ソーシャルメディアの活用で内部情報の漏洩などリスクへの危惧は確かにあるが、世の中が変わっているのだから、変わらないことの方がリスクだろう。目指すのは、あらゆる顧客接点で自主的に判断し行動できる現場、それを許容できるマネジメントの経営システム。極論すれば『本部のないチェーン・システム』だ。とりわけカスミのようなローカルチェーンにとっては、そこが生き残りのカギになるだろう」。そう語る小濵会長は、自らフェイスブックを使いはじめた。ファンページにも積極的にコメントし、お客様や社員と交流する。100年続くカスミへの再構築に向けて、小濵会長の決意は固い。

おわりに

規則は多くを変える

秩序をつくるために、何か不都合なことが起きないために、あるいは危険性を減らすために、効率を良くするために、規則や法律といったものがつくられる。

すると規則があるがために、新しい状況が生まれる。それは、最初に規則が必要となったときの状況とはまったく別のものだ。

また、たとえその規則を廃止しても、規則がなかったときと同じ状況に戻るわけではない。

規則は、環境も人心をも変えるのだ。

「漂泊者とその影」――フリードリヒ・ニーチェ

（『超訳 ニーチェの言葉』白取春彦編訳 ディスカヴァー・トゥエンティワン）

僕たちは、2つの異なる世界に住んでいる。

その2つとは、市場規範が優勢な世界と、社会規範が優勢な世界だ。飲食店で無銭飲食したら、もちろん犯罪だ。では友人宅でご馳走をいただいた後に「お支払いはいくらになりますでしょう?」と聞いたらどうなるか、想像のつかない人はいないだろう。同じ食事をいただいた時でも、とるべき行動は全く異なるということだ。前者は市場規範の世界、信頼関係とは無関係でお金を払えば見返りを得られる世界。それに対して後者は社会規範の世界、相互信頼に基づく好意と助け合いの世界だ。この市場規範と社会規範を混同すると実に危険なことになる。

行動経済学者ウリ・ニージーとアルド・ルスティキーニが、興味深い実験を行った。イスラエルの託児所で、子どものお迎えの時間に遅れてくる親に対して罰金を導入し、その抑止効果を試したのだ。だが実験の結果は、彼らの予想に反するものだった。遅刻する親は「罰金を支払えば遅れることができる」と思いはじめ、逆に遅刻が増加してしまったのだ。罰金導入までは社会規範の世界で遅刻に罪悪感を感じていた親たちだが、市場規範の導入により金銭で対価を支払えると考えたことが原因だった。そこで託児所は考えをあらため、数週間後に罰金を廃止した。しかし遅刻する親は少しも減らず、逆に罰金がなくなったことで遅刻回数が微増する結果となってしまった。この実験から、市場規範と社会規範は、物理的に往来できるものではなく、その世界で市場規範が優勢になると、社会規範は長い間どこかに消えてしまうことがわかったのだ。
ビジネスは、典型的な市場規範に基づく世界だ。ビジネスパーソンは、オフィスのドアをくぐった瞬間に市場規範の脳となり、帰宅途中で社会規範に頭を切り替える。社内の人間関係も基本的には市場規範に基づいており、ヒトは感情を持つ人間としてではなく、金銭価値を生み出す経営資源として取り扱われる。そこでは財務に直結する数値が大きな意味を持つ。面倒見のよい社員や縁の下の力持ちは、上司から非生産的と判断される世知辛い世界だ。顧客や取引先に対しては、さらにシビアに対面する。ビジネスと割り切って、自社利益を最大化できる人材の報酬が上がっていく。

時は経ち、ソーシャルメディアの時代。人々はつながりを取り戻し、ビジネスにおいても社会規範に基づく行動が期待されはじめた。社会規範はロイヤルティを育て、社員の協働を促進し、結果的に事業成果を高める効果がある。企業における社会規範とは、自社のミッション・ビジョン・コアバリューだ。インサイドアウトの考え方は、世界に貢献するための社会規範を基礎として、組織とビジネスモデルを構築し、市場規範における事業成果を生み出すことで、社会規範と市場規範を矛盾なく共存させるアプローチを目指したものだ。しかしながら、このパラダイムシフトは、託児所の実験で見たように大きな困難をともなう意識改革だ。そして、その解決の鍵となるのは、経営トップが「透明の力」に目覚め、社内を大胆に変革する覚悟と、それを継続するための確固たる信念を持つことだ。

「経営幹部が重要な事実を、たとえ悪い内容であっても打ち明け、その事実について率直な対話を促すなら、経営陣が本気だと従業員も信じるだろう。すると、経営幹部が対応策や解決策について方針を決めるよりも先に、従業員レベルから何らかの積極的な行動が始まる。指示されなくとも、従業員が問題に取り組みはじめる――そんな光景を私たちは何度も目にしてきた」。インドのHCLTを大胆な変革で急成長させたヴィニート・ナイアーは、透明性による信頼醸成がすべての基礎となるとして、その著書『社員を大切にする会社』(英治出版)にこう記した。

企業規模は比較にならないが、当社ループス・コミュニケーションズにも、そんな時期があった。リーマンショックなどで資金調達に失敗した4年前のこと。金融機関からの借り入れ以外に1億円を超える不健全な債務を抱え、多くの株主は倒産を確信してループスから離れた。50人いた社員はわずかに7人となる。いつ倒れるのかハラハラ見守る社員に対して、我々は財務情報から日次の資金繰り、未払い債務の返済計画から営業状況にいたるまで、意思決定に必要となるすべての情報をオープンにした。そして毎週の営業会議でこの瀬戸際をいかに乗り切るか、全員で作戦を考えた。一人ひとり、自分ができる範囲で最善の努力をしてくれた。会社の残金がほぼなくなった時には、社員自ら動いてお客様から前金をいただいてきてくれた。僕や副社長が現場に細かい指示を出すことは当時も今もほとんどない。管理も稟議もほとんどない。無駄遣いや不正休暇が問題になったことも一度もない。そしてソーシャルメディアで社員が思いのままに発言することで、社外に対しても透明になった。2年間の営業利益で未払い債務は完済できた。そして業績はV字回復し、当社を見放さずに残ってくれた株主は、まるで奇跡が起きたようだと驚きを隠さない。そして我々はミッション・ビジョン・コアバリューを策定し、新たな挑戦に踏み出した。「透明の力」によってループスは蘇った。今では勤務する場所も時間も本人の意思にまかせており、結果的に業務の効率性も向上した。おかげさまで経営危機からの4年間、1名の退職者もなく、頼れる仲間は16名になっている。

「自らの果たすべき貢献は何かという問いからスタートするとき、人は自由となる。責任をもつがゆえに、自由となる」

1999年の著書、『明日を支配するもの』(ダイヤモンド社)に書かれたP・F・ドラッカーの名言だ。人類の歴史において、ごく最近まで一般の人々に「何に貢献すべきか」と考える機会はなく、主人の意向で貢献すべきことが決まっていたとドラッカーは喝破する。今日、知識労働者の興隆が、その流れを変えた。今、まさに我々は、貢献すべきテーマを自らの頭で考え、行動する自由意思を得たのだ。

今一度、自らの所属する組織のどこに問題があり、どうすればよくなるかを考えてみよう。そして、自らができる範囲を明確に意識し、それを変えることからはじめてみよう。ソーシャルメディアを体験してみる。社内外の有志と勉強会をはじめてみる。共感しそうな上司も巻き込んでみる。いかに自社を進化させるべきかを話し合ってみる。プロジェクトや所属部門でソーシャルメディアの活用を促してみる。会議の議事録、プロジェクトの進捗、業務上の課題点、社内懇親会の様子まで、いろいろな情報を仲間と共有してみる。同僚は次第に透明の力に気づきはじめ、自然と賛同者は増えてゆく。

さまざまな困難もあるだろう。上司から訝《いぶか》しく思われることもあるかもしれない。しかし、もしあなたが心から自社を変えたい、生活者に共感される会社になってほしいと願うなら、「自ら果たすべき貢献は何か」という問いからスタートすることだ。そして、この本は、企業の進化を自らの手ですすめようとしている皆様に向けて、少しでも力になりたいという想いで執筆させていただいたものだ。

やはり『明日を支配するもの』において、親日家のドラッカーは日本人に対して熱いエールを送ってくれた。「私は、日本が今日の問題に独自の解決策を見出し、近代的ではあっても西洋的ではない日本として、この転換期を乗り越え、再起することを期待している。世界には、もうこれ以上の均質性はいらない。必要なのは、多様なモデル、多様な成功、多様な価値観である。とりわけ世界は、日本の雇用主、とくに大企業がこの五〇年間に実現しようとしたもの、すなわち成果を上げる機関であるとともに、個々の人間にとってコミュニティでもある組織を必要としている。私は、二一世紀の日本が、あの日本に特有の社会的な調和、「和」を発展させていくことを願う」。

ないモノねだりは不満を生むが、あるモノに視点を移せば感謝の気持ちが湧いてくる。今、日本人にとって大切なことは、世界で最も恵まれた環境にあることへ感謝の気持ちを持つことだろう。陸前高田の老舗企業、八木澤商店は、すべてを失いながらも奇跡の復興を遂げ、明日に向かって歩をすすめはじめた。九代目河野通洋社長から、本書の読者の皆様への心のこもったご挨拶を頂戴したので、ここに全文を掲載させていただきたい。

株式会社八木澤商店代表の河野通洋と申します。

弊社は、昨年3月11日の東日本大震災の津波の被害で社屋を含め全生産設備を失い、昨年5月から同業社に委託製造を依頼し、営業拠点を隣町の一関市大東町に移し、業務を再開いたしました。あれから約1年半の間、本当にたくさんの方々の支えや応援があって、10月には本社営業拠点を陸前高田に、そして、醤油・つゆたれ類の製造工場を大東町で竣工することが出来ます。八木澤商店社員一同、また新たな歴史を作り上げていくことの喜びと責任とで胸が高鳴っています。被災地域では、復興が目に見える形で進んでいないもどかしさと産業や経済が衰退してしまうのではないか、という焦燥感と不安に包まれています。

自社を再建し、共に働く仲間に安心してもらうこと、それは何よりお客様に喜んでもらえる仕事をすることに尽きると思います。自分たちで美味しい醤油をつくり、それを使う人が食卓や調理場でより多くの人に喜んでいただくことが私たちの仕事のやりがいです。

まだまだ再建の途上ではありますが、諦めずに一歩一歩前に進んでいきたいと考えております。

平成24年9月13日

株式会社八木澤商店　代表取締役　河野通洋

東日本大震災で大変な被害にあわれた方々からのメッセージは、私たち日本人が忘れかけていた、とても大切なものを思い出させてくれる。彼ら彼女らに素直に学ばせていただくこと。お互いを信じて力をあわせれば、世の中はきっとよくなっていくはずだ。

今、世界を変えられるのは、政治ではなく経済。政治家ではなく、生活者一人ひとりのつながる力だろう。僕にも仲間がいる。ループスの親愛なる社員。フェイスブック上で常につながっているグループ「ソーシャルシフトの会」の同志。ソーシャルメディア上で毎日顔をあわせて交流している友人。そして、この本を手に取っていただき、共感でつながる読者の皆様。僕たちは、いつでもソーシャルメディアでつながって、また新しい仲間と出会う。そんな絆を通じて、人々の幸せを創造し、世界をより良くしていくこと。微力ながら、この本が、ひとりでも多くの方の幸せに結びつくことを願ってやまない。

謝辞

本書は、フェイスブック上の非公開グループ「ソーシャルシフトの会」に参加いただいた皆様の多大なるご協力により執筆がすすめられました。毎日、皆様と対話させていただきながら何度もブラッシュアップを重ね、本書を世に出すことができました。いわば、この『BE ソーシャル！』は3700人を超える方々の衆知の結晶なのです。

ここに、謝辞を記し、心からの感謝の意を表します。特に、「ソーシャルシフトの会」の中でも、この書籍執筆にご協力くださった方々をスペシャル・サンクスで、そして元原稿に対してさまざまなコメントをくださり、励ましてくださった皆様をサンクスで、ここに掲載させていただきます。

スペシャル・サンクス（五十音順）

小川貴巨さん、財満真貴さん、椎名庸浩さん、寺西俊裕さん、第1章からおわりにまで、一貫してさまざまなご意見やご指摘をいただきました。誠にありがとうございました。

高広伯彦さん、中山敦さん、第9章の内容につき、非常に本質的なご意見をいただきました。おかげさまで書籍のクオリティ向上につながりました。心より感謝しております。

サンクス（五十音順）

秋山勇二さん、浅見義治さん、東祥二さん、市成修さん、内田浩二さん、内田聡さん、梅田ゆみさん、遠藤紀子さん、小串記代さん、大石いづみさん、笠井裕一さん、笠原龍司さん、Minoru Kawasakiさん、川崎優大さん、Noriko Kawamuraさん、Yasuhiro Kikuchiさん、金暢彦さん、倉澤正人さん、Shuhei Sasakuraさん、寒川愛さん、塩野裕さん、柴田敏治さん、進藤紀子さん、神宮寺信也さん、鈴木春子さん、高橋克己さん、高橋典幸さん、竹内基さん、田坂睦子さん、田中健一さん、谷裕子さん、谷川博司さん、大洞真紀さん、寺嶋宣代さん、道上権太さん、中尾克代さん、ヒロナカジマさん、中村孝広さん、中村輝宗さん、中村元さん、中村佳正さん、中山壱人さん、長谷川和男さん、原裕さん、原口士郎さん、広瀬幸泰さん、福田祐子さん、福光了良さん、藤田紀司さん、藤村聡さん、前川純一さん、前田浩一さん、松江洋平さん、丸山善絵さん、椋澤和宏さん、村尾英嗣さん、村山滋さん、Kazuya Moriさん、八木橋昌也さん、安永明史さん、山岡拓矢さん、山口純平さん、山下智信さん、山田孝顕さん、米村貴志さん、龍明日香さん、和田悟さん、はじめソーシャルシフトの会の皆様へ。

皆様の温かいコメントが執筆に大いにプラスになりました。心のこもった励ましのメッセージ、本当にありがとうございました。これからも、この「ソーシャルシフトの会」は継続し、同じ志を持つ方々の交流の場にしていただければと思っておりますので、どうぞよろしくお願いいたします。

吉原満さん、分藤宗徳さん、馬場口一利さん、太田黒義國さん、小島智宏さん、泉谷昇さん、井上友一さん、笹川進吾さん、長谷川嘉秀さん、和田征士さん、山本誠一さん、舟橋健雄さん、山本誠一さん、レオン・ダニエルさん、塩見政春さん、先村昌浩さん、木村素子さん、寺西廣記さん、加藤晃俊さん、舟越正和さん、坂田誠さん、熊谷康彦さん、今川弘敏さん、西中浩一さん、岡玉生さん、東秀和さん、石本雄士さん、松井秀夫さん、篠原寛行さん、傳田隆道さん、河西裕一さん、植木利衣さん、大宮孝治さん、はじめ地域ソーシャルシフトの会の皆様へ。

皆様には、全国各地での出版記念講演を企画、実施していただく運びとなり、深謝しております。特に中心的に活動してくださったそれぞれの地域の皆様に、心から御礼申し上げます。

なお、「ソーシャルシフトの会」に参加ご希望の方は、フェイスブック内の検索窓から「ソーシャルシフトの会」と検索いただき、参加をご申請ください。私が管理人になっており、ほぼリアルタイムで、すべての方に入会許諾させていただいております。この中では、地域ごとの「ソーシャルシフトの会」がいくつも立ち上がっており、オンラインのみならず、オフラインでも勉強会や親睦会などで交流しています。また、適時、講演スライドの共有などもしております。書籍でご縁を感じた皆様には、ぜひ直接お話しさせていただきたく、ご参加をお待ちしております。

神戸大学金井壽宏教授には、ポジティブ心理学につき、さまざまなご指導をいただきました。心から感謝しております。ありがとうございました。

日本アイ・ビー・エム株式会社の池田和明さん、大岡俊之さん、狩野貴史さん、栗原進さん、日比野佐衣子さんには、"IBM Global CEO Study 2012" および "IBM Global CEO Study 2012 Japan Report" につき、詳細をご説明いただきました。ありがとうございました。

ライフネット生命保険株式会社の出口治明社長、中田華寿子常務、岩田慎一さん、辻靖さん、吉川礼瀬さんには、事例紹介など多面的に取材の時間をいただきました。いろいろお力添えいただき、誠にありがとうございました。

株式会社カスミの小濵裕正会長、高橋徹さん、大里光廣さん、高倉綾子さんには、取材や写真提供などでお世話になりました。また日頃よりいろいろご指導いただき、心から感謝しております。

伊那食品工業株式会社の塚越寛会長、丸山勝治さん、川越胃腸病院の望月智行院長、三宅憲治さん、株式会社ハローデイの芝耕一さん、株式会社堀場製作所の神馬哲也さん、ネッツトヨタ南国株式会社の横田英毅相談役、株式会社ビスタワークス研究所の長山大助さん、株式会社ヤマグチの山口勉社長、湯泉秀治さん、株式会社小堀の小堀進社長、松田寿子さん、株式会社ふくやの川原正孝社長、川原武浩さん、宗寿彦さん、株式会社東陽理化学研究所の本間智之さん、燕商工会議所の早川洋介さん、燕研磨振興協同組合の田中三男さん、サントリービジネスエキスパート株式会社の亀田敦さん、株式会社虎屋の黒川光博社長、奥野容子さん、株式会社八木澤商店の河野通洋社長、吉田智雄さん、株式会社セールスフォース・ドットコムの榎隆司さん、田崎純一郎さん、小谷敦子さん、突然のお願いにもかかわらず、懇切丁寧に取材にご対応いただき、心から感謝しております。ありがとうございました。

本書完成まで、さまざまなわがままを聞いてくださった日本経済新聞出版社の堀内剛さん、鬼頭穣さん、そしてデザインを担当くださったベターデイズの大久保裕文さんと武井糸子さんには心より感謝申し上げます。ありがとうございました。

また、本書の制作を、陰で支えた最大の功労者は、在宅で僕の秘書をしてくれている石橋真理さんです。特に第7章「日本が誇る三方よしの経営」は、数十冊という関連書籍や雑誌、Webをベースに調査し、ネットでの評判も見ながら慎重に事例を抽出。さらに各社に直接コンタクトさせていただき、原稿執筆をすすめたものです。その裏方の仕事を支えてくれたのが彼女です。石橋真理さんを抜きにこの『BEソーシャル!』は語れません。本当にありがとう。

そして、陰になり日向になり、いつも支えてくれているループス社員のみんな。伊藤友里さん、岡田純一さん、岡村健右さん、加藤たけしさん、鎌田麻三子さん、上梨能寛さん、北野達也さん、鬼頭正己さん、許直人さん、関根健介さん、高萩克也さん、徳見奈々さん、原田千佳さん、福田浩至さん、矢野悠貴さん、ありがとう。みんなが支えてくれたおかげで、ようやく、この本を世に出すことができました。

斉藤　徹

２０１２年10月

自社の「インサイドアウト・イノベーション」を俯瞰するためのフレームワーク

付録

SOCIALSHIFT Framework

理念 規律から、自律へ

組織 統制から、透明へ

事業 競争から、共創へ

価値 機能から、情緒へ

目標 利益から、持続へ

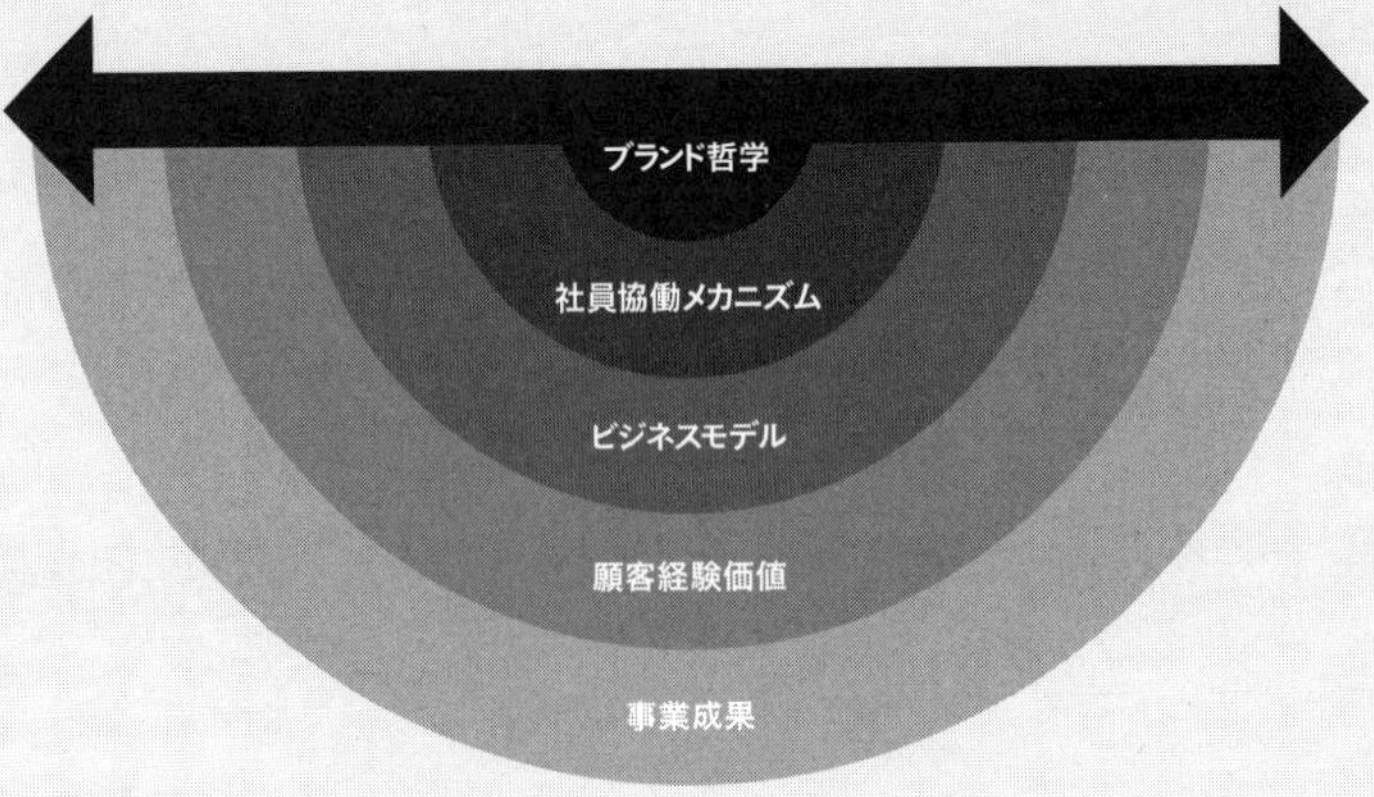

自社をインサイドアウトで変革するための
ソーシャルシフト・フレームワーク

ブランド哲学「ミッション」「ビジョン」「コアバリュー」

Why	What	How
ミッション	ビジョン	コアバリュー
持続可能な存在意義	未来へ導く羅針盤	組織としての共有価値観
・何によって世界をより良くするか？ ・持続可能な使命か？ ・事業に独創性があるか？ ・社会のどんな課題や需要に対して、持続的に、どんな価値を創造するか？	・どんな会社、組織になりたいか？ ・独りよがりではなく、三方よしか？ ・社員が実現可能性を感じる未来像か？ ・社員が夢を感じ、ともに歩みたいと心から願う未来像になっているか？	・使命遂行にあたっての独自の価値は？ ・社員の行動を導く内容か？ ・社員を幸せにするか？ ・社員の創造性や協働を促進し、独自の価値創造につながる必要十分な内容か？

ミッション	ビジョン	コアバリュー

社員協働のピラミッド

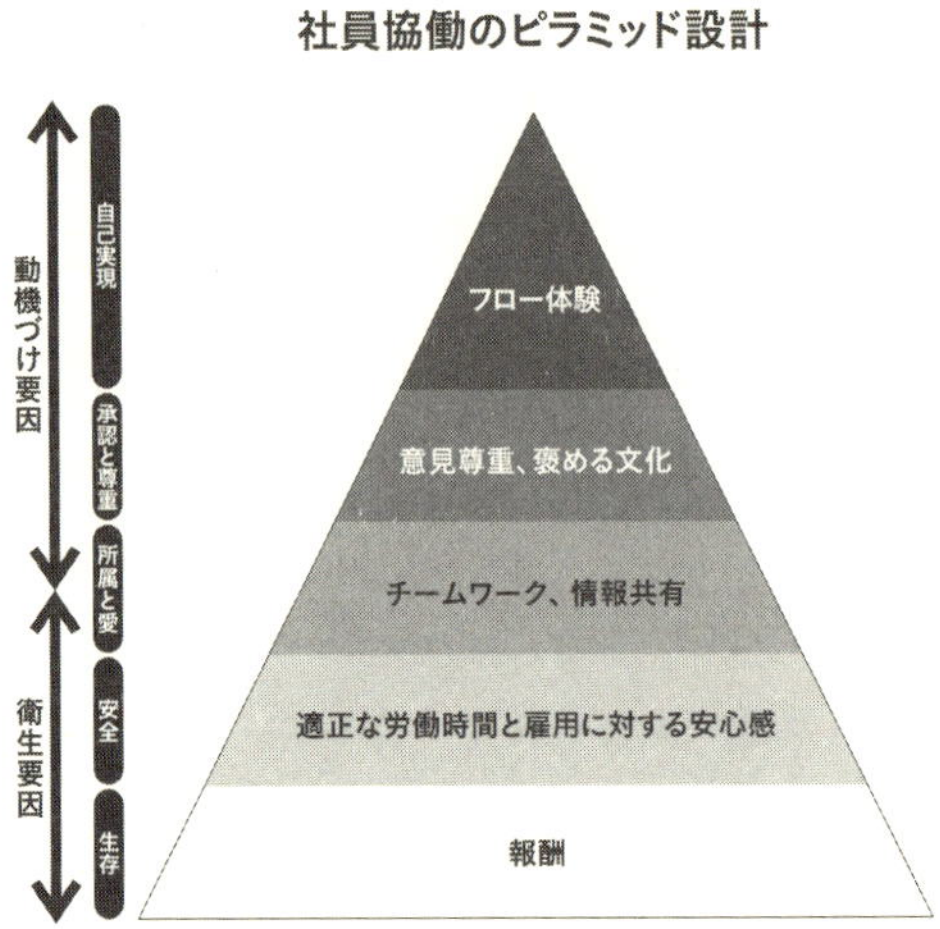

自己実現

承認と尊重

所属と愛

安全

生存

共通価値の設定とビジネスモデルの策定

ザッポスにおける「顧客経験価値のピラミッド」

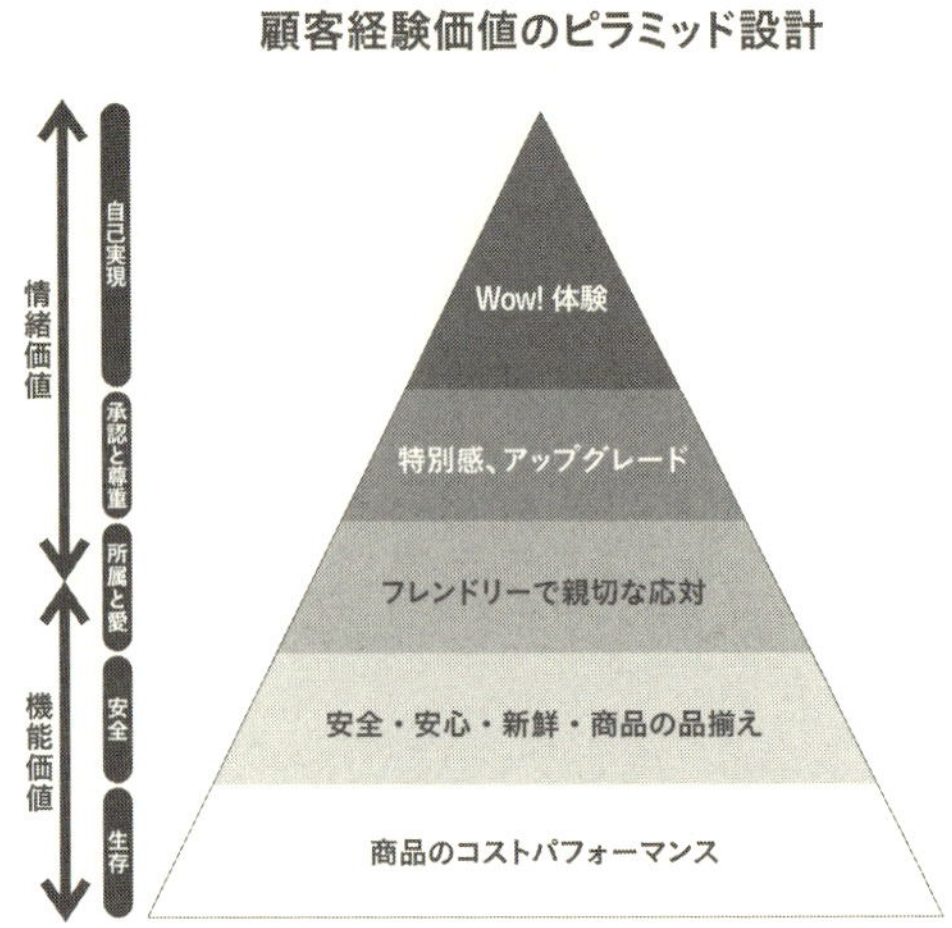

自己実現

承認と尊重

所属と愛

安全

生存

小売業を想定したバランス・スコアカードの指標例

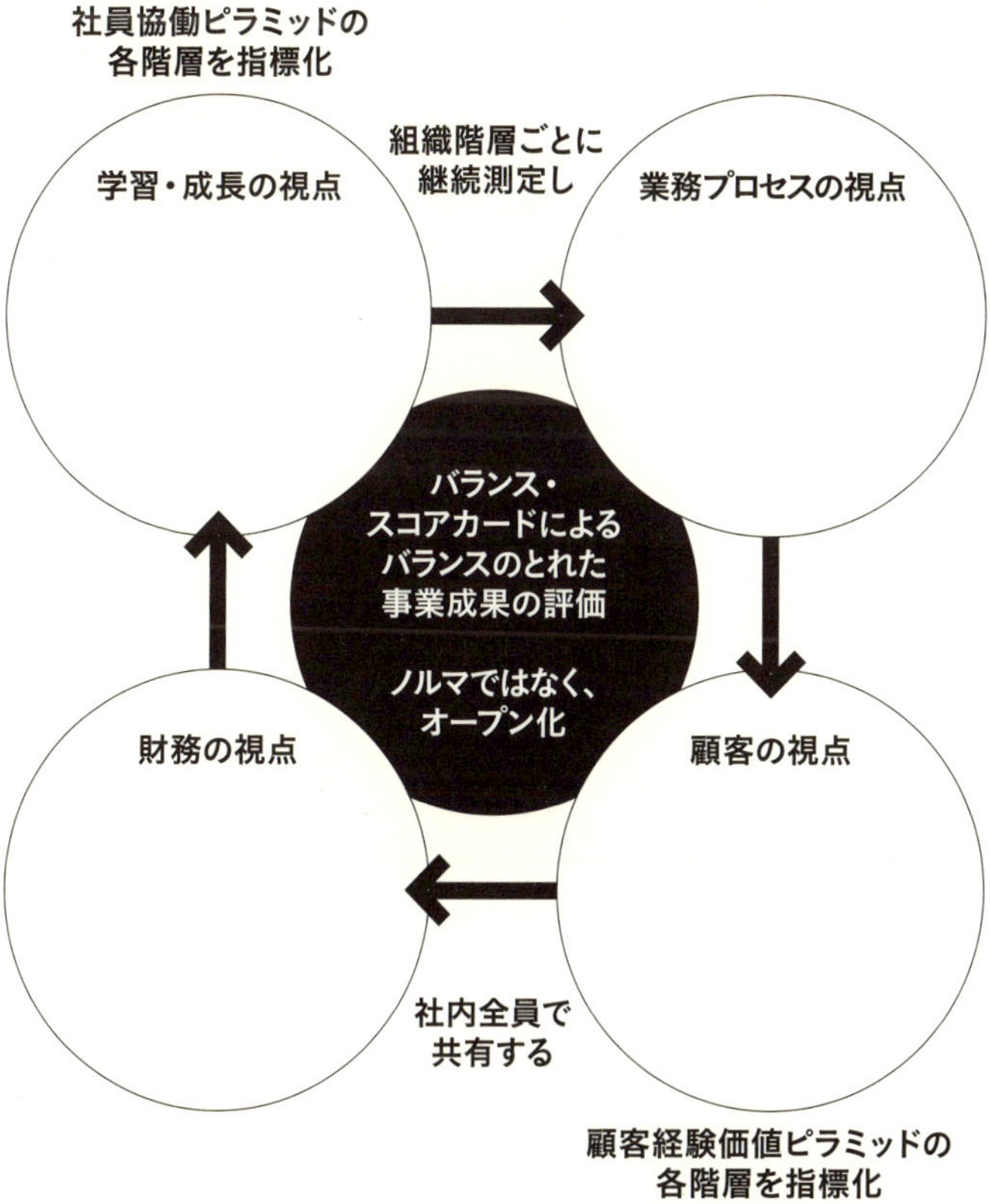

ソーシャルメディア時代の有機的組織

全社情報共有、
チームは自律行動

1. 5〜15人程度の自律したチームを核に、チーム総合体も150人まで
2. 使命と価値観、目標に基づき、チームは自律活動
3. 管理部門や管理職の使命は、チームの後方支援
4. 理想的には「経営トップ ＝ 本社機構 ＝ チーム」の同心円組織
5. 全社員が、情報共有コラボレーション・プラットフォームに参加
6. パートナーと顧客に、コラボレーションの輪を順次拡大

あるべき組織とは？

主な参考文献

はじめに

『老舗企業の研究』(横澤利昌著　生産性出版)
『三代、100年潰れない会社のルール』(後藤俊夫著　プレジデント社)
『リーン・スタートアップ』(エリック・リース著、伊藤穣一解説、井口耕二訳　日経BP社)
『トヨタ生産方式』(大野耐一著　ダイヤモンド社)

第1章

『フェイスブック、若き天才の野望』(デビッド・カークパトリック著、小林弘人解説、滑川海彦・高橋信夫訳　日経BP社)
「フェイスブックとネットの『未来』は、サンドバーグCOOが語る」(日本経済新聞電子版セクション2012年9月15日)
『パブリック』(ジェフ・ジャービス著、小林弘人監修、関美和訳　NHK出版)
『プロパガンダ教本』(エドワード・バーネイズ著、中田安彦訳　成甲書房)
『老舗企業の研究』(横澤利昌著　生産性出版)
『日本を創った12人〈前編・後編〉』(堺屋太一著　PHP新書)
『最強組織の法則』(ピーター・M・センゲ著、守部信之訳　日本経済新聞出版社)
『経営の未来』(ゲイリー・ハメル、ビル・ブリーン著、藤井清美訳　日本経済新聞出版社)
「日経ビジネスオンライン　社員の幸せを露骨に追求する会社」(篠原匠　日経BP社)
『究極の顧客サービス「ザッポス体験」』(ジョゼフ・ミケーリ著、本荘修二解説、藤井留美訳　日経BP社)
『ザッポスの奇跡［改訂版］』(石塚しのぶ著　廣済堂出版)
『日本でいちばん大切にしたい会社』(坂本光司著　あさ出版)

第2章

『経済統計で見る世界経済2000年史』（アンガス・マディソン著、金森久雄、政治経済研究所訳　政治経済研究所）
『平成20年版 国民生活白書』（内閣府国民生活局編著）
『金融危機後の世界』（ジャック・アタリ著、林昌宏訳　作品社）
『幸福優位7つの法則』（ショーン・エイカー著、高橋由紀子訳　徳間書店）
「日経ビジネスオンライン　ハーバード発、ポジティブ心理学最前線」（宇野カオリ　日経BP社）
『幸せがずっと続く12の行動習慣』（ソニア・リュボミアスキー著、渡辺誠監修、金井真弓訳　日本実業出版社）
『幸福途上国ニッポン　新しい国に生まれかわるための提言』（目崎雅昭著　アスペクト）
『人勢塾』（金井壽宏著　小学館）
『フロー体験　喜びの現象学』（M・チクセントミハイ著、今村浩明訳　世界思想社）
『フロー体験とグッドビジネス』（M・チクセントミハイ著、大森弘訳　世界思想社）
『ザ・ピーク』（チップ・コンリー著　ダイレクト出版）
『[新版]動機づける力』（DIAMOND ハーバード・ビジネス・レビュー編集部　ダイヤモンド社）

第3章

「IBM Global CEO Study 2012（日本語版）」（日本IBM）
『イノベーションのジレンマ』（クレイトン・クリステンセン著、玉田俊平太監修、伊豆原弓訳　翔泳社）
『経営の未来』（ゲイリー・ハメル、ビル・ブリーン著、藤井清美訳　日本経済新聞出版社）

第4章

『ザッポス伝説』（トニー・シェイ著、本荘修二監訳、豊田早苗・本荘修二訳　ダイヤモンド社）
『経営の未来』（ゲイリー・ハメル、ビル・ブリーン著、藤井清美訳　日本経済新聞出版社）
『ゼミナール　経営学入門〈第3版〉』（伊丹敬之・加護野忠男著　日本経済新聞出版社）
『新しい企業組織』（ジョン・ウッドワード著、矢島鈞次、中村寿雄訳　日本能率協会）
『同族経営はなぜ強いのか？』（ダニー・ミラー、イザベル・ル・ブルトン＝ミラー著、斉藤裕一訳　ランダムハウス講談社）

『社会理論と社会構造』(ロバート・K・マートン著、森東吾ほか訳　みすず書房)
『生き残る企業のコ・クリエーション戦略』(ベンカト・ラマスワミ、フランシス・グイヤール著、尾崎正弘・田畑萬監修、山田美明訳　徳間書店)
『フェイスブック時代のオープン企業戦略』(シャーリーン・リー著、村井章子訳　朝日新聞出版)
『モチベーション3・0』(ダニエル・ピンク著、大前研一訳　講談社)

第5章

『真実の瞬間』(ヤン・カールソン著、堤猶二訳　ダイヤモンド社)
『ブランド価値を高める　コンタクト・ポイント戦略』(スコット・M・デービス、マイケル・ダン著、電通ブランド・クリエーション・センター訳　ダイヤモンド社)
『ビジネス・ツイッター』(シェル・イスラエル著、林信行解説・監修、滑川海彦ほか訳　日経BP社)
『究極の顧客サービス「ザッポス体験」』(ジョゼフ・ミケーリ著、本荘修二解説、藤井留美訳　日経BP社)
『ザッポス伝説』(トニー・シェイ著、本荘修二監訳、豊田早苗・本荘修二訳　ダイヤモンド社)
『コトラーのマーケティング・コンセプト』(フィリップ・コトラー、恩藏直人著、大川修二訳　東洋経済新報社)
『DIAMOND ハーバード・ビジネス・レビュー2012年5月号　幸福の戦略』(ダイヤモンド社)
『DIAMOND ハーバード・ビジネス・レビュー2012年7月号　小売業は復活できるか』(ダイヤモンド社)
Internet & American Life Project, Jan 5-8-2012 Omnibus Survey　Pew Research Center
『ビッグデータビジネスの時代』(鈴木良介著　翔泳社)
『第四の消費』(三浦展著　朝日新書)
『スペンド・シフト』(ジョン・ガーズマ、マイケル・ダントニオ著、有賀裕子訳　プレジデント社)
『これからの経営学』(日本経済新聞社編　日経ビジネス人文庫)
『平成20年版　国民生活白書』(内閣府国民生活局編著)

第6章

『孤独なボーリング』(ロバート・D・パットナム著、柴内康訳　柏書房)
『これからの経営学』(日本経済新聞社編　日経ビジネス人文庫)
「経済産業ジャーナル2008年8月号　消費者政策と市場の規範」(谷みどり　独立行政法人経済産業研究所)

『同族経営はなぜ強いのか?』(ダニー・ミラー、イザベル・ル・ブルトン＝ミラー著、斉藤裕一訳　ランダムハウス講談社)
『フロー体験とグッドビジネス』(M・チクセントミハイ著、大森弘訳　世界思想社)
『社員をサーフィンに行かせよう』(イヴォン・シュイナード著、森摂訳　東洋経済新報社)
『成功は洗濯機の中に』(市橋和彦著　プレジデント社)
『生き残る企業のコ・クリエーション戦略』(ベンカト・ラマスワミ、フランシス・グイヤール著、尾崎正弘・田畑萬監修、山田美明訳　徳間書店)
『DIAMOND ハーバード・ビジネス・レビュー2011年6月号　マイケル・E・ポーター　戦略と競争優位』(ダイヤモンド社)
『平成20年版　国民生活白書』(内閣府国民生活局編著)

第7章

『なぜこの会社はモチベーションが高いのか』(坂本光司著　商業界)
『PRESIDENT』2011年10月3日号(プレジデント社)
「日経ビジネスオンライン　日本一視察が多いスーパー、ハローデイの〝感動経営〟」(篠原匠　日経BP社)
『カンブリア宮殿　村上龍×経済人 2』(村上龍、テレビ東京報道局編　日本経済新聞出版社)
『日本でいちばん大切にしたい会社2』(坂本光司著　あさ出版)
『顧客の心をつかむ指名ナンバーワン企業』(日経トップリーダー編　日経BP社)
『感動する会社は、なぜ、すべてがうまく回っているのか?』(藤井正隆著　マガジンハウス)
「家電量販より高く販売して、お客様から喜ばれるでんかのヤマグチ」(藤井正隆著　ITmedia)
『200年企業』(日本経済新聞社編　日経ビジネス人文庫)
「PRESIDENT Online　快進撃・アップル支える『日の丸工場』の底力」(プレジデント社)
「企業立地ナビ　技の結集で飛躍する燕の『磨き屋』たち」(東北電力)
『ゼミナール　経営学入門〈第3版〉』(伊丹敬之・加護野忠男著　日本経済新聞出版社)
「2011年『業歴30年以上の企業倒産』調査」(東京商工リサーチ)
「新規開業企業を対象とする日本初のパネル調査結果」(国民生活金融公庫総合研究所)

第 8 章

『7つの習慣』(スティーブン・R・コヴィー著　キングベアー出版)
『コトラーのマーケティング3・0』(フィリップ・コトラー、ヘルマワン・カルタジャヤ、イワン・セティアワン著　朝日新聞出版)
『DIAMOND ハーバード・ビジネス・レビュー2012年9月号 最強チームをつくる』(ダイヤモンド社)
『リッツ・カールトンが大切にする サービスを超える瞬間』(高野登著　かんき出版)
『動機づける力』(DIAMOND ハーバード・ビジネス・レビュー編・訳　ダイヤモンド社)
『キャズム』(ジェフリー・ムーア著、川又政治訳　翔泳社)
『リーン・スタートアップ』(エリック・リース著、伊藤穣一解説、井口耕二訳　日経BP社)
『ウェブはグループで進化する』(ポール・アダムス著、小林啓倫訳　日経BP社)
『DIAMOND ハーバード・ビジネス・レビュー2012年7月号 小売業は復活できるか』(ダイヤモンド社)
NRF Mobile Retail INITIATIVE　Mobile Retailing Blueprint V2.0.0
『経営の未来』(ゲイリー・ハメル、ビル・ブリーン著、藤井清美訳　日本経済新聞出版社)
『ザ・ピーク』(チップ・コンリー著　ダイレクト出版)
Satisfaction with Life Scale (Diener, E., Emmons, R. A., Larsen, R. J., and Griffin, S.)
『直球勝負の会社』(出口治明著　ダイヤモンド社)
『10万人に愛されるブランドを作る!』(中田華寿子著　東洋経済新報社)
『サントリーがお客様の声を生かせる理由』(近藤康子・松尾正二郎著　中経出版)
『幸せを科学する』(大石繁宏著　新曜社)

第 9 章

『社員を大切にする会社』(ヴィニート・ナイヤー著、穂坂かほり訳　英治出版)
『DIAMOND ハーバード・ビジネス・レビュー2009年2月号 人を動かすリーダーシップ』(ダイヤモンド社)
『DIAMOND ハーバード・ビジネス・レビュー2012年4月号 絆(エンゲージメント)の経営 現場を結束させる力』(ダイヤモンド社)
『セムラーイズム』(リカルド・セムラー著、岡本豊訳　新潮社)
『奇跡の経営』(リカルド・セムラー著、岩元貴久訳　総合法令出版)

ACFE (Association of Certified Fraud Examiners) 2012 CLOBAL FRAUD STUDY
『予想通りに不条理』(ダン・アリエリー著、熊谷淳子訳　早川書房)

第10章

「読売新聞２０１１年5月24日」
『老舗企業の研究』(横澤利昌著　生産性出版)
『アメリカ史のアイロニー』(ラインホールド・ニーバー著、大木英夫・深井智朗訳　聖学院大学出版会)
『百年続く企業の条件』(帝国データバンク史料館・産業調査部編　朝日新書)

おわりに

『超訳 ニーチェの言葉』(白取春彦編訳　ディスカヴァー・トゥエンティワン)
『予想通りに不条理』(ダン・アリエリー著、熊谷淳子訳　早川書房)
『社員を大切にする会社』(ヴィニート・ナイヤー著、穂坂かほり訳　英治出版)
『明日を支配するもの』(P・F・ドラッカー著、上田惇生訳　ダイヤモンド社)

コラム

『ビジネス・ツイッター』(シェル・イスラエル著、林信行解説・監修、滑川海彦ほか訳　日経BP社)
『リッスン・ファースト!』(スティーブン・D・ラパポート著、電通ソーシャルメディアラボ訳　翔泳社)
『情報通信白書　平成24年版』(総務省)
『究極の顧客サービス「ザッポス体験」』(ジョゼフ・ミケーリ著、本荘修二解説、藤井留美訳　日経BP社)
『パブリック』(ジェフ・ジャービス著、小林弘人監修、関美和訳　NHK出版)
『エンパワード』(ジョシュ・バーノフ、テッド・シャドラー著、黒輪篤嗣訳　翔泳社)
「日本経済新聞Ｗｅｂ刊　ソーシャルメディアで経営改革　老舗食品スーパーの決断」(日本経済新聞社)
Gartner Press Releases
"Gartner Says By 2015, More Than 50 Percent of Organizations That Manage Innovation Processes Will Gamify Those Processes." (2012/4/12)

「日経ビジネスオンライン　日本人の得意領域・『ゲーミフィケーション』がやってきた！」（浜口友一　日経ＢＰ社）
『ゲームの力が会社を変える』（岡村健右著　日本実業出版社）

斉藤 徹
さいとう　とおる

株式会社ループス・コミュニケーションズ代表取締役社長。1985年3月慶應義塾大学理工学部卒業後、同年4月日本IBM株式会社入社、1991年2月株式会社フレックスファームを創業。2004年同社株式を売却し、2005年7月株式会社ループス・コミュニケーションズを創業する。現在、ソーシャルメディアのビジネス活用に関するコンサルティング事業を幅広く展開している。『ソーシャルシフト』(日本経済新聞出版社)、『新ソーシャルメディア完全読本』(アスキー新書)、『ソーシャルメディア・ダイナミクス』(毎日コミュニケーションズ)、『Twitterマーケティング』(共著、インプレスジャパン)など、著書多数。

Facebook：@toru.saito
Twitter：@toru_saito

BE SOCIAL!
BEソーシャル!
社員と顧客に愛される5つのシフト

2012年11月12日1版1刷
2012年12月6日　　2刷

著　　　　者● 斉藤 徹

発　行　者● 斎田久夫
発　行　所● 日本経済新聞出版社
http://www.nikkeibook.com/
東京都千代田区大手町1-3-7　〒100-8066
電　　　　話● 03-3270-0251(代)
印 刷 ・ 製 本● 凸版印刷
装丁・本文デザイン● BetterDays(大久保裕文+武井糸子)
装　丁　画　像● ©Artefactory/Hosomi museum/ OADIS
ISBN 978-4-532-31850-5

ソーシャルシフト

これからの企業にとって一番大切なこと

斉藤 徹 著

四六判・上製、360ページ
定価（本体1900円＋税）
日本経済新聞出版社
ISBN 978-4532-31756-0

ソーシャルメディアが誘起した「ビジネスのパラダイムシフト」が企業を襲う。力を持った顧客、力を持った社員に、従来型のマーケティングやマネジメントは通用しない。時代変化の本質を捉え、豊富な事例解説と具体的な対応策を満載した、ビジネスパーソン必読の書。

CONTENTS